KB147843

A nos
amis

A nos amis
by Comité invisible

First published in France in 2014 by La Fabrique éditions
Copyright © Lundi Matin
Korean Edition Copyright © Greenbee Publishing Co., 2019
All rights reserved.
This Korean edition published by arrangement with Lundi Matin through Shinwon Agency Co., Seoul.

이 책의 한국어판 저작권은 Shinwon Agency Co.를 통한 Lundi Matin과의 독점계약으로 (주)그린비출판사가 소유합니다. 저작권법에 의하여 한국 내에서 보호를 받는 저작물이므로 무단전재와 무단복제를 금합니다.

트랜스 소시올로지 022
Trans Sociology

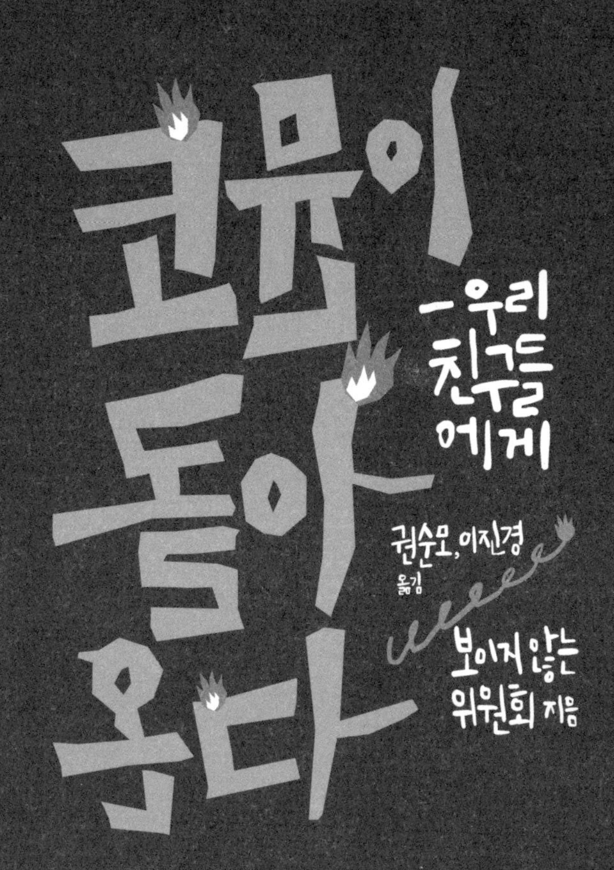

그린비

빌리(Billy), 구찌오(Guccio),

알렉시스 해먼드(Alexis Hammond),

제레미 해먼드(Jeremy Hammond)에게

"다른 세상은 없다. 다른 삶의 방식이 있을 뿐이다."

— 자크 메스린(Jacques Mesrine)

옮긴이 서문

2008년 11월 11일 이른 아침 150명의 중무장한 테러진압 경찰이 사전에 협의된 취재진을 동행하고 헬리콥터의 호위를 받으며 프랑스의 조용한 산골 마을 타르낙(Tarnac)에 들이닥쳐 아홉 명의 젊은이를 연행한다. 이어 내무부장관이 직접 나서 이 아홉 명이 "극좌 아나키스트 비밀조직"이자 『다가오는 봉기』(원제는 *L'insurrection qui vient*, 국내에는 2011년 『반란의 조짐』이라는 제목으로 번역 출간)의 저자인 '보이지 않는 위원회'라고 발표하고 『다가오는 봉기』는 "테러리즘 매뉴얼"이라고 주장한다. 이때부터 이들은 '타르낙의 9인'(Tarnac Nine)이라 불렸고, TGV 열차를 사보타주하고 불법 정치행위를 했다는 혐의로 기소된다. 아감벤(Giorgio Agamben)과 볼탄스키(Luc Boltanski)는 이 히스테리컬한 국가의 탄압과 혁명적 사상을범죄시하는 만행을 비판하는 사설을 썼고, 보이지 않는 위원회의 후원자이자 『다가오는 봉기』를 출간한 라파브리크(La Fabrique) 출판사 대표 에릭 아장(Eric Hazan)이 돌린 탄원서에는 바디우(Alain Badiou), 벤사이드(Daniel Bensaïd), 버틀러(Judith Butler), 랑시에르(Jacques Rancière), 지젝(Slavoj Žižek) 등 학계의 저명인사들이 서명했다. 그리고 그들이 공동체 생활을 영위했던 타르낙에는 지지위원회가 설립되어 만장일치로 그들과의 연대 표시를 전달했다. 이러한 구명 노력에도 불구하고 그들은 "테러활동을 목적으로 범죄조직을 결성했다"는 죄목으로 재판에 넘겨진다. 그러나 그들이 테러리스트임을 입증할 증거가 없었기 때문에 재판은 주로 그들이 썼다고 추정되는 『다가오는 봉기』의 선동적이고 파괴적인 주장에 집중되었고 결국 증거 불충분으로 2009년 5월, 조직의 리더이자 『다가오는 봉기』의 핵심 저자로 지목된 줄리엥 쿠파(Julien Coupat)를 마지막으로 모두 풀려나게 된다. 프랑스의 유력 일간지 『르몽드』는 이 사건을 두고 "권력이 한 권의 책에 대해 이렇게 두려워하는 것을 오랫동안 본 적이 없다"고 평했다.

2007년 『다가오는 봉기』가 처음 출간되었을 때만 해도 그 영향은 미미했다. 그러나 그 책은 곧 익명의 번역자들에 의해 여러 언어로 번역되어 인터넷을 통해 급속히 퍼져나가 2008년 거대한 봉기의 물결이 미국을 강타했을 때 다수의 반란자 무리들은 이미 그 책을 읽고 그 내용을 숙지하고 있었으며 그 책의 아이디어들을 실천에 옮겼다. 또한 2009년 미국에서 정식 영어판이 출간되자 100여 명의 활동가들이 뉴욕의 한 서점에 모여 그 책의 영어판 출간을 기념하는 행사를 열고 그 책에 나오는 "모두가 동의한다. 폭발 직전이다." "모든 권력을 코뮨에게!" 같은 구절들을 외칠 정도로 이미 많은 사람들이 그 책의 존재를 알고 있었고 그 책의 주장에 공감하고 있었다. 그로부터 몇 주 후 베스트셀러 『상식』의 저자인 보수논객 글렌 벡(Glenn Beck)은 자신이 진행하는 폭스 뉴스쇼 「더 원 싱」(The One Thing)에 그 책을 들고 나와 입에 거품을 물고 원색적으로 비난한다. 그는 "이 책은 폭력 혁명을 주장하는 위험한 책"이고 "내부의 적이 쓴

반'상식'의 책"이며 "누가 적인지 알고 무슨 일이 일어나고 준비되고 있는지를 알아야 하기 때문에 이 책을 읽는 것이 중요하다"고 호소한다. 아이러니하게도 다음날 그 책은 아마존 베스트셀러 1위에 오른다. 그리고 그 이후에도 한 동안 그 책을 둘러싼 논란은 수그러들지 않았다.

이렇게 여러 가지 논란을 일으키고 세상을 떠들썩하게 만들었던 팸플릿 같은 이상한 책이 나온 지 7년 만에 또 하나의 시한폭탄 같은 책이 다시 한 번 '보이지 않는' 익명의 저자들에 의해 세상에 던져졌다. 전작이 '봉기'를 세계의 지평으로 제시하면서 미래의 투쟁의 형태를 예측하고 도래할 사건들의 강렬한 징후 혹은 전조를 다루었다면, 7년 만에 돌아온 그들의 후속작은 그 사이에 전 세계를 휩쓴 수많은 반란과 봉기의 물결에 대한 비교적 차분하고 담담한 검토를 시도한다. 그리고 이 검토의 목적은 단순하고 명확하다. 그들의 예언대로 세계 각지에서 수많은 봉기가 일어났지만, 그것은 다른 삶을 가져오는 데는 실패했다. 몇몇 경우에 권력을 끌어내리는 데 성공했지만 비워진 자리를 다른 꼭두각시가 대신했고 달라지는 것은 없었다. 이 실패의 경험이 가르쳐 주는 것은 거리에서 승리하는 것, 권력을 끌어내리는 것만으로는 충분하지 않다는 것, 즉 "승리를 통해 되찾은 터전을 즉각 새로운 삶으로 채우지 않으면 결국 통치가 그곳을 다시 장악하게" 된다는 것이다. 그래서 혁명적 명령은 이렇게 정식화된다. '통치불가능해질 것 그리고 그 상태를 유지할 것.' 그런데 이 실패한 봉기와 점거의 경험이 가르쳐 준 다른 것이 있었으니, 그것은 바로 "우리는 스스로 조직화할 수 있고 그 역량은 기쁨을 준다는 것"이다. 그래서 이 책의 저자들은 "어려운 그러나 즉각적인 행복을 자신에게 주기" 위한 지난한 싸움을, '새로운 삶'의 실험을 계속하자고 제안한다. 코뮨은 다른 것이 아니다. 그것은 우리 삶의 모든 곳에서 권력을 허물어뜨리는 것을 의미한다. 그리고 무엇보다도 통치가 개입할 수 없도록 우리 스스로를 조직화하는 것, 우리 일상에서 우리가 허물어뜨린 권력을 되살리지 않으면서 행동하는 것을 의미한다. 이 책의 폭발적 잠재력은 채택되고 다듬어지길 기다리는 그러한 제안에 있을 것이다. 그리고 그 제안은 우리가 어떻게 하는지에 따라서 그 의미가 달라질 것이다.

2019년 3월 권순모

차례

코뮨을 선언하는 것은 서로 유대관계를 맺는 데 동의하는 것이다.

이제 그 어떤 것도 전과 같지 않을 것이다.

일러두기

1 이 책은 Comité invisible, *A nos amis*, La Fabrique éditions, 2014를 완역한 것입니다.
2 외래어 표기는 원칙적으로 국립국어원의 〈외래어 표기법〉을 따랐습니다.
3 본문의 모든 주는 옮긴이의 것입니다.

0. 마침내 봉기가 도래했다

마침내 봉기가 도래했다. 2008년 이후 이 세계의 체계 전체가 산산조각나는 것처럼 보일 정도로 많은 나라에서 빠른 속도로 수많은 봉기가 일어났다. 10년 전에는 궐기를 예언하면 좌중의 비웃음을 샀지만, 지금은 질서 회복을 예고하는 자들이 어릿광대처럼 보인다. 벤 알리[1]의 튀니지, 에르도안[2]의 부산한 터키, 사민당의 스웨덴, 바트당[3]의 시리아, 신경안정제를 맞은 퀘벡, 해변과 보우사 파밀리아(bolsa família)[4]와 평화유지 경찰대의

---

1) 벤 알리(Ben Ali)는 1987년 무혈 쿠데타를 통해 전임 하비브 부르기바 대통령을 축출하고 집권에 성공한 튀니지의 제5대 대통령이다. 2009년까지 5차례 대선에서 승리하며 23년간 튀니지를 통치했으나 2010년 12월 한 청년의 분신자살로 촉발된 재스민 혁명으로 축출되어 2011년 1월 사우디아라비아로 망명한다.

2) 현 터키 대통령인 레제프 타이이프 에르도안(Recep Tayyip Erdoğan)은 2001년 이슬람계 정당이자 현 집권당인 정의개발당(AKP)을 창당하고 2003년 총선에서 승리해서 59대 터키 총리가 되었고, 이후 2007년과 2011년 총선에서도 잇따라 승리하여 3선 총리가 되었으며, 임기 중 대통령 직선제를 도입해 2014년 8월 터키 역사상 최초로 실시된 직선제 대선에서 대통령으로 선출된다.

3) 단일 아랍사회주의국가 건설을 추구하는 아랍 정당으로, '바트'는 아랍어로 부흥을 뜻한다.

4) 2002년 집권에 성공한 브라질 노동자당(PT) 룰라 정부의 사회정책을 말한다.

브라질 등은 더 없이 굳건하고 안전하다고 했었다. 우리는 그 이후를 보았다. 안정성은 사라졌고, 정치에서도 이제는 트리플 A를 주기 전에 심사숙고한다.

봉기는 언제든, 어떤 동기에서든, 어느 나라에서든 폭발할 수 있다. 그리고 어디에든 이를 수 있다. 지도자들은 구렁텅이 사이를 걷고 있다. 그들의 그림자마저 그들을 위협하는 것처럼 보인다. "모두 물러나라!"(*Que se vayan todos!*)가 슬로건이었다. 그것은 대중적 지혜, 시대의 통주저음(通奏低音)이 되었고, 입에서 입으로 전해지다가 가장 예기치 못한 순간에 마치 도끼처럼 수직으로 올라가는 중얼거림이 되었다. 정치인들 중에서 가장 **영악한** 자들은 그것을 선거공약으로 삼았다. 그들에겐 다른 선택의 여지가 없다. 백약이 무효인 혐오, 무조건적 부정, 절대적 거부만이 현재 식별 가능한 유일한 정치적 힘이다.

혁명이 아니라 봉기가 일어났다. 요 몇 년간처럼 그리스에서부터 아이슬란드에 이르기까지 그렇게 많은 공식 권력의 소재지들이 그렇게 짧은 시간에 집중적으로 공략당한 적은 없었다. 도시 한복판의 광장을 점거해서 텐트를 치고 바리케이드, 간이식당, 임시막사를 설치하고 집회를 여는 것은 과거의 파업처럼 조만간 정치적 반사행동에 속하게 될 것이다. 시대는 고유의 상투어들을 분비하기 시작한 것처럼 보인다. All Cops Are Bastards(ACAB)[5]가 대표적인 것으로, 이제 반란이 일어날 때마다 이상한 인터내셔널에 의해 도시의 벽이 그것으로 뒤덮인다. 카이로에서도 이스탄불에서도, 로마에서도 파리에서도 리우데자네이루에서도 그랬다.

그러나 세상의 혼란이 아무리 극심해도, 혁명은 어디서나 폭동 단계

---

5) "경찰은 모두 개새끼다!"라는 뜻의 시위 구호이다.

에서 목이 졸리는 것처럼 보인다. 기껏해야 정권교체를 통해 세계를 변화시키려는 욕구가 잠깐 충족되고 곧장 동일한 불만족이 연장된다. 최악의 경우에는 혁명이, 혁명의 이름으로 말하면서도 혁명을 청산할 생각만 하는 자들에게 발판으로 이용된다. 충분한 자신감을 지닌 혁명 세력이 부재하는 탓에 프랑스를 비롯한 곳곳에서 자신감을 가장하고 그것을 과시하는 것을 업으로 삼고 있는 자들, 즉 파시스트들에게 길이 열리고 있다. 무능이 시어지고 있다.

그 점에서 우리 혁명가들이 패배했다는 것을 인정해야 한다. 우리가 목표로서의 혁명에 도달하지 못했기 때문이 아니라 2008년 이래로 우리가 **과정으로서의** 혁명에서 계속 벗어났기 때문이다. 실패할 때 우리는 전 세계를 비난하고, 수많은 원한의 감정을 품고 온갖 종류의 설명, 심지어 **과학적** 설명까지 고안할 수 있다. 혹은 우리 안에 있으며 우리의 실패를 우연적인 것이 아니라 반복적인 것으로 만드는 적의 거점이 무엇인지 물을 수 있다. 예컨대 혁명가들에게 여전히 **좌파적인** 것으로 남아 있으면서 혁명가들을 패배하게 만들 뿐만 아니라 거의 전반적인 혐오에까지 빠지게 만드는 것이 무엇인지 물을 수 있을 것이다. 가질 수 없는 도덕적 헤게모니를 공언하는 특정한 방식은 혁명가들이 좌파로부터 물려받은 악습이다. 정의로운 삶의 방식—정말로 진보적이고 계몽되고 모던하고 올바르고 탈-구성되고 더럽혀지지 않은 삶의 방식—을 제정하겠다는 유지할 수 없는 이 야망처럼, 누구이건 살의에 가득차게 하는 야망은 반동분자-보수주의자-반계몽주의자-좀생이-시골뜨기-구닥다리들 측으로부터 예고 없이 배척된다. 좌파와의 격렬한 경쟁을 통해 혁명가들은 거기서 벗어나기는커녕 계속 거기에 붙잡혀 있을 뿐이다. 닻줄을 풀자!

『다가오는 봉기』[6] 이후 우리는 시대의 불꽃이 타오른 곳으로 향했다. 우리는 모든 나라, 모든 분파의 동지들과 함께 독서하고 투쟁하고 토론했다. 우리는 그들과 함께 보이지 않는 시대의 장애물들에 부딪혔다. 우리 중 몇몇은 죽었고 몇몇은 옥고를 치렀다. 우리는 굴하지 않았다. 우리는 다른 세계를 건설하는 것도 이 세계를 공격하는 것도 포기하지 않았다. 우리는 간헐적이고 분리되어 있으며 서로에 대해 모르는 반란들을 체험하고 있는 것이 아니며, 그럼에도 불구하고 그 반란들 사이의 연계가 필요하다는 확신을 갖고 여행에서 돌아왔다. **그것**은 실시간 뉴스보도가 지각에 대한 계산된 관리 속에서 연출하는 것이다. **그것**은 이 맨 아래 층위에서부터 시작되는 **반-봉기 사업**이다.[7] 그러나 우리가 살고 있는 시대는 산발적 반란의 시대가 아니라 지각불가능하게 서로 소통하는 궐기들이 단일한 세계적 물결을 이루는 시대이다. 또한 보편적 분리가 초래한 보편적 재회를 갈망하는 시대이고, 경찰이 감독하는 일반적 원자화에 대한 지혜로운 거부를 의미하는, 경찰에 대한 일반적 증오의 시대이다. 도처에서 동일한 불안, 동일한 근원적 공포를 읽을 수 있으며, 그것과 호응하는 것은 분개의 소스라침이 아니라 동일한 존엄의 소스라침이다. 2008년 이래로 세계에서 일어나고 있는 일은 밀폐된 민족국가 공간에서 돌발하는 뜬금없는 폭발들의 일관성 없는 계열을 이루지 않는다. 그것은 그리스부터 칠레까지 장소와 시간이 완전히 통일된 가운데 펼쳐지고 있는 하나의 단

---

6) '보이지 않는 위원회'의 첫 번째 책으로 국내에는『반란의 조짐』(성귀수 옮김, 여름언덕, 2011)이라는 제목으로 출간되었다.

7) 여기서 '그것'이라고 한 것은 '서로 영향을 주고 받으며 동시다발적으로 일어나는 반란들'이 '간헐적이고 분리되어 있으며 서로에 대해 모르는 반란들'인 것처럼 체험되는 사태를 말하는 것으로 보인다.

일한 역사적 시퀀스이다. 그리고 **세계적 감각**의 관점에서만 그것의 의의를 밝혀낼 수 있다. 우리는 그 시퀀스에 대해 열심히 사유하는 일을 자본의 싱크탱크들에게만 맡겨둘 수 없다.

아무리 국지적이어도 모든 봉기는 자기 너머로 신호를 보내고 단번에 세계적인 어떤 것을 포함한다. 봉기 안에서, 우리는 시대의 높이까지 함께 올라간다. 그러나 시대는 사실상 우리가 우리 자신의 깊숙한 곳에서 발견하는 것이고, 우리가 거기로 내려가는 것을 감수할 때, 즉 우리가 체험하고 보고 느끼고 지각하는 것 속에 우리가 스스로 잠길 때 발견하는 것이다. 거기에 인식의 방법과 행동의 규칙이 있다. 그리고 거기서 시가전의 순수한 정치적 강도(intensité)와 고독한 개인의 꾸밈없는 자기의식 사이에 은밀한 접속이 일어난다. 각각의 상황의 깊숙한 곳에서 그리고 각자의 깊숙한 곳에서 시대를 찾아야 한다. 바로 거기서 '우리'는 서로 재회하며, 바로 거기에 세계 각지에 흩어져 있지만 함께 진군하고 있는 진정한 친구들이 있다.

음모론자들이 반혁명적인 이유는 음모를 꾸밀 수 있는 특권을 유력자들에게만 부여하기 때문이다. 유력자들이 자신들의 지위를 유지하고 확장하기 위해 모의하고 있는 것은 분명하지만, 그에 못지않게 **도처에서**—건물 로비에서, 커피자판기 앞에서, 케밥집 뒤에서, 파티에서, 연애에서, 감옥에서—[다른 종류의] **음모가 꾸며지고 있는** 것 또한 확실하다. 그리고 이 모든 유대, 이 모든 대화, 이 모든 우정이 모세관을 통해, 세계적인 규모로, 활동 중인 역사적 당—마르크스가 말한 "우리 당"—을 조직하고 있다. 사물의 질서의 객관적 음모에 대해, 우리가 사실상 그 일원으로 속해 있는 분산된 음모가 있다. 그러나 가장 큰 혼돈은 우리 당 내부에 횡행하고 있다. 도처에서 우리 당은 자신의 고유한 이데올로기적 유산에 부딪힌다. 우리 당은, 패배하고 사망했지만 그럼에도 불구하고 존경을 요하는 혁명 전통들의 초안에 발목을 잡힌다. 그런데 전략적 이해는 뇌가 아니라 심장에서 나오며, 이데올로기의 폐해는 바로 사유와 심장 사이를 가로막는 것이다. 다르게 표현하자면 이렇다. 즉, 우리는 우리가 이미 와 있는 곳의 문을 부숴야 한다. 건설해야 할 유일한 당은 이미 현존하는 당이다. 우리는 우리의 공통 상황—그람시의 표현에 따르면 우리의 "공통 지반"(commune terrestritude)—을 명료하게 파악하는 데 장애가 되는 모든 정신적 잡동사니들을 제거해야 한다. 우리의 유산은 어떤 유언도 앞세우지 않는다.

모든 캐치프레이즈가 그렇듯이 "우리는 99%이다"라는 구호의 효력도 그것이 말하는 것이 아니라 말하지 않는 것에서 나온다. 그것이 말하지 않는 것은 1%의 **유력자들**의 정체이다. 1%를 특징짓는 것은 그들이 부자라는 것도—미국의 부자는 1% 이상이다—, 그들이 유명인사라는 것도 아니다. 그들은 오히려 눈에 띄지 않으며 15분간 유명해질[8] 권리조차 없다. 1%를 특징짓는 것은 그들이 **조직화했다**는 것이다. 그들은 심지어 타인의 삶을 조직화하기 위해서 스스로를 조직화한다. 이 슬로건의 진실은 매우 끔찍하다. 숫자는 전혀 중요하지 않다. 우리는 99%이면서 완벽하게 지배당할 수 있다. 반대로, 토트넘의 집단 약탈에서 충분히 증명된 것처럼 스스로를 조직화하기 시작하는 순간 우리는 가난에서 벗어나게 된다. 그냥 빈민 대중과, 함께 행동하기로 결심한 빈민 대중 사이에는 큰

8) '15분간 유명해진다'는 것은 '잠시 떴다 금방 잊혀진다'는 뜻으로, 앤디 워홀이 1968년 스톡홀름 전시회 카탈로그에 쓴 "In the future, everyone will be world-famous for fifteen minutes"(미래엔 모든 사람이 15분간은 세계적으로 유명해질 수 있을 것이다)라는 문장에서 유래한 표현이다.

차이가 있다.

스스로를 조직화한다는 것은 동일한 조직에 가입한다는 것을 뜻한 적이 없다. 스스로를 조직화한다는 것은 어떤 층위에서건 공통의 지각에 따라 행동한다는 것이다. 그런데 지금 상황에 결여된 것은 '사람들의 분노'나 빈곤이 아니다. 또 투사들의 열의도, 비판적 의식의 확산도, 아나키즘 행동의 증식도 아니다. 우리에게 결여된 것은 상황에 대한 공유된 지각이다. 이 결합제가 없으면 행동은 흔적도 없이 지워져 없어지고, 삶은 몽상의 얼개를 갖게 되고, 궐기는 교과서에서 끝나 버린다.

불안감을 조성하거나 단지 스캔들에 불과한 정보의 일상적 범람은 세계에 대한 총체적 이해가 불가능한 것은 아닐까 하는 우리의 두려움을 빚어낸다. 세계의 카오스적 외양은 세계를 공격 불가능하게 만드는 전운(戰雲)이다. 세계는 통치불가능해 보임으로써 실제로 통치될 수 있는 것이다. 계략은 바로 그것이다. 위기 관리를 통치 기법으로 채택함으로써, 자본은 단지 진보에 대한 숭배를 파국 협박으로 대체한 것이 아니라, 현재에 대한 전략적 이해, 진행 중인 활동들에 대한 전체적 조망을 확보해 두려고 한 것이다. 그것을 두고 자본과 다투는 것이 중요하다. 전략 면에서 우리가 글로벌 협치(gouvernance)보다 두발 앞서가야 한다. 벗어나야 할 '위기'는 없다. 우리가 승리해야 하는 전쟁이 있을 뿐이다.

상황에 대한 공유된 이해는 하나의 텍스트에서가 아니라 국제적 토론에서 태어날 수 있다. 그리고 토론이 열리기 위해서는 자료를 뿌려야 한다. 이 책이 그 중 하나이다. 우리는 전통과 혁명적 입장들을 역사적 상황이라는 시금석에 맡겼고, 혁명의 걸리버를 땅바닥에 묶어 놓는 수많은 이념의 실들을 잘라내려고 애썼다. 우리는 어떤 통로, 어떤 행동, 어떤 사유를 통해 현재의 막다른 골목에서 빠져 나올 수 있을지 더듬거리며 찾았다. 우리에게 주어진 조건과 그 조건에 균열을 일으킬 수 있는 것, 이 두 가지를 함께 말할 수 있는 언어 없이 혁명 운동은 없다. 다음 일은 그런 언어의 고안에 기여하는 것이다. 이런 목적으로 이 텍스트는 네 개의 대륙에서 여덟 개의 언어로 동시에 발표된다. 우리가 도처에 있다면, 우리가 군단이라면, 이제부터 우리는 세계적으로 우리를 조직화해야 한다.

1. 메리 크라이시스crisis 앤드 해피 뉴 피어fear!

—2008년 12월 아테네

1. 위기는 통치 양식이다

우리 혁명가들은 근대 역사에 크게 배반당한 사람들이다. 그리고 우리는 언제나, 어떤 식으로든 그 자기 배반의 공범이다. 사실은 고통스럽고 그래서 일반적으로 부정된다. 우리는 위기를 맹신했다. 너무 오랫동안 너무나 맹신한 나머지 우리는 신자유주의 질서가 어떻게 위기를 주 무기로 삼았는지 보지 못했다. 마르크스는 1848년 혁명 직후에 이렇게 썼다. "새로운 혁명은 새로운 위기 뒤에만 가능하다. 그러나 혁명도 위기도 똑같이 확실하다." 그리고 그는 실제로 세계 경제에 작은 경련만 일어나도 자본의 최후의 대위기를 예언하며 여생을 보냈다. 그는 그것을 기다렸으나 허사였다. 아직도 우리에게 현재의 위기를 '대위기'라고 선전하며 희한한 최후의 심판을 기다리라고 명령하는 마르크스주의자들이 있다.

밀턴 프리드먼(Milton Friedman)은 시카고 보이스[1]에게 이렇게 조언

---

1) 자유경쟁 원리를 맹신하며 그에 따라 화폐 정책을 중시하는 시카고 대학 중심의 신자유주의 경제학자 그룹을 시카고학파라고 부르는데, 시카고 보이스는 이들을 비꼬는 말이다.

했다. "변화를 강제하고 싶으면 위기를 유발해라." 자본은 위기를 두려워하기는커녕 이제는 시험 삼아 위기를 생산하려고 한다. 시기를 선택하고 규모에 대한 통제를 확보하기 위해 눈사태를 일으키는 것처럼. 평야를 위협하는 큰불이 연료 부족으로 사그라지는 것을 확인하기 위해 평야를 태우는 것처럼. '언제 어디서'는 적절한 시기의 문제 혹은 전술적 필요의 문제이다. 2010년 임명되자마자 그리스 통계국 ELSTAT 국장이 트로이카[2]의 개입을 정당화하기 위해 끊임없이 국가부채 장부를 위조해서 악화시켰다는 것은 널리 알려진 사실이다. 따라서 '국가 부채 위기'는 사실상, 당시에 IMF—국가 부채 위기에서 벗어나도록 국가를 '돕는다'고 간주되는 기구—에서 공식적으로 월급을 받고 있던 직원에 의해서 개시된 것이다. 거기서 핵심적인 것은 신자유주의적 사회 완전 개조 프로젝트, '구조조정'이라는 호정책의 효과를 유럽 국가에서 실물 크기로 실험해 보는 것이었다.

의학적 함의가 있는 위기는 근대 시기 내내 돌발적 또는 주기적으로 일어난 자연스러운 것이었다. 이는 위기 상황의 일반적 불안정성에 종지부를 찍을 결단의 날을 상정했다. 그 끝은 치료의 적절성 여부에 따라 해피엔딩이거나 언해피엔딩이었다. 위기의 순간은 비평의 순간—증상과 치료에 관해 토론이 열린 짧은 [사이] 시간—이기도 했다. 그러나 이제는 그렇지 않다. 처방은 더 이상 위기를 끝내기 위한 것이 아니다. 반대로 처방을 도입할 목적으로 위기가 개시된다. 자기들이 치려고 하는 사람들을 '테러리스트'라고 지칭하는 것처럼, 이제는 자기들이 재정비하길 원하는 것에 대해 '위기'란 말을 쓴다. 2005년 프랑스의 '교외의 위기'는 내무

2) 유럽연합-유럽중앙은행-IMF를 말한다.

부 장관이 직접 지휘하는, 해당 '교외'에 대한 지난 30년간 최대의 도시화 공세를 그렇게 예고했을 것이다.

신자유주의자들에게 위기 담론은 이중적 담론이다—그들은 자기들끼리 '이중적 진리'란 말을 쓰길 좋아한다. 한편으로, 위기는 기회와 혁신과 기획자들—이들 중 가장 우수한 자들, 가장 의욕적인 자들, 가장 경쟁력 있는 자들만 살아남을 것이다—을 만들어 내고, 활력을 불어넣는 '창조적 파괴'의 계기이다. 1987년부터 2006년까지 미연방준비제도 의장을 지낸 앨런 그린스펀(Alan Greenspan)은 이렇게 썼다. "이것은 사실상 자본주의의 메시지일 것이다. '창조적 파괴', 다시 말해 새로운 것을 위한, 구식 테크놀로지와 낡은 생산양식의 거부는 생활수준을 높일 수 있는 유일한 방법이다. … 자본주의는 우리 각자 안에 갈등을 만들어 낸다. 우리는 때론 공격적인 기획자가 되고, 때론 내면 깊숙이에서, 모든 사람이 똑같이 버는, 경쟁과 스트레스가 덜한 경제를 선호하는 백수가 된다." 다른 한편으로, 위기 담론은 인구에 대한 정치적 관리 방법으로 개입한다. 기구편성과 사회보조, 기업과 지구(地區) 등 모든 것의 끊임없는 재정비는 실존 조건의 지속적 전복을 통해 상대 당의 비(非)실존을 조직화하는 유일한 방식이다. 변화의 레토릭은 모든 관습을 파괴하고 모든 유대를 부수고 모든 확실성을 뒤흔들고 모든 연대를 단념시키고 만성적인 실존의 불안정성을 유지하는 역할을 한다. 그것은 "영구 위기를 통해 모든 실제 위기를 예방한다"는 말로 공식화되는 전략에 해당한다. 이는, 일상의 층위에서는 "안정시키기 위해 불안정하게 하기"라는 유명한 반-봉기 실천과 같은 부류에 속하는 것으로, 질서를 혁명보다 더 바람직한 것으로 만들기 위해 당국이 고의로 카오스를 야기하는 것이다. 미시적 관리부터 전국 관리까지, 인구를 일종의 영구적 쇼크 상태에 빠뜨리면, 망연자실 상태, 자포자기 상태가 유지되어 개개인도 전체도 거의 자기들이 원하는 대로 할 수 있게 된다. 지금 그리스인들을 덮친 집단 우울증은 트로이카 정책의 의**도된** 산물이지 그것의 부수적 효과가 아니다.

어떤 사람들은 서브프라임 사기의 급증을 들어 서둘러 '신자유주의의 죽음'을 선포했다가 웃음거리가 되었는데, 이는 '위기'가 경제적 사실이 아니라 **정치적인** 통치 기법임을 이해하지 못했기 때문이다. 우리는 자본주의의 위기를 경험하고 있는 것이 아니라 반대로 위기 자본주의의 승리를 경험하고 있다. '위기'는 통치의 증가를 의미한다. 그것은 지배자들의 '최후 수단'(ultima ratio)이 되었다. 근대성은 우리를 과거의 후진성에서 벗어나게 하겠다고 주장하면서 과거의 후진성에 비추어 모든 것을 측정했다. 이제는 모든 것이 임박한 붕괴에 비추어 측정된다. 그리스 공무원의 봉급을 반으로 줄일 때, 이제 봉급을 한 푼도 지급할 수 없을지도 모른다는 구실을 내세운다. 프랑스 월급쟁이들의 납입금 기한을 연장할 때마다, '퇴직연금제도를 보전하기 위한 것'이라는 구실을 댄다. 영구적이고 전방위적인 현재의 위기는 더 이상 고전적 위기, 결정적 순간이 아니다. 반대로 그것은 끝없는 끝, 지속적인 묵시,[3] 실제 붕괴의 무기한 중지이고, 그런 이유로 영구적 예외상태를 뜻한다. 현재의 위기는 이제 아무것도 약속하지 않는다. 그것은 반대로 통치하는 자에게 사용 수단에 관한 모든 제약을 풀어주는 경향을 띤다.

---

3) '덮개를 벗기다', '감춰진 것을 드러내 보이다', '비밀을 폭로하다' 등의 뜻을 지닌 헬라어 아포칼립시스(Apocalýpsis)에서 유래한 apocalypse는 신이 감춰진 뜻을 성령을 통해 알려주는 것을 뜻하는 말로, 대개 세상의 종말, 특히 미래에 도래할 신국(神國)과 관련된 사건을 회화적으로 묘사한 일종의 문학적 술어다. 이하에서는 '묵시' 또는 '묵시록'으로 옮긴다.

2. 진정한 파국(catastrophe)은 실존적이고 형이상학적이다

어느 시대나 오만하다. 모든 시대는 저마다 자기가 유일무이하기를 원한다. 우리 시대의 자랑거리는 전 지구적 생태 위기와 민주주의의 일반화된 정치적 위기와 냉혹한 에너지 위기의 역사적 충돌을 실현한 것으로서 암암리에 퍼져나갔지만 '지난 100년간 유례가 없는' 세계 경제 위기가 그 대미를 장식했다. 이는 유례없는 시대를 살고 있다는 우리의 쾌감을 부추기고 강화한다. 1970년대 신문을 펼쳐 보거나, 1972년에 나온 **성장의 한계**에 관한 로마 클럽의 보고서, 1970년 3월에 나온 '생태 위기의 근원'에 관한 사이버네틱스 학자 그레고리 베이트슨(Gregory Bateson)의 논문, 1975년에 나온 3자 위원회의 「민주주의의 위기」 등을 읽어 보면, 적어도 1970년대 초반 이후로는 우리가 전면적 위기라는 캄캄한 별 아래 살고 있음을 확인할 수 있다. 조르조 세자라노(Giorgio Cesarano)의 1972년 텍스트 「묵시록과 혁명」은 이미 그것을 깊이 있게 분석했다. 따라서 어느 순간 일곱 번째 봉인[4]이 풀렸다면 그것은 어제오늘의 일이 아니다.

2012년 말 미국의 공식기관인 질병통제센터(CDC)는 재미 삼아 만화를 제작·배포했다. 제목은 「대비 101: 좀비 묵시록」(Preparedness 101: Zombie apocalypse)이고, 아이디어는 단순하다. 인구집단은 핵 재앙이든 자연재해든, 전면적 시스템 고장이든 봉기든 일어날 수 있는 모든 돌발 사건에 대비해야 한다는 것이다. 문건의 결론은 "좀비 묵시록에 대해 준비가 되어 있다면 어떤 긴급 상황에도 대비할 수 있다"는 것이었다. 좀비

4) 「요한묵시록」에 등장하는 종말을 상징하는 일곱 개의 봉인 중 마지막 봉인을 말한다. "일곱 번째 봉인을 뜯으니 일곱 개의 나팔이 울려 퍼지면서 여러 가지 재앙이 일어날 것을 예고한다."

의 형상은 아이티 부두교 문화에서 유래했다. 미국 영화에서 반란을 일으킨 좀비 무리들은 언제고 흑인 프롤레타리아의 전면 봉기 위협의 알레고리로 사용된다. 따라서 **그것**에 대해선 정말로 **준비가 되어** 있어야 한다. 더 이상 소비에트의 위협을 내세워 시민들의 정신병적 단합을 확보할 수 없게 된 이상, 인구집단으로 하여금 스스로를 보호할, 즉 **시스템을 보호할** 준비 태세를 갖추게 하기 위해서는 무엇이건 상관없다. 끔찍한 종말을 예방하기 위해서 끝없이 공포를 유지하기.

서구의 허위의식 전체가 이 공식 **만화**로 압축된다. 사실 진짜 산송장들은 미국 **교외**의 쁘띠부르주아들이다. 비루한 생존 걱정, 가진 게 없는 것에 대한 경제적 불안, 지금의 생활양식을 유지할 수 없으리라는 느낌은 파국 이후에 찾아올 것들이 아니라, 지금 그리고 이미 신자유주의 체제에서 각 개인의 필사적 **생존경쟁**을 부추기고 있는 것들이다. 전락한 삶이란 닥쳐올 어떤 조짐을 보이는 삶이 아니라 일상적으로 이미 존재하고 있는 삶이다. 모두가 그것을 본다. 모두가 그것을 안다. 모두가 그것을 느낀다. **좀비들**(Walking Dead), 그건 바로 샐러리맨들이다. 영화의 많은 부분을 차지하는 묵시록적 장면에 이 시대가 열광하는 것은 이 오락 장르가 제공하는 미적 쾌감 때문만은 아니다. 사실 격분한 천사들의 공습, 기이한 대홍수, 스펙터클한 재앙 등 할리우드의 마술적 환영들은 이미 「요한묵시록」에 다 있는 것들이다. 오직 전면적인 파괴, 모두의 죽음만이 멀리서 소규모 빌라의 종업원, 누구보다 **덜 살아 있는** 그에게 살아 있다는 느낌을 가져다줄 수 있다. '제발 끝나 버리길!'과 '이것이 언제까지나 계속되어 준다면!'은 문명인의 동일한 고뇌가 번갈아 내뱉는 두 가지 탄식이다. 삶은 유예이지 충만이 아니라는 칼뱅주의의 낡은 금욕적 취향이 거기에 가세한다. 사람들이 예전에 '유럽의 니힐리즘'에 대해 논했던 것은 헛된 것이 아니었다. 오히려 너무 수출이 잘된 덕에 이제는 전 세계가 그것으로 포화 상태다. '신자유주의 세계화'로 우리가 얻은 것은 무엇보다도 니힐리즘의 세계화일 것이다.

2007년에 우리는 이렇게 썼다. "우리가 직면하고 있는 것은 사회의 위기가 아니라 문명의 절멸이다." 이런 식의 발언을 하면 당시에는 광신자로 간주되었다. 그러나 '위기'는 그 길로 갔다. 그리고 심지어 ATTAC[5]도 '문명의 위기'를 알아채고 있다. 사실이다. 더 재미있는 것은 '전략' 컨설턴트가 된 어느 미국인 이라크전 참전군인이 2013년 가을에 『뉴욕타임스』에 이렇게 쓴 것이다. "지금 미래를 들여다보면 바닷물이 맨해튼 남부를 덮치는 것이 보인다. 식량 폭동과 허리케인과 기후난민들이 보인다. 82공수연대 군인들이 약탈자들을 사살하는 것이 보인다. 전면 단전과 황폐화된 항구와 후쿠시마의 폐기물과 전염병이 보인다. 바그다드가 보인다. 물에 잠긴 로커웨이(Rockaways)가 보인다. 기이하고 불안한 세계가 보인다. [⋯] 기후 변화가 제기하는 가장 큰 문제는 국방부가 어떻게 자원전쟁을 준비해야 하는지, 알파벳시티[맨해튼]를 보호하기 위해서 어떻게 제방을 쌓아야 하는지, 우리가 언제 호보컨(Hoboken)[6]에서 대피해야 하는지 따위가 아니다. 그리고 프리우스(Prius)[7]를 사거나, 조약에 서명하거나, 에어컨을 끈다고 해서 문제가 해결되지도 않을 것이다. 가장 큰 문제는 철학적인 문제이다. 우리의 문명은 이미 사망했다는 것을 이해해야 한

5) 시민지원을 위한 금융거래 과세 연합(Association for a Taxation of financial Transactions in Assistance to the Citizens)의 약칭으로, 1998년에 프랑스의 진보적 잡지 『르몽드 디플로마티크』의 제안으로 출범한 반세계화 및 반신자유주의 운동단체다.

6) 뉴저지주 북동부 허드슨강을 사이에 두고 뉴욕시의 맨해튼과 마주보며 연락선과 터널로 서로 연결되는 항구이다.

7) 토요타가 1997년부터 판매하기 시작한 세계 최초의 양산형 하이브리드 차량이다.

다.” 1차 세계대전 직후만 해도 우리의 문명은 ‘필멸의 운명’이라고만 이야기되었고, 그것은 어떤 의미로든 이론의 여지가 없는 것이었다.

실제로 서구 문명의 종말이라는 임상진단이 내려지고 여러 사건들이 거기에 나란히 서명한 것은 한 세기쯤 전의 일이다. 그 이후로 그것에 대해 장광설을 늘어놓는 것은 다른 데로 관심을 돌리는 방식일 뿐이다. 그런데 그것은 특히 **지금 여기 있으며** 오래전부터 있었던 파국으로부터, 우리 자신인 파국, **서구 자체인 파국**으로부터 관심을 돌리는 방식이다. 이 파국은 우선 **실존적**이고 정서적이고 형이상학적이다. 그 파국은 세계에 대한 서구인의 놀라운 이방성(異邦性), 예컨대 서구인에게 자연의 지배자이자 소유자가 될 것을 요구하는—사람들은 자신이 두려워하는 것만 지배하려고 애쓴다—이방성에 있다. 서구인이 공연히 자신과 세계 사이에 그렇게 많은 **스크린**을 설치한 것이 아니다. 실존하는 것에서 자신을 삭제함으로써 서구인은 세계를—자신의 **노동**을 통해, 암적인 행동주의를 통해, 히스테릭한 표면 흥분을 통해 끊임없이 갈아엎어야 하는—이 황량한 연장(延長)[8]으로, 이 적막하고 적대적이고 기계적이고 부조리한 무(無)로 만들었다. 도취에서 마비로, 마비에서 도취로 쉼 없이 내던져지는 그는 전문지식과 인공보철구와 관계의 축적을 통해, 결국에는 기대를 저버리는 테크놀로지의 장신구를 통해 자신이 세계에 부재하는 사태를 시정하려고 한다. 서구인은 점점 더 눈에 띄게, 사방에서 그를 추월하는 현실을 견딜 수 없어서 끊임없이 모든 것을 엔지니어링하고 모든 것을 재창조하는 **과잉장비를 한 실존주의자**가 되어 간다. 머저리

8) 세계를 동질적 공간상의 위치나 형태를 뜻하는 연장으로 파악하는 데카르트적-기하학적 방식을 염두에 두고 쓴 것으로 보인다.

카뮈(Albert Camus)가 단도직입적으로 시인한 것처럼 "인간의 관점에서 세계를 이해하는 것은 세계를 인간적인 것으로 만드는 것, 세계에 인간의 인장을 찍는 것이다". 실존과의, 자기 자신과의, '타인들'과의 이별—이 생지옥!—을 인간의 '자유'라고 명명함으로써, 서구인은—비록 우울한 축제나 허접한 오락의 도움을 받거나 다량의 마약에 의지하지는 않지만—비굴하게 그 이별에 다시 마법을 걸려고 시도한다. 그에게는 실질적으로, 정서적으로 삶이 부재한다. 삶은 그를 역겹게 하기 때문이다. 사실상 삶은 그에게 **구토**를 일으킨다. 현실세계에 있는 모든 것, 즉 불안정하고 환원 불가능하고 만질 수 있고 육체가 있고 무겁고 뜨겁고 피로를 느끼는 모든 것을 관념적이고 시각적이고 냉정하고 디지털화되고 마찰도 눈물도 없고 죽음도 냄새도 없는 인터넷 평면에 투사함으로써, 서구인은 그 모든 것으로부터 자신을 지키는 데 성공했다.

서구의 모든 묵시록적인 것의 기만은 우리가 세계에 대해 할 수 없는 애도를 세계에 투사하는 데 있다. 사라진 것은 세계가 아니다. **우리**가 세계를 잃어버렸고 끊임없이 잃어버리고 있는 것이다. 곧 끝날 것은 세계가 아니다. **끝장나고** 절단되고 삭제된 것은 바로 **우리**이다. **우리**가 환각에 사로잡혀서 현실세계와의 생사가 걸린 접촉을 거부하고 있는 것이다. 위기는 경제적이거나 생태적이거나 정치적인 것이 아니다. 필수품 중에 부재를 정교하게 인공 보정해 주는 장치—대표적인 것으로 아이폰과 허머(Hummer)[9]—가 있을 정도로 **위기는 무엇보다도 현존의 위기이다.** 아이폰은 한편으로는 세계와 타자들에 이를 수 있는 모든 가능한 통로를 단

9) 제너럴 모터스의 사륜구동 오프로드 차량으로, 걸프전을 통해 유명해진 군용차량 험비의 민간용 버전이다.

하나의 물건에 집중시킨다. 그것은 램프이자 카메라이고, 수평계이자 녹음기이며, 텔레비전이자 나침반이고, 관광가이드이자 통신수단이다. 다른 한편으로 그것은 현존하는 것에 개방될 모든 가능성을 차단하고, 나의 현존재의 일부를 끊임없이 잡아두는 항구적이고 편리한 반쪽-존재의 체제 안에 나를 집어넣는 인공보철구이다. 최근에는 '디지털 세계에 24시간 내내 접속함으로써 우리가 우리 주위의 현실세계와 단절되는' 사태를 시정해 준다고 하는 스마트폰 어플까지 나왔다. 그것은 폼 나게도 **영혼의 GPS**(GPS for the Soul)라고 불린다. 허머로 말할 것 같으면 그것은 자폐적인 나, 모든 것에 무감각한 나를 가장 접근하기 어려운 '자연'의 오지까지 데려갔다가 **온전히** 돌아올 가능성이다. 구글이 산업의 새로운 지평으로 '죽음과의 싸움'을 내걸고 있다는 것은 저들이 **삶이 무엇인지에 대해** 얼마나 오해하고 있는지를 여실히 보여 준다.

극도의 정신착란 상태에서 인간은 '지질학적 힘'까지 참칭해서 지구 생애의 한 단계에 자기 종의 이름을 붙이기까지 했다. 인류세(人類世)[10]라는 말을 쓰기 시작한 것이다. 급기야 인간은 모든 것 — 바다, 하늘, 땅 그리고 땅속까지 — 을 엉망으로 만들었음을 인정하기로 각오하고, 동식물 종의 유례없는 멸종에 대한 자신의 죄과를 회개하기로 각오하고 주된 역할을 자기 것이라고 우긴다. 그런데 주목할 만한 것이 있다. 인간은 세계에 대한 특유의 재앙적인 관계로 인해 발생한 재난을 언제나 동일하게 재앙적인 방식으로 대한다는 사실이 그것이다. 인간은 빙산이 사라지는 속

10) 네덜란드의 화학자 크뤼천(Paul Crutzen)이 2000년에 제안한 것으로, 환경 파괴의 대가를 치러야 하는 현재 인류 이후의 시대를 가리킨다. 홀로세(현세)중 인류가 지구 환경에 큰 영향을 미친 시점부터 별개의 세(世)로 분리한 것으로, 인류로 인해 빚어진 시대이기 때문에 인류라는 말이 붙은 것이다.

도를 **계산하고**, 비-인간 생명체들의 멸종을 **측정한다**. 기후 변화에 대해 말할 때도 인간은 자신의 감각 경험 — 더 이상 같은 시기에 돌아오지 않는 어떤 새, 더 이상 울음소리가 들리지 않는 어떤 곤충, 더 이상 다른 식물과 동시에 꽃을 피우지 않는 어떤 식물 — 에 의거해서 말하지 않는다. 숫자와 평균치를 가지고 과학적으로 말한다. 인간은 기온이 몇도 상승하고 강수량이 몇 밀리 감소할지를 밝힐 때라야 무언가를 **말한다**고 생각한다. 심지어 '생물다양성'에 대해서도 말한다. 인간은 **우주에서** 지구상의 생명의 감소를 관찰한다. 오만이 극에 달해, 정작 환경은 요구하지 않았는데도 자기가 이제 아버지처럼 '환경을 보호하겠다'고 주장한다. 그것을 인간의 최후의 밀어붙이기(fuite en avant)[11]라고 생각하지 않을 이유가 없다.

객관적 재난은 우선 훨씬 더 명백하고 대대적인 다른 참상을 은폐하는 역할을 한다. 자연 자원의 고갈은 우리의 동시대인들을 엄습한 주체 자원, 생명 자원의 고갈보다 훨씬 덜 진행되었을 것이다. 사람들이 환경의 황폐화에 대해 자세하게 설명하기를 그토록 좋아하는 것도 무시무시한 내면의 피폐를 은폐하기 위한 것이다. 흑조(黑潮), 메마른 평야, 종의 멸종은 모두 갈가리 찢긴 우리 영혼의 이미지이고, 우리가 세계에 부재하는 사태, 세계에 거주하지 못하는 우리의 내적 무능의 반영이다. 후쿠시마는 인간과 인간의 지배가 야기하는, 폐허만을 낳을 뿐인 이 완전한 파탄의 스펙터클을 제공한다. 이 일본의 평야는 겉으론 멀쩡해 보이지만 향

11) 자신의 문제들을 해결하지 않고 회피하는 것, 미래의 결과들을 생각하지 않고 문제가 되는 행동을 계속하는 것을 뜻한다. 영어판은 '승산 없는 게임에 띄우는 마지막 과감한 승부수'라고 옮겼다.

후 수십 년간 아무도 살지 못할 것이다. 끝내 세계를 사람이 살 수 없게 만드는 끝없는 해체. 서구는 결국 자신이 가장 두려워하는 것 — 방사능 폐기물 — 에서 자신의 실존 양식을 빌려올 것이다.

극좌파에게 혁명이 무엇이냐고 물으면 '인간적인 것을 중심에 놓는 것'이라고 서둘러 대답한다. 이 좌파는 세계가 인간적인 것에 얼마나 지쳤는지, 우리가 인류 — 자신을 만물의 보배라고 생각하며, 모든 것이 자기 것이 되었기 때문에 모든 것을 황폐화시킬 권리가 있다고 생각하는 이 종(種) — 에 얼마나 지쳤는지 모르고 있다. '인간적인 것을 중심에 놓기'는 서구의 프로젝트였다. 그 프로젝트가 어디에 이르렀는지 우리는 안다. 타고 온 배를 버려야 할 때, 종을 배반해야 할 때가 온 것이다. 갖가지 세계들, 갖가지 친숙한 우주들, 대지에 산재하는 갖가지 생명체들과 분리되어 실존하는 인간 대가족은 없다. 인류(人類)는 없다. 대지인들과 그들의 적, 온갖 피부색의 서구인들이 있을 뿐이다. 우리 혁명가들은 물려받은 우리의 휴머니즘을 가지고, 중앙아메리카와 남아메리카 원주민 부족들이 지난 20년간 끊임 없이 벌인 궐기에 대해 생각해 보는 게 좋을 것이다. 그들의 구호는 '대지를 중심에 놓기'라 할 수 있을 것이다. 그것은 **인간에 대한** 전쟁 선포이다. 인간에게 전쟁을 선포하는 것은, 여느 때처럼 그가 귀를 막지만 않는다면, 인간을 지상으로 돌아오게[12] 하는 최선의 방법일 것이다.

---

12) '지상으로 돌아온다(revenir sur terre)'는 것은 '미망에서 벗어나서 현실로 돌아온다'는 것을 뜻한다. 그런데 이 책의 저자들은 서구인을 외계인에 비유하기 때문에 그것은 '지구로의 귀환'을 뜻하는 것으로 볼 수 있다.

3. 묵시록은 실망을 안겨 준다

2012년 12월 21일 18개국에서 달려온 300명 이상의 기자들이 프랑스 오드(Aude)의 작은 마을 부가라치(Bugarach)에 난입했다. 오늘날 알려진 어떤 마야 달력에도 이날이 종말의 날이라는 예언은 없었다. 이 마을이 실재하지 않는 이 예언과 조금이나마 관계가 있을지도 모른다는 소문[13]은 누구나 다 아는 헛소문이었다. 그런데도 전 세계 텔레비전이 무수히 많은 기자들을 급파했다. 사람들은 세계 종말을 믿는 사람들이 정말 있는지 알고 싶어 했다. 우리는 이제 세계 종말을 믿는 사람들이 있다는 것조차 믿지 못하고, 무엇보다도 우리 자신의 애정을 가장 믿지 못하게 된 것이다. 이날 부가라치에는 대거 몰려든 스펙터클의 사제들[14] 말고는 아무도 없었다. 기자들은 그들 자신에 관해, 대상을 잃은 그들의 기다림에 관해, 그들의 지루함에 관해, 아무 일도 일어나지 않는다는 사실에 관해 보도해야 할 처지에 놓였다. 그들은 자신들이 놓은 덫에 걸려서 진짜 세계 종말의 민낯, 즉 기자들, 기다림, 사건들의 파업을 보여 주었다.

시대에 스며든 묵시록에 대한 열광, 아마겟돈(Armageddon)[15]에 대한 갈망을 과소평가해서는 안 된다. 그것의 실존적 포르노그래피는 2075년에 보르도의 포도밭을 덮치러 올 메뚜기 떼와 유럽 남쪽 연안에 몰려

---

13) 종말론자들은 고대 마야문명에서 사용한 달력을 근거로 2012년 12월 21일 지구가 혹성과 충돌해 멸망할 것이고 부가라치에 UFO기지가 있다는 가설에 근거해 부가라치가 종말을 피할 수 있는 유일한 장소라고 주장했다.

14) 취재를 하러 몰려든 기자들을 말하는 것으로 보인다.

15) 구약성서에서 몇 차례 중대한 전투가 벌어졌던 메기도(므깃도)라는 지명에서 유래한 말이다. 「요한계시록」 16장에 세계 종말에 벌어질 대규모 전투에 대한 이야기가 나오는데, 그것은 악마가 거느린 지상의 왕들과 신이 벌이는 최후의 일대 결전으로 전투가 벌어지는 장소가 바로 아마겟돈이다.

들 '기후 난민' 무리들 — 프론텍스(Frontex)[16]는 진작부터 이들을 사살하는 것을 자신의 의무로 삼고 있다 — 을 합성 이미지로 보여 주는 가상 다큐를 슬쩍 훑어보는 것이다. 세계 종말보다 더 오래된 것은 없다. 묵시록적 정념은 아주 먼 옛날부터 줄곧 무능한 자들에게 인기를 끌었다. 새로운 점은 묵시록적인 것이 자본에 의해 완전히 흡수되어 자본에 봉사하게 된 시대를 우리가 살고 있다는 것이다. 우리는 현재, 파국 전망에 의해서 통치되고 있다. 그런데 경제적인 것이건 기후적인 것이건 테러와 관련된 것이건 핵과 관련된 것이건 끝내 실현되지 않고 미완의 상태로 머물러 있을 어떤 것이 있다면 그것은 바로 묵시록적 예언이다. 묵시록적 예언은 그 예언을 피할 수단을 불러내기 위해서만, 즉 대개의 경우 통치의 필요성을 불러내기 위해서만 언표된다. 정치 조직이든 종교 조직이든 어떤 조직도 사실이 자신의 예언과 일치하지 않았다는 이유로 실패를 인정한 적은 없다. 왜냐하면 예언의 목적은 미래를 점치는 것이 아니라 **현재에 대해 영향력을 행사하는** 것, 즉 지금 여기서 기다림, 수동성, 복종을 강요하는 것이기 때문이다.

이미 현존하는 파국 외에 도래할 다른 파국은 없을 뿐만 아니라 대부분의 실제 재난이 우리의 일상적 재난에 출구를 제공한다는 것은 명백하다. 현실의 파국에 의해 실존적 묵시가 완화된다는 것은 1906년에 샌프란시스코를 강타한 지진부터 2012년 뉴욕 일부에 큰 피해를 입힌 태풍 샌디에 이르기까지 많은 예들이 증명해 준다. 통상적으로, 사람들 간의 관계는 긴급 상황에서 그 밑바닥을, 영원한 잔인성을 드러낸다고 추정된다. 사람들은 모든 파괴적 지진, 모든 경제 공황, 모든 '테러 공격'에서 자연

16) EU의 국경관리기구를 말한다.

상태의 늙은 키메라[17]와 그의 온갖 통제 불능의 폭정이 드러나는 것을 눈으로 확인하길 **바란다**. 문명의 얇은 제방들이 무너질 때, 사람들은 파스칼의 뇌리를 떠나지 않았던 '인간의 추잡한 본성', 나쁜 정념들, 적어도 투키디데스 이래로 권력 지지자들의 논거로 사용된 시기심, 폭력성, 맹목성, 가증스러움 등의 '인간 본성'이 수면 위로 떠오르기를 바란다. 그러나 이는 유감스럽게도 역사적으로 알려진 대부분의 재난에 의해 파기된 환상이다.

문명의 소멸은 일반적으로 만인 대 만인의 전쟁이라는 카오스적 형태를 띠지 않는다. 이 적대 담론은 심각한 파국의 상황에서 경찰이나 군대, 혹은 부득이한 경우 임시로 만들어진 **자경단**이 사용하는 약탈에 대한 재산방어수단에 부여되는 우선권을 정당화하는 역할을 한다. 그것은 또 라퀼라 지진 이후 이탈리아의 시민 보호(Protection civile)의 경우처럼 당국의 횡령을 은폐하는 역할을 할 수도 있다.[18] 이 세계의 해체가 그대로 받아들여지면, 그것은 오히려 '긴급 상황' 속의 삶의 방식을 포함하여 다른 삶의 방식들에 길을 열어 준다. 예컨대 1985년에 멕시코 주민들은 살인적 지진에 강타당한 도시의 잔해 한가운데서 혁명적 카니발과 인민에게 봉사하는 슈퍼히어로의 형상 ― 전설의 프로레슬링 선수 슈퍼 바리오(Super Barrio)의 모습을 한 ― 을 일거에 재발견한다. 그들은 자신들의 도시 실존을 그 안에 있는 좀 더 일상적인 것들 속에서 행복하게 수

17) 그리스신화에 등장하는 사자의 머리와 양의 몸통과 뱀의 꼬리를 가진 괴물. 가축을 잡아먹고 나라를 황폐하게 하는 등 사람들을 괴롭히다가 페가수스와 벨레로폰에 의해 처단된다.
18) 2009년 4월 6일 이탈리아 아브루초주(州)의 라퀼라(L'Aquila)에서 발생해서 300여 명의 사상자를 낸 지진으로 지진 복구에 투입된 1억 1천 200만 유로의 4분의 3인 8천 5백만 유로가 부정하게 사용된 것으로 밝혀져 22명이 체포되고, 592명이 소환됐다.

습한 다음, 그 여세를 몰아 건물의 붕괴를 정치 시스템의 붕괴와 동일시하고, 도시의 삶을 통치의 영향력에서 최대한 해방시키고, 그들의 파괴된 주거지를 재건한다. 2003년 태풍 이후에 캐나다 핼리팩스(Halifax)의 한 열성분자가 말한 것도 다른 게 아니었다. 그는 다음과 같이 말했다. "어느 날 아침 깨어나 보니 모든 게 달라져 있었다. 전기가 끊겼고 모든 상점이 문을 닫았다. 아무도 미디어를 이용할 수 없었다. 그러자 모든 사람이 거리로 나와서 이야기하고 증언했다. 사실 거리 축제는 아니었지만 모든 사람이 동시에 밖으로 나왔다. 우리는 서로 몰랐지만 한꺼번에 이 사람들을 본다는 것은 어떤 의미에서는 행복한 일이었다." 허리케인 카트리나가 휩쓸고 지나가고 며칠 후 공권력의 멸시와 보안기관의 편집증에 맞서 뉴올리언스에서 자생적으로 형성된 작은 공동체들도 마찬가지였다. 그들은 매일 스스로를 조직화해서 버려진 상점을 터는 것도 마다하지 않고 식량과 의료와 의복을 자체 조달했다.

따라서 재난의 흐름에 구멍을 낼 수 있는 혁명 관념을 다시 사유하는 것은 우선, 지금까지 혁명 관념 안에 들어 있던 모든 묵시록적 불순물을 제거하는 것이다. 이는 **묵시록적 불순물을 제거하지 않으면** 마르크스주의적 종말론은 미합중국의 토대가 된 제국의 열망 ― 아직도 1달러짜리 지폐에 새겨져 있는 열망, "*Annuit coeptis.Novus ordo seclorum*"[19] ― 과 다르지 않다는 것을 아는 것이다. 사회주의자, 자유주의자, 생시몽주의자, 냉전시대의 러시아인과 미국인 모두가 언제나 동일한 신증쇠약증적

---

19) 미국의 국새 뒷면에 새겨진 문구로 Annuit coeptis는 '신[신의 섭리]은 우리가 하는 일을 돌보아 주신다'는 뜻이고 Novus ordo seclorum은 '새로운 세계 질서'를 뜻한다. 둘을 합치면 '신의 가호 아래 우리[미국]는 새로운 세계 질서를 건설한다' 정도가 될 것이다.

열망을 표현했다. 더 이상 두려워할 것이 존재하지 않는, 마침내 모든 모순이 해소되고 부정적인 것은 흡수되어 사라진, 건조한 평화와 풍요의 시대를 만들고자 하는 열망. 과학과 산업을 통해 완전히 자동화되고 마침내 안정을 찾은 번영 사회, 정신병원이나 결핵요양소를 모델로 설계된 지상낙원 같은 것을 만들고자 하는 열망. 그것은 병이 깊어서 병세의 일시적 호전조차 바랄 수 없는 존재들에게서만 나올 수 있는 이상(理想)이다. 노랫말도 있지 않은가. — "천국은 아무 일도 일어나지 않는 곳이다."[20]

마르크스주의의 독창성과 스캔들은, **천년 왕국**에 이르기 위해서는 — 다른 이들은 그것이 불필요하다고 판단했는데도 — 경제적 묵시를 경유해야 한다고 주장한 것이었다. 우리는 천년 왕국도 묵시도 기다리지 않을 것이다. 지상의 평화는 결코 존재하지 않을 것이다. 평화 관념을 버리는 것만이 진짜 평화로 가는 유일한 길이다. 서구의 파국에 대해 좌파는 일반적으로 한탄하고 규탄하는 입장, 따라서 무능한 입장을 취한다. 그런 입장을 취함으로써 그들은 자신들이 대변한다고 주장하는 사람들에게조차 가증스러워 보이게 된다. 우리가 살고 있는 예외상태는 규탄해야 하는 것이 아니라, [그것을 초래한] 권력 자신에게 향하도록 만들어야 하는 것이다. 그때 우리도 — 우리가 취득하는 면책권, 우리가 창조하는 힘의 관계에 비례하여 — 법을 고려해야 하는 부담을 덜게 될 것이다. 우리는 상황에 대한 섬세한 이해에 부합하는 것이라면 어떤 결정, 어떤 기획이든 완전히 자유롭게 할 수 있다. 이제 우리에게는 역사적 장(場)과 거기서 움직이는 힘들만 있을 뿐이다. 우리 행동의 여지는 무한하다. 역사

---

20) 토킹 헤즈(Talking Heads)의 세 번째 앨범 『Fear of Music』(1979)에 수록된 2번 트랙 「Heaven」의 가사이다.

적 삶이 우리에게 손을 내민다. 그 삶을 거부하는 수많은 이유가 있지만, 그 이유들은 하나같이 신경증에서 오는 것들이다. 최근의 한 좀비 영화에서 묵시에 맞닥뜨린 한 전직 UN 공무원은 다음과 같은 통찰력 있는 결론에 이르렀다. "이게 끝이 아니다. 아직 멀었다. 싸울 수 있으면 싸워라. 서로 도와라. 전쟁은 이제 막 시작됐을 뿐이다."

2. 저들은 우리에게 통치하라고 강요하지만, 우리는 그 사주에 따르지 않을 것이다

1. 현대 봉기의 특징

한 사람이 죽는다. 그는 경찰에 의해 직·간접적으로 살해되었다. 런던에서, 시디 부지드(Sidi Bouzid)[1]에서, 아테네에서, 클리쉬-수-부아(Clichy-sous-Bois)[2]에서. 그들은 익명의 아무개, 실업자, 이것저것 파는 '밀매인', 고등학생이다. 그가 16살이든 30살이든 사람들은 그를 '젊은이'라고 한다. 사람들이 그를 젊은이라고 하는 것은 그가 사회적으로 아무것도 아닌 자이기 때문이고, 자신들은 성인이 되자마자 중요한 인물이 되었을 때도 젊은이들은 여전히 아무것도 아닌 자들이었기 때문이다.

한 사람이 죽고 온 나라가 들고 일어난다. 전자는 후자의 원인이 아니라 단지 기폭제일 뿐이다. 알렉산드로스 그리고로포울로스(Alexandros

---

1) 튀니지 중부에 있는 주(州)로 튀니지 혁명이 시작된 곳이다.

2) 이주민들이 밀집해 있는 파리 교외 도시로 2005년 10월에 시작된 방리유 사태의 진원지이다. 경찰의 검문을 피해 변전소에 숨은 두 소년, 지에드 벤나와 부나 트라오레가 감전사고로 사망하는 사건이 발생했고 이 사건을 계기로 파리 외곽지역(방리유)에서 소요가 일어난다. 이후 소요는 프랑스 동부 디종, 프랑스 남부 마르세이유, 노르망디의 루앙까지 확산된다.

Grigoropoulos)[3], 마크 더간(Mark Duggan)[4], 모하메드 부아지지(Mohamed Bouazizi), 마시니사 구에스마(Massinissa Guesma) — 사자(死者)의 이름은 며칠 또는 몇 주 후에 일반적 익명성, 공통의 박탈상태를 지칭하는 고유명사가 된다. 그리고 봉기는 우선 아무것도 아닌 자들, 카페에서, 거리에서, 일상에서, 대학에서, 인터넷상에서 배회하는 자들이 하는 일이다. 그것은 사회보장의 끊임없는 붕괴가 과도하게 분비하는 모든 부유하는 요소를 — 먼저 하층민을, 그 다음엔 쁘띠부르주아를 — 응집시킨다. 주변적이라거나 낙오되었다거나 미래가 없다고 여겨졌던 모든 것이 중심으로 되돌아온다. 시디 부지드에서, 카세린(Kasserine)에서, 탈라(Thala)에서 '미치광이들', '극빈자들', '쓸모없는 자들', '반사회적 젊은이들'이 먼저 불행을 함께 했던 친구의 사망 소식을 전파했다. 그들은 도시 전역의 모든 공공장소에서 의자 위에, 탁자 위에, 기념물 위에 올라갔다. 그들은 엄숙한 연설로 그들의 말에 귀를 기울인 사람들을 일으켜 세웠다. 그들의 뒤를 이어 고등학생들이 행동을 개시했다. 어떤 장래 희망도 그들을 붙잡아두지 못했다.

궐기는 며칠 또는 몇 달간 지속되어, 체제를 붕괴시키고 모든 사회적 평화의 환상을 파괴한다. 궐기 그 자체는 익명적이다. 리더도 조직도 요구사항도 프로그램[강령]도 없다. 구호가 있더라도 기존 질서를 부정하는 데 다 쓰이는 것으로 보인다. 그리고 "꺼져버려!", "국민은 체제의 붕괴를 원한다!", "그건 우리가 알 바 아니다!", "타이이프, 겨울이 오고 있어" 등

3) 2008년 그리스 폭동 당시 경찰이 쏜 총에 맞아 숨진 15세 소년으로, 이 소년의 사망 이후 반정부시위는 더 격렬해진다.

4) 2011년 8월 런던 북부 토트넘에서 불신검문을 받던 중 경찰이 쏜 총에 맞아 숨진 29세의 흑인 청년으로, 이 청년의 사망에 항의하는 시위가 토트넘에서 시작되어 영국 전역으로 확산된다.

처럼 거칠다. 텔레비전과 라디오에서 책임자들은 늘 똑같은 레토릭을 퍼붓는다. '저들은 틀림없이 외부자에게 매수되어 어디에나 나타나는 약탈자, 파괴자, 테러리스트 무리들'이라는 것이다. 자리에서 일어서는 자는 아마도 물음표 빼고는 대신 권좌에 앉힐 사람이 없을 것이다. 반란을 일으키는 것은 최하층민도 노동자 계급도 쁘띠부르주아도 다중(多衆)도 아니다. 대표자를 맞아들일 만큼 동질적인 것은 아무것도 없다. 그때까지 관찰자들에게 포착되지 않은 새로운 혁명 주체가 있는 것이 아니다. 그래서 '인민'이 거리로 나왔다고 말할 때 사전에 인민이 실존했던 것이 아니다. 오히려 사전에 인민은 **없었다**. '인민'이 궐기를 만들어 내는 것이 아니다. 사라졌던 공통의 경험과 지혜, 실생활의 언어와 인간 조직을 되살림으로써 궐기가 인민을 만들어 내는 것이다. 과거의 혁명은 새로운 삶을 약속했지만, 현대의 봉기는 새로운 삶의 열쇠를 가져다준다. 카이로의 울트라스들[5]은 '혁명' 이전에는 혁명적 그룹이 아니었다. 그들은 단지 경찰에 맞서기 위해 스스로를 조직화할 수 있는 패거리들에 불과했지만, 혁명 당시에 워낙 탁월한 역할을 해서 통상 '혁명가들'에게 부여되는 여러 과제를 상황적으로 떠맡게 되었던 것이다. 사건은 바로 거기에 있다. 외부 집전을 통해 반란의 생명력을 빼앗기 위해 날조된 미디어 현상이 아니라, 반란에서 실제로 생산되는 마주침들 속에 말이다. 그것은 '운동'이나 '혁명'보다 눈길을 훨씬 덜 끄는 것이지만 더 결정적인 것이다. 누구도 마주

5) 울트라스는 본래 광적인 축구팬을 가리키는 말로 이집트 최고 인기 축구팀 알 아흘리에는 세 개의 울트라스 그룹이 있는데, 이들은 무바라크를 몰아낸 타흐리르 광장 시위에서 중요한 역할을 한다. 무바라크 퇴진 전 4년 동안 울트라스는 거의 매주, 경기장을 지키는 보안군과 충돌해 체포 및 구금되거나 협박을 받았고, 또 정부에 불만을 품은 사람들이나 실직자들, 교육을 충분히 받지 못하고 미래에 대한 희망이 없어 경찰이나 정권을 경멸하는 청년들이 합류하면서 회원 수가 수천 명으로 불어났다.

침이 무엇을 할 수 있는지 알지 못한다.

그렇게 봉기는 지구, 단체, 무단점유지, 사회복지센터, 개별 존재들의 삶 속에서 지각불가능하게 분자적으로 연장된다. 브라질에서도 스페인에서도, 칠레에서도 그리스에서도 그랬다. 봉기가 정치적 프로그램을 실행하기 때문이 아니라 혁명적 변화를 추동하기 때문이다. 거기서 체험한 것이 너무 강렬해서 그것을 경험한 사람들은 그것에 충실하지 않을 수 없고, 뿔뿔이 흩어지지 않고 이전의 삶에는 없었던 것까지 건설하지 않을 수 없기 때문이다. 스페인 광장 점거 운동은 미디어의 레이더 스크린에서 사라진 뒤에도 바르셀로나 등지의 거리에서 공유화와 자기-조직화 과정을 통해 계속되었다. 그러지 않았다면 2014년 6월에 있은 칸 비에스(Can Vies)의 무단점유지 파괴 시도가 산츠(Sants) 근교의 3일간의 폭동에 의해 저지당하는 일도, 피습 지역 재건 운동에 도시 전체가 참여하는 일도 일어나지 않았을 것이다. 기껏해야 몇몇 무단점유자들이 무관심 속에서 몇 번째인지 모를 퇴거조치에 항의하는 것으로 그쳤을 것이다. 여기서 건설되는 것은 맹아 단계의 '새로운 사회'도, 마침내 권력을 타도해서 새로운 권력을 구성할 조직도 아니다. 그것은 끈기와 지략을 통해 권력의 모든 공작을 차례로 무산시키면서 권력을 무력화시키는 집단 역량이다.

혁명가들은 대체로 혁명이 일어날 때 가장 많이 놀라는 사람들이다. 그런데 현대의 봉기에는 혁명가들을 특별히 당혹케 하는 것이 있다. 현대의 봉기는 더 이상 정치적 이데올로기에서 시작하지 않고 윤리적 진실에서 시작한다는 것이 그것이다. 윤리와 진실[진리], 이 두 단어는 서로 붙여 놓을 경우 근대 정신의 소유자에게는 모순어법으로 보이는 단어들이다. 무엇이 진리인지 밝히는 것은, 우리의 도덕규범이나 이런저런 우발적 가치에는 관심이 없는 과학의 역할이 아닌가? 근대인들에게는 한편에 세계가 있고 다른 한편에 그들 자신이 있으며, 둘 사이의 깊은 구렁을 뛰어넘기 위한 언어가 있다. 진리는 심연 위의 견고한 다리 — 세계를 적합하게 묘사하는 언표 — 라고 우리는 배웠다. 우리는 언어를 통해 세계에 대한 관계[이해방식]를 습득했던 느린 배움의 과정을 때마침 망각했다. 언어는 세계를 **묘사**하는 데 쓰이기보다 오히려 우리가 세계를 **건설**하는 데 도움을 준다. 따라서 윤리적 진실은 세계에 **관한** 진리가 아니라 우리가 [세계와 분리되지 않고] 세계 안에 머물게 될 시발점이 되는 진실이다. 그것은 느껴지지만 증명되지는 않는 유무언(有無言)의 진실들, 주장들이다. 주먹을 불끈 쥐고 위세 부리는 상사의 얼굴을 한동안 뚫어져라 바라보는 무언의 시선이 그러한 진실의 하나로, 그것은 "반란을 일으킬 이유는 언제나 있다"는 우레와 같은 함성에 견줄 만하다. 진실은 우리를 우리 자신과 이어주고 우리 주위의 것들과 이어주며, 우리 주위의 것들을 서로 이어준다. 진실은 우리 자아의 가공(架空)의 벽들을 고려하지 않고 우리를 단숨에 공동의 삶[공동생활]으로, 분리되지 않은 실존으로 안내한다. 대지인들이, 스페인의 가모날(Gamonal)에서처럼 광장이 주차장으로 바뀌는 것을 막기 위해서, 터키의 게지(Gezi)에서처럼 공원이 쇼핑센터가 되는 것을 막기 위해서, 노트르담 데 랑드(Notre-Dame-des-Landes)에서처럼 숲이 공항이 되는 것을 막기 위해서 목숨을 걸 각오를 하는 것은 우리가 사랑하는 것, 우리가 애착을 갖는 것 — 존재, 장소, 관념 — 이 사실상 우리의 일부이기 때문이다. 또한 우리가, 평생을 피부에 의해 경계지어진 육신 안에 기거하는 자아(自我)로, 이 자아가 소지하고 있다고 믿는 제반 **특성들**로 장식된 전체로 환원되지 않기 때문이다. 세계가 상처를 입을 때 공격당하는 것은 우리 자신이다.

역설적이게도, 윤리적 진실이 거부로서 표현되는 곳에서조차 '아니오!'라고 말하는 행위는 단도직입적으로 우리를 실존 속에 집어넣는다. 마찬가지로 역설적이게도, 거기서 개인은, 때론 단 한 사람이 자살하는 것만으로도 사회적 기만의 체계 전체가 산산조각 날 정도로 자신이 '그냥 개인'이 아님을 발견한다. 시디 부지드 도청 앞에서 자신을 제물로 바친 모하메드 부아지지의 행동이 이를 충분히 증명해 준다. 그 행동의 폭발력은 거기에 함축된 파괴력 있는 주장에 기인한다. 그 주장은 다음과 같은 것이다. "우리에게 주어진 삶은 살 만한 가치가 있는 삶이 아니다." "우리는 경찰에게 그런 식으로 모욕당하려고 태어난 것이 아니다." "우리를 없앨 수는 있겠지만 살아 있는 사람들 몫의 주권은 결코 빼앗지 못할 것이다." "보라! 우리 최하층민들, 우리 거의 실존하지 않는 자들, 우리 모욕당한 자들을. 우리는 너희가 광적으로 너희 불구자들의 권력을 지키기 위해 사용하는 하찮은 수단들을 초월해 있다." 이것이 그 행동에서 또렷하게 들린 주장이다. 이집트에서 '정보기관'에 의해 감금된 와엘 고님(Wael Ghonim)의 텔레비전 인터뷰가 상황을 급변시키는 작용을 한 것은 그가 흘린 눈물 속에서 진실이 터져 나왔고 그 진실이 저마다의 가슴속에서 똑같이 터져 나왔기 때문이다. 마찬가지로, 월스트리트 점거운동이 시작되고 통상적인 운동 관리자들이 집회에서 투표만 하면 되는 결정사항들을 준비하는 일을 담당하는 소규모 '실무 그룹'을 만들기 전 처음 몇 주 동안, 집회에 참석한 1,500명 앞에서 이루어진 발언의 모델이 된 것은 한 청년의 다음 발언이었다. "안녕하세요? 제 이름은 마이크(Mike)입니다. 저는 그저 할렘 출신 갱스터일 뿐입니다. 저는 제 삶이 싫습니다. Fuck my boss! Fuck my girlfriend! Fuck the cops! 저는 그저 여러분들과 함께 여기에 있어서 행복하다고 말하고 싶었습니다." 그의 발언은, 경찰이 마이크 사용을 금지하자 마이크를 대신하게 된 '인간 메가폰'의 합창으로 일곱 번 되풀이되었다.

월스트리트 점거운동의 실제 내용은, 하마 등의 포스트잇처럼 사후에 그 운동에 붙여진 보다 나은 급여, 괜찮은 주거, 보다 후한 사회보장의 요구가 아니라 **우리에게 강요되는 삶에 대한 혐오**였다. 그것은 각자가 **혼자** 밥벌이를 하고 **혼자** 잠을 자고 **혼자** 밥을 먹고 **혼자** 성장하고 **혼자** 건강을 돌봐야 하는, 우리 모두가 **혼자**인 삶에 대한 혐오였고, 메트로폴리스 속 개인의 비참한 삶의 형식 ― 철저한 불신, 스마트하고 세련된 회의주의, 일시적이고 피상적인 사랑, 그에 따른 모든 만남의 광란적 성애화, 그런 다음 안락하고 절망적인 이별로의 주기적 회귀, 끊임없는 기분전환[오락], 그에 따른 자신에 대한 무지, 그에 따른 자신에 대한 두려움, 그에 따른 타인에 대한 두려움 ― 에 대한 혐오였다. 맨해튼의 가장 음산한 광장에서 경찰에 둘러싸인 가운데, 추위 속에서, 빗속에서, 텐트 안에서, 그렇게 즈카티 공원에서 [어렴풋하게] 윤곽이 그려진 공동의 삶은 물론 완전히 다 펼쳐진 **새로운 삶**(*vita nova*)은 아니었다. 그것은 겨우 메트로폴리스 속 실존의 슬픔이 명백해지기 시작하는 지점이었을 뿐이다. 그러나 우리는 마침내 자기-기획자로의 전락이라는 우리의 공통 조건을 **함께** 파악했다. 월스트리트에 생기가 돌고 활기가 넘치는 동안, 이 실존적 충격은 월스트리트 점거운동의 박동하는 심장이었다.

현대의 봉기들에서 쟁점이 되는 것은 삶 위에 군림하는 제도의 성격이 무엇인지 아는 것이 아니라 바람직한 삶의 형식이 무엇인지 아는 것이다. 그런데 바람직한 삶의 형식이 무엇인지 인식한다는 것은 곧 서구의 윤리적 무능을 인식한다는 것을 의미할 것이고, 그것을 인식한 다음에는 이런저런 궐기 이후의 이러저러한 이슬람 분파의 승리를 그 나라 국민들의 흔히 추정되는 정신적 후진성 탓으로 돌릴 수 없을 것이다. 반대로 이슬람주의자들의 힘은 바로 그들의 정치적 이데올로기가 우선 윤리적 규정들의 체계로 제시된다는 사실에 있음을 인정해야 할 것이다. 다시 말해 이슬람주의자들이 다른 정치인들보다 더 성공하는 것은 그들이 정치 영역에 주로 위치하지 않기 때문이다. 그것을 인정할 때 우리는 진지한 청년이 3차 산업 샐러리맨들의 자살 집단에 합류하느니 차라리 '지하디스트'(jihadistes) 대열에 합류하겠다고 할 때마다 번번이 우는소리를 하거나 [위험을 알리는] 거짓 선전을 하는 것을 멈출 수 있을 것이다. 그리고 어른답게 이 아첨하지 않는 거울 속 우리의 얼굴을 발견하는 것을 감수할 것이다.

2012년에 슬로베니아의 조용한 도시 마리보르(Maribor)에서 거리의 반란이 일어났고 그로 인해 이후 거의 온 나라가 불타올랐다. 겉보기에는 스위스와 거의 유사한 이 나라에서 봉기는 전혀 예상치 못한 것이었다. 그러나 정작 놀라운 것은 봉기의 발단이었다. 시내에 과속 감시 카메라가 증설된 것이 권력과 가까운 민간 기업이 벌금의 상당 부분을 수취하고 있었기 때문이라는 사실이 드러난 것이 봉기의 발단이었다. 봉기의 발단으로서 그 어떤 것이 과속 감시 카메라 문제보다 덜 '정치적'일 수 있겠는가? 그러나 그 어떤 것이 양처럼 털을 깎이는[세금을 뜯기는] 것을 거부하는 것보다 더 윤리적일 수 있겠는가? 그것은 21세기의 미하엘 콜하스(Michael Kohlhaas)[6]이다. 거의 모든 현대의 반란에서 만연한 부패 문제가 중요한 쟁점이 되었다는 사실은 현대의 반란은 정치적이기 이전에 윤

---

6) 실화를 바탕으로 한 클라이스트(Heinrich von Kleist)의 단편소설 제목이자 소설 속 주인공의 이름이다. 부당하게 권리를 침해당한 어느 말장수가 개인적 차원에서 정의를 실현하고자 범죄와 살인을 저지르고 결국 처형당하는 이야기이다.

리적이라는 것, 혹은 현대의 반란은 정확히 정치 ― 급진 정치까지 포함해서 ― 를 경멸한다는 점에서 정치적이라는 것을 증명해 준다. 좌파적이라는 것이 윤리적 진실의 존재를 부정하는 것, 그리고 이 나약함을 임시방편적인 만큼 취약한 도덕으로 대체하는 것을 의미하는 한, 파시스트들은 계속해서 유일한 적극적 정치 세력으로 통할 수 있을 것이다. 그들만이 유일하게 자신들의 삶에 대해 변명하지 않기 때문이다. 그들은 승승장구할 것이고 싹트는 반란의 에너지를 계속해서 유용할 것이다.

현재의 조건이라면 들판을 불바다로 만들어야 마땅한데도 불구하고 그러지 못하고 유럽에서만 벌써 열 번째 불발에 그친 모든 '긴축 반대 운동'이 실패할 수밖에 없었던 이유 또한 거기에 있을 것이다. 그것이 실패할 수밖에 없었던 이유는 긴축 문제가, 그것이 실제로 위치하는 노골적인 윤리적 이견의 영역, 즉 산다는 것, **잘** 산다는 것이 무엇인지에 관한 이견의 영역에서 제기되지 않았기 때문이다. 간략하게 말하면 이렇다. 프로테스탄트 문화권 국가에서는 긴축하는 것이 오히려 미덕으로 여겨지지만, 유럽 남부 대부분에서 긴축하는 것은 사실상 가엾은 사람이라는 것을 뜻한다. 현재 벌어지고 있는 일은 단지 어떤 사람들이 다른 사람들에게 그들이 원치 않는 경제적 긴축을 강요하려고 하는 것이 아니다. 그보다는 어떤 사람들은 긴축이 절대적으로 좋은 것이라고 생각하는 반면, 다른 사람들은 감히 대놓고 말하지는 못하지만 긴축이 절대적으로 비참한 것이라고 생각하는 것이다. 투쟁을 긴축 정책 반대에만 한정하는 것은 오해를 키우는 것일 뿐만 아니라 여러분에게 맞지 않는 삶에 대한 관념을 암묵적으로 받아들임으로써 패배를 보장받는 것이기도 하다. 이미 진 싸움에 투신하는 것에 대해 '사람들'의 열의가 부족한 이유를 다른 데서 찾아서는 안 된다. 그보다는 갈등의 진정한 쟁점을 받아들여야 한다. 즉 유럽 도처에서 프로테스탄트적인 행복 관념 — 근검절약, 금주, 정직, 근면, 절제, 겸손, 신중 등 — 이 강요되려 한다는 것을 인식해야 한다. 긴축 정책과 대립시켜야 하는 것은 **삶에 대한 다른 관념**이다. 그것은 예컨대 절약하기보다는 함께 나누는 것, 침묵하기보다는 이야기하는 것, 당하고만 있기보다는 싸우는 것, 우리의 승리를 부인하기보다는 축하하는 것, 자기만의 공간에 머물러 있기보다는 접촉하는 것이다. **좋은 삶**(*buen vivir*)을 정치적 주장으로 받아들인 것이 아메리카 아대륙(亞大陸) 원주민 운동에 부여한 힘을 측정하기는 어렵다. 그러나 좋은 삶을 정치적 주장으로 받아들이면 한편으로 우리가 무엇을 위해 싸우고 무엇과 싸우고 있는지가 분명해지고, 다른 한편으로 우리가 '좋은 삶'을 이해할 수 있는 수많은 다른 방식 — 다르기는 하지만 그렇다고 반드시 적대적이지는 않은 — 을 차분히 발견할 수 있는 길이 열리게 된다.

2. 민주주의적 봉기는 없다

대중 궐기가 일어나서 전날까지만 해도 각국 대사의 예우를 받았던 폭군을 쓰러뜨릴 때마다 그것은 인민이 '민주주의를 열망하기' 때문이라는 서구의 레토릭은 놀랍지 않다. 이 계략은 고대 아테네만큼이나 오래됐다. 그리고 매우 잘 작동하기까지 해서 월스트리트 점거운동의 집회조차 2011년 11월에 이집트 선거의 적법성을 감시하러 갈 20여 명의 국제 감시단에게 29,000달러의 예산을 배정하는 것이 좋다고 믿었다. 그들은 그렇게 하는 것이 타흐리르(Tahrir) 광장의 동지들을 돕는 것이라고 믿었지만 그것에 대해 타흐리르 광장의 동지들은 이렇게 응답했다. "이집트에서 우리는 의회를 갖겠다는 단순한 목적으로 거리에서 혁명을 일으킨 것이 아니다. 우리의 투쟁, 우리가 여러분과 함께 하고 있다고 생각하는 투쟁은 잘 돌아가는 의회 민주주의의 쟁취보다 훨씬 더 큰 어떤 것이다."

사람들이 폭군에 맞서 싸운다고 해서 그들이 민주주의를 위해 싸우는 것은 아니다 — 그들은 다른 폭군을 위해 싸울 수도 있고, 칼리프를 위해 싸울 수도 있고, 단순한 투쟁의 기쁨을 위해 싸울 수도 있다. 그러나 무엇보다도 다수결이라는 산술적 원리가 필요 없는 것이 봉기인데, 이는 봉기의 승패가 결의, 용기, 자신감, 전술 감각, 집단 에너지 등과 같은 질적 기준에 달려 있기 때문이다. 지난 두 세기 동안 선거는 봉기를 침묵시키기 위해서 군대 다음으로 많이 사용된 도구였는데, 이는 봉기한 사람들이 다수가 아니었기 때문이다. 우리가 민주주의 관념과 아주 자연스럽게 연관시키는 평화주의에 관해서도 카이로의 동지들의 말에 귀를 기울여야 한다. "이집트 혁명이 평화적이었다고 말하는 사람들은 경찰이 우리에게 얼마나 끔찍한 짓을 저질렀는지 보지 못한 사람들이다. 그들은 저항도 보지 못했고, 혁명가들이 자신들이 점거한 곳과 자신들의 공간을 지키기 위해 경찰에게 사용한 폭력도 보지 못한 사람들이다. 정부가 인정한 것만 해도, 99개 경찰서가 방화를 당했고 수많은 경찰차가 파괴되었으며 이집트 전역의 모든 여당 사무실이 불에 탔다." 봉기는 어떤 형식주의도, 어떤 민주적 절차도 존중하지 않는다. 모든 대규모 시위가 그렇듯이 봉기도 공적 공간을 특유의 방식으로 사용한다. 모든 결연한 파업이 그렇듯이 봉기도 엄연히 정치적이다. 봉기는 발의와 실천적 공모와 행동의 지배이다. 봉기는 '대중적'(populaire)이라는 말이 '약탈하다, 황폐화시키다'를 뜻하는 라틴어 *populor*에서 왔다는 사실을 상기시키면서 결정을 거리로 가져간다. 봉기는 — 노래로 하는 표현, 벽에다 하는 표현, 발언을 통한 표현, 거리에서의 표현 등 — 표현의 충만이고 표결의 무가치이다. 봉기의 기적은 문제로서의 민주주의를 해소함과 동시에 즉시 민주주의 너머를 그려 보인다는 점에 있을 것이다.

물론 안토니오 네그리(Antonio Negri)와 마이클 하트(Michael Hardt) 같은 이데올로그들이 없지 않다. 그들은 지난 몇 년간의 궐기들을 보고 "민주주의 사회의 구성이 주요 현안"이라고 추론한 뒤 "우리 스스로를 통치하는 데 필요한 노하우와 재능과 지식"을 우리에게 전수해서 "민주주의를 할 수 있도록 만들겠다"고 자청했다. 스페인의 한 네그리주의자가 별로 정교하지 않게 요약한 것처럼, 그들이 보기에는 "타흐리르 광장부터 푸에르타 델 솔(Puerta del Sol)까지, 신태그마(Syntagma) 광장부터 카탈루냐 광장까지 여기저기서 '민주주의'의 외침이 되풀이되었다. 그것은 오늘날 세계를 떠돌아다니는 유령의 이름이다". 사실 민주주의의 레토릭이 통치자들이나 그들의 뒤를 이으려는 자들이 외부에서 봉기에 갖다 붙이는 천상의 목소리에 불과하다면 별로 문제가 되지 않을 것이다. 우리는 사제의 설교를 듣는 것처럼 웃음을 참기 위해 옆구리를 부여잡고 그것을 경청할 것이다. 그러나 많이 회자된 이른바 '인디그나도스' 운동[7]이 증명하는 것처럼, 이 레토릭이 정신에, 심장에, 투쟁에 실질적인 영향을 미친다는 것을 인정해야 한다. 우리가 '인디그나도스'에 따옴표를 붙이는 이유는 푸에르타 델 솔 점거 첫 주에 타흐리르 광장은 참조되었지만, 진짜 봉기의 위협을 피하기 위해 시민들의 '양심'의 봉기를 옹호하는 사회

---

7) 2011년 5월 15일 스페인 수도 마드리드의 푸에르타 델 솔 광장에서 청년실업, 정부의 긴축정책 등에 항의하는 젊은이들에 의해 시작된 시위로, 프랑스 파리를 거쳐 벨기에 브뤼셀까지 1,700km에 이르는 대장정의 형태로 전개되었다. 시위 참가자들은 대부분 SNS를 통해 자발적으로 참가한 젊은이들이었는데, 언론매체들은 이들을 스페인어로 '분개한 사람들'이란 뜻의 인디그나도스(indignados)라고 명명했다. 이 행진은 75일 동안 계속되었고, 이후 인디그나도스라는 명칭은 유럽 각국에서 청년 시위자들을 가리키는 표현이 되었다.

주의자 스테판 에셀(Stéphane Hessel)의 비공세적인 소책자[8]는 전혀 참조되지 않았기 때문이다. 역시 사회주의 정당과 관계가 있는 엘 파이스(El País) 신문에 의해 점거 둘째 주부터 진행된 재코드화 작업이 있고 난 뒤에야, 그 운동에 불평꾼이라는 타이틀, 즉 그 반향의 상당 부분과 그 한계의 대부분이 부여되었다.[9] 그리스에서도 유사한 일이 일어났다. 신태그마 광장을 점거한 사람들은 '광장 운동'이라고 불리기를 원해서 미디어가 붙여준 '아가낙티스메노이'(aganaktismenoi),[10] '분개한 사람들' 등의 꼬리표를 전부 거부했다. 사실상 중립적인 이 '광장 운동'이란 명칭은, 마르크스주의자들이 티베트 불교도들과 동거하고, 시리자(Syriza)[11] 지지자들이 애국적 부르주아들과 동거한 이 기이한 집회들의 복합성, 아니 혼돈을 대체로 더 잘 설명했다. 때가 되면 더 잘 매장하기 위해 초기에 **본연의 운동과 다른 것**으로 운동을 기념해서 통제하는 스펙터클 공작은 유명하다. 그들은 운동에 '분개'라는 내용을 부여함으로써 운동을 무능하고 거짓된 것으로 만들었다. "분개한 사람보다 거짓말을 더 많이 하는 사람은 없다"는 것을 니체는 확인했다. 분개한 사람은 자신이 흥분한 일에 아무 관련이 없는 척하면서, 자신이 분개하는 일에 국외자가 되어 거짓말을 한다. 그는 일의 경과에 관한 책임을 더 잘 벗기 위해 자신의 무능을 가정한 다음, 그것을 **도덕적** 감정으로, 도덕적 **우월**감으로 변환시킨다. 그는 자신은 불

---

8) 2010년 말 프랑스에서 발간돼 유럽 전역에서 인기를 끈 스테판 에셀의 『분개하라!』라는 제목의 소책자를 말한다. '인디그나도스(분개한 사람들)'라는 명칭은 그 소책자에서 따온 것으로 전해진다. 국내에는 『분노하라!』(임희근 옮김, 돌베개, 2011)라는 제목으로 출간되었다.

9) 분개한다(s'indigner)는 것은 '불만을 품고 투덜댄다'는 것을 뜻한다. 그래서 '인디그나도스' 운동이라는 명명은 운동의 성격을 '불평분자들' 운동으로 규정함으로써 운동의 파급력과 가능성을 제한하는 역할을 했다는 것이다.

10) 그리스어로 '분개한 자들'이란 뜻이다.

11) 급진좌파연합의 약칭으로 반자본주의, 사회주의, 세속주의를 표방한 그리스의 정당이다.

행한 자이기에 자신에게는 그럴 권리가 있다고 믿는다. 성난 군중이 혁명을 일으킨 적은 있지만, 분개한 대중은 무력하게 항의하는 것 외에 다른 것을 한 적이 없다. 부르주아는 기분이 상하면 복수를 하지만, 쁘띠부르주아는 분개한 다음 집으로 돌아간다.

'광장 운동'과 연관된 구호가 "이제 실질적 민주주의를!"(democracia real ya)이 된 것은, '2011년 5월 15일' — 일명 '15M'[12] — 이란 이름의 플랫폼이 촉구한 시위가 끝난 후 약 15명의 '핵티비스트들'[13]에 의해 푸에르타 델 솔 점거가 시작되었기 때문이다. 거기서 문제가 된 것은 노동자 평의회의 직접 민주주의도 고대풍의 참 민주주의도 아닌 **실질적** 민주주의였다. 아니나 다를까, 아테네에서 '광장 운동'은 **형식적** 민주주의의 장소인 국회에서 지척의 거리에 자리를 잡았다. 그때까지 우리는 실질적 민주주의를 우리가 오래전부터 알고 있던 민주주의, 즉 공수표로 남발되는 선거 공약과 '의회'(parlements)라고 불리는 기록실과 다양한 로비를 위해 세상을 혼탁하게 만드는 실리적 뒷거래가 있는 현존하는 민주주의라고 나이브하게 생각했다. 그러나 15M의 '핵티비스트들'에게 민주주의의 현실은 오히려 '실질적 민주주의'의 배반이었다. 이 운동을 개시한 것이 사이버-투사들이라는 점은 사소한 일이 아니다. '실질적 민주주의'라는 구호가 의미하는 것은 다음과 같은 것이다. 공학적 견지에서 볼 때 5년마다 열리는 당신들의 선거, 컴퓨터를 사용할 줄 모르는 당신들의 땅딸보

12) 스페인에서 일어난 5월 15일 운동, 즉 15M 운동은 페이스북과 트위터를 통해 조직되어 60여 개 도시에서 약 650만에서 800만 명이 참여했고, 각 도시의 대표적 광장을 점거해서 야영캠프를 설치했다.

13) 해커(hacker)와 행동주의자(activist)의 합성어로 인터넷을 통한 컴퓨터 해킹을 투쟁 수단으로 사용하는 새로운 형태의 행동주의자들을 뜻한다.

국회의원들, 저질 연극 혹은 각다귀판을 닮은 당신들의 집회(assemblée), 이 모든 것은 다 구시대의 유물이다. 오늘날 새로운 통신 기술 덕분에, 인터넷·생체인증·스마트폰·SNS 덕분에 당신들은 완전히 뒤처졌다. 실질적 민주주의, 즉 결정을 내리기 전에 모든 결정을 실제로[실질적으로] 주민에게 맡기는 실시간 상시 여론조사를 창시할 수 있다. 한 작가는 1920년대에 이미 그것을 예견했다. "언젠가 교묘한 발명품들이 만들어져서, 결과를 읽기만 하면 되는 중앙처리장치에 모든 의견이 기록되게 만드는 장치 덕택에 누구나 집을 떠나지 않고도 언제든 정치적 문제에 관해 자신의 의견을 표현할 수 있게 되는 것을 상상해 볼 수 있다." 그는 이것을 "국가와 공적 생활의 절대적 사유화의 증거"로 보았다. 그리고 사람들이 광장에 집결했을 때도, 발언이 이어지는 동안 '분개한 사람들'이 들거나 내린 손이 소리 없이 드러내는 것은 바로 이 상시 여론조사였을 것이다. 군중은 이제 오래된 권한인 환호하거나 야유할 권한마저 박탈당했다.

'광장 운동'은 한편으로는 세계 시민권에 대한 사이버네틱스적 환상이 현실세계에 투사된 것, 아니 정확히 말하면 불시착한 것이었고, 다른 한편으로는 예외적 순간, 즉 마주침과 투쟁과 축제의 순간이고, 공동의 삶이 재전유되는 순간이었다. 자신들의 이데올로기적 망상을 '집회의 입장'으로 관철시키려고 하고, 모든 투쟁, 모든 행동, 모든 선언은 '집회에 의해 인준'되어야만 실존할 권리를 가질 수 있다는 명분으로 모든 것을 통제하려고 하는 만년 미시 관료들은 이것을 볼 수 없었다. 그들을 제외한 다른 모든 사람들에게 이 운동은 총회(assemblée générale) 신화, 즉 총회 중심주의 신화를 결정적으로 청산한 것이었다. 바르셀로나의 카탈루냐 광장에 2011년 5월 16일 첫날 저녁에는 100명, 이튿날에는 1,000명, 그 다음날에는 10,000명이 모였고, 첫째 주와 둘째 주 주말에는 각각

30,000명이 모였다. 그래서 사람들이 그렇게 많을 때는 직접 민주주의와 대의제 민주주의 간에 어떤 차이도 없다는 사실을 누구나 확인할 수 있었다. 집회는 진지함이나 고뇌 혹은 열정을 가장하기 때문에 더더욱 거짓되고 피로한 연극적 성격의 장소인 데다가, 마치 텔레비전 앞에 있는 것처럼 반박은 하지 못하고 바보 같은 말을 들어야 하는 장소이기도 하다. 위원회의 극단적 관료화는 가장 인내심이 강한 사람들마저 나가떨어지게 만들었고, '콘텐츠' 위원회가 '우리가 믿는 것'이라고 자기네들이 생각한 것을 요약한, 차마 눈 뜨고 볼 수 없는 참담한 두 페이지짜리 문서를 만들어 내는 데 2주가 걸렸다. 사태가 그 지경에 이르자 이 우스꽝스러운 상황을 보다 못한 아나키스트들은 집회를 의사결정 기관이 아니라 단지 토론공간 내지 정보전달 장소로 만들자는 안건을 투표에 부쳤다. 더 이상 투표하지 말자는 것을 투표에 부친 것은 코믹했다. 훨씬 더 코믹한 것은 약 30명의 트로츠키주의자들이 투표를 사보타주했다는 것이다. 그리고 이런 부류의 미시-정치인들이 권력욕만큼 지루함도 표출하면서 결국 모든 사람이 이 지루한 집회에서 멀어졌다. 아니나 다를까, 월스트리트 점거운동 참가자들도 동일한 경험을 했고, 그 경험으로부터 동일한 결론을 끌어냈다. 오클랜드에서도 채플 힐에서도, 집회는 이러저러한 그룹이 할 수 있거나 하려고 하는 것을 인준할 자격이 없다는 생각, 즉 집회는 교환의 장소이지 의사결정의 장소가 아니라는 생각에 이르렀다. 집회에서 제시된 아이디어가 **받아들여질** 때 그것은 단지 많은 사람이 그 아이디어에 대해 실행에 옮길 방법을 찾기 좋다고 생각했기 때문이지 어떤 다수결 원리에 의한 것이 아니었다. 이런저런 결정[결심]이 굳어지기도 하고 굳어지지 않기도 했다. 그러나 결코 결정이 내려지진 않았다. 가령 신태그마 광장에서는 2011년 6월 어느 날 수천의 **개인들**에 의해 지하철 행동 발의가

'총회에서' 가결되었지만, 당일에 실제로 행동하기 위해 약속장소에 나온 사람은 채 20명도 되지 않았다. 그리하여 [약효가 떨어져] 불안해진 세상의 모든 민주주의자들의 강박관념인 '의사결정' 문제는 잘못 제기된 문제에 불과했음이 드러난다.

'광장 운동'과 함께 총회 **페티시즘**이 나락에 떨어졌다고 해서 집회 **실천**이 더럽혀지는 것은 아니다. 다만 집회에서는 거기에 이미 있는 것 외에 다른 것은 나올 수 없다는 것을 알아야 한다. 거기에 있다는 것을 제외하고는 아무것도 공유하는 것이 없는, 서로 모르는 수천 명이 같은 장소에 모여 있을 때, 그들의 분리가 허용하는 것 이상의 것이 거기서 나오리라고 기대해서는 안 된다. 예컨대 집회를 통해서 비합법적 행동의 위험을 함께 감수하게 하는 상호신뢰가 만들어질 수 있으리라고 상상해서는 안 된다. 주주총회처럼 밥맛 없는 총회도 가능하므로 총회에 대한 지나친 집착에 빠지지 않도록 미리 대비해야 할 것이다. 집회가 현실화하는 것은 단지 기존의 공유 수준뿐이다. 학생 집회는 지구 집회와 다르고, 같은 지구 집회라도 지구 '재정비' 반대 지구 집회는 다르다. 노동자 집회도 파업을 시작할 때와 파업을 끝낼 때가 같지 않다. 그리고 노동자 집회는 틀림없이 오악사카(Oaxaca) 부족들의 대중 집회와 딴판일 것이다. 어떤 집회이건 간에, 시도를 한다면 만들어 낼 수 있는 단 한 가지는 공통의 언어이다. 그러나 유일한 공통의 경험이 분리뿐인 곳에서는 분리된 삶의 무정형한 언어만 들릴 것이다. 그때 분개는 실제로, 자신의 감정을 자신의 생각과 혼동하는 것처럼 세계를 자신의 스크린과 혼동하는 원자화된 개인이 도달할 수 있는 정치적 강도(强度)의 최대치이다. 이 모든 원자들의 총회는, 그 가슴 뭉클한 일체화에도 불구하고, 정치에 대한 잘못된 이해에서 기인하는 마비와 세계의 진행방향을 조금도 바꾸지 못하는 무능만 드러낼 것이다. 그것은 마치 유리벽에 바짝 붙어서 기계적 우주가 자기들 없이도 계속 작동하는 것을 놀라서 바라보는 무수히 많은 얼굴들과 같다. 서로 알게 되고 **헤아려지는** 기쁨 뒤에 찾아오는 집단적 무력감은 곤봉과 최루가스만큼 확실하게 퀘차 텐트의 주인들을 해산시켰다.

그럼에도 이 점거에는 분명 그런 무력감을 뛰어넘은 무언가가 있었다. 그것은 바로 집회의 연극적 시기에는 자리가 없었던 모든 것, 거주[생활]가 불가능한 곳인 메트로폴리스 한복판에서도 거주하는, 산 자들의 기적적인 **생활력**에 속하는 모든 것이었다. 점거된 광장들에서는, 고대 그리스 이래로 정치에 의해서 '경제', '가사[가정관리]', '생존', '재생산', '일상', '노동'[14] 등 사실상 무시된 영역 속에로 밀려나 있었던 모든 것이 반대로 집단적 정치 역량의 차원으로서 긍정되었고, 그렇게 사적인 것의 종속에서 벗어났다. '광장 운동'의 진정한 정치적 승리를 만들어 낸 것은 거기서 펼쳐진 일상적 자기-조직화 능력, 가령 곳곳에서, 끼니마다 3,000명에게 식사를 제공하거나 며칠 만에 마을을 세우거나 부상당한 폭동자들을 돌보는 등의 일을 해낸 능력일 것이다. 탁심(Taksim) 점거와 마이단(Maïdan) 점거는 여세를 몰아 거기에 바리케이드 구축 기술과 화염병 대량 제조 기술을 추가했다.

집회 같이 진부하고 뻔한 조직화 형식이 그토록 열광적인 숭배를 받았다는 사실은 민주주의 **정서**(affects)의 본성에 관해 많은 것을 말해 준

---

14) 고대 그리스에서 폴리스(polis)와 반대되는 오이코스(oikos)에는 이 모든 뜻이 함축되어 있었다. 생존을 위해 불가피한 가사, 즉 가정을 관리하는 것을 '오이코노미아'(oiconomia)라고 하는데 이것이 경제(économie)라는 말의 어원이 되었다. 여성과 아이와 노예는 오이코스의 영역에 갇혀 있었고, 오이코스를 가진 '가장'들만 폴리스에 들어갈 수 있었다. 생존과 결부된 문제는 정치가 아닌 오이코스의 문제로 폴리스에서 배제되었다.

다. 봉기는 우선 분노와 연관되고 그 다음에는 기쁨과 연관되는 반면, 형식적인 직접 민주주의는 우선 불안에 사로잡힌 사람들의 관심사이다. 예측 가능한 절차에 따라 처리할 수 없는 일은 일어나지 않기를! 우리의 한계를 넘는 사건은 일어나지 않기를! 상황이 우리가 대처할 수 있는 수준을 벗어나지 않기를! 누구도 자신이 속았다고 느끼거나 자신이 다수와 노골적 갈등상태에 있다고 느낄 수 없기를! 누구나 자신의 힘에 기대지 않고도 자기 목소리를 낼 수 있기를! 누구에게도 아무것도 강요되지 않기를! 이러한 목적을 위해 집회의 다양한 장치들 ― 발언 순번제부터 무언의 박수갈채까지 ― 은 일련의 독백 외에는 다른 껄끄러운 것이 없는 완전히 솜털 같은 공간을 조직해서, 자기가 생각하는 것을 위해 서로 싸울 필요성을 제거한다. 민주주의자가 그 정도로 상황을 구조화하는 것은 상황을 신뢰하지 않기 때문이고, 그가 상황을 신뢰하지 않는 것은 사실상 **자신을 신뢰하지** 않기 때문이다. 그가 자주 상황을 망치는 한이 있더라도 기필코 상황을 통제하려고 하는 것은 상황에 휩쓸리는 것에 대한 두려움에 때문이다. 민주주의는 무엇보다도 이 불안에 형식과 구조를 부여하는 제반 절차들이다. 민주주의를 비난할 필요는 없다. 우리는 불안을 비난하지 않는다.

모든 면에 주의를 기울여야만 민주주의 절차에 대한 집착에서 벗어날 수 있다. 이야기되는 것만이 아니라 이야기되지 않는 것에도, 이야기되는 방식에도, 사람들의 얼굴과 침묵에서 읽히는 것에도 주의를 기울여야 한다. 서로에 대한 충만한 주의(主意)를 통해, 공통의 세계에 대한 새로운 주의를 통해, 민주주의가 개별 원자들 사이에 유지하는 공백(vide)을 덮어버려야 한다. 관건은 기계적인 논증의 체제를 진실[진리]의 체제, 열림의 체제, 현존하는 것에 대한 감수성의 체제로 대체하는 것이다. 12세기에 트리스탄과 이졸데가 한밤중에 몰래 만나서 이야기를 나눌 때, 그것은 '의회'이지만, 사람들이 형편 닿는 대로 거리에 모여서 토론을 시작할 때, 그것은 '집회'이다.[15] 그것은 총회의 '주권'(souveraineté)과도, 의회의 잡담들과도 대립시켜야 하는 것, 즉 발언과, 진실한 발언과 관련된 감정 부하(負荷)의 재발견이다. 민주주의의 반대는 독재가 아니다. 민주주의의 반대는 진실이다. 봉기가 결코 민주주의적이지 않은 이유는 바로, 봉기는 곧 권력이 벌거벗은, 진실의 순간이기 때문이다.

3. 민주주의는 순수한 상태의 통치일 뿐이다

'세계에서 가장 위대한 민주주의 국가'가 큰 잡음 없이 자기네 정보요원 — 일반화된 통신 감청 프로그램을 폭로하겠다는 못된 생각을 한 에드워드 스노든(Edward Snowden) — 에 대한 전 세계적인 토끼몰이를 시작했다. 실제로 이 시대의 경찰국가 대부분이 여봐란듯이 '민주주의'를 내세우는 동안 우리의 훌륭한 서구 민주국가 대부분은 완전히 콤플렉스에서 벗어난 경찰국가가 되었다. 파판드레우(George A. Papandreou)[16]

---

15) parlement은 '말하다'를 뜻하는 parler에서 파생된 말인데, 영어에서 '의회'를 뜻하는 parliament에 해당하는 말이다. assemblée는 '결합하다', '모이다'를 뜻하는 assembler에서 파생된 말인데, 이 또한 의회를 지칭할 때 사용되기도 하지만 이 경우에는 발언한다는 측면보다는 모이고 결합하는 측면을 강조하는 의미로 앞의 parlement와 대비하여 사용하는 것 같다. 의회라고는 하지만 Parliament가 제도화된 장치로서 말할 자격이 있는 자들이 모여 트리스탄과 이졸데가 밤에 몰래 밀담을 나누듯 말하는 곳이라면, Assembly는 프랑스혁명 당시의 국민의회(National Assembly)처럼 애초에 발언할 자격 없는 사람들이 모여서 발언권을 만들어 간 것을 강조하는 말로 볼 수 있을 것이다.

16) 전 그리스 총리로 2011년 10월 31일 EU의 구제금융안에 대한 국민투표를 제안했다가 위기를 증폭시켰다는 비난을 받고 방침을 철회하지만 야당의 계속되는 퇴진 요구로 같은 해 11월에 사퇴한다.

같은 총리가 자국의 정책, 즉 트로이카의 정책을 유권자들에게 맡기겠다는, 실로 상궤를 벗어난 생각을 했다는 이유로 전격 경질되었을 때 누구도 크게 분개하지 않았다. 나아가 유럽에서는 제어할 수 없는 결과가 예상될 때 선거를 중지시키는 것이 관례가 되었다. 유럽 위원회가 기대하는 투표 결과가 나오지 않는다고 해서 시민들에게 재투표를 시킬 수는 없는 일이니 말이다. 20년 전에 으스댔던 '자유세계'의 민주주의자들은 머리를 쥐어뜯어야 한다. 정보수집 프로그램 프리즘(PRISM)[17] 연루 스캔들이 터졌을 때 구글이 직원들에게 그것에 익숙해져야 한다고, 그것은 우리의 '안보'를 위해 치른 대가라고 설명하기 위해서 헨리 키신저(Henry Kissinger)를 초빙해야 했다는 것을 아는가? 1970년대에 남미에서 일어난 모든 파시즘적 쿠데타의 배후인물이 실리콘밸리에 있는 구글 본사의 매우 쿨하고 매우 '순진하고' 매우 '비정치적인' 사원들 앞에서 민주주의에 관해 장광설을 늘어놓는 것을 상상하면 정말이지 우스꽝스럽기 짝이 없다.

루소가 『사회계약론』에서 "신들의 종족이 있다면 그 종족은 민주적으로 스스로를 통치할 것이다. 그러나 그렇게 완벽한 통치는 인간들에게는 맞지 않는다"고 말한 것이나, 리바롤(Rivarol)이 좀 더 냉소적으로 "이 세상에서 절대 분리시켜서는 안 되는 두 가지 진리가 있다. 주권은 국민

---

17) Planning tool for Resource Integration, Synchronization and Management의 약칭이다. NSA(미국 국가안보국)의 정보수집 도구. 구글, 페이스북, 야후, 스카이프, 팔톡, 유튜브, 애플, ADL, MS 등 미국의 주요 IT 기업들의 서버에 접속해서 개인의 모든 온라인 활동 정보를 수집할 수 있는 프로그램이다. 9·11 테러 이후 조지 W. 부시 정부가 외국인 테러리스트 의심자를 추적할 때 해당 국가의 협조를 얻어야 하는 FISA(해외 정보 감시법, Foreign Intelligence Surveillance ACT) 프로그램의 단점을 보완하기 위해 도입한 것으로 NSA 직원이었던 스노든에 의해 그 존재가 알려졌다.

에게 있다는 것과 국민은 절대로 주권을 행사해서는 안 된다는 것이 그것이다"라고 말한 것이 떠오른다. 홍보(public relations)의 창시자 에드워드 버네이스(Edward Bernays)는 자신의 저서 『프로파간다』 제1장 「카오스의 조직화」를 이렇게 시작한다. "대중의 조직화된 의견과 습관을 의식적이고 지능적으로 조작하는 것은 민주주의 사회에서 중요한 요소이다. 지각되지 않는 이 사회적 메커니즘을 조작하는 사람들이 실제로 국가를 운영하는 보이지 않는 정부[통치]를 형성한다." 이 책이 나온 것은 1928년이다. 누군가 민주주의를 말할 때 노리는 것은 사실상 통치자들과 피통치자들의 동일성이다. 이 동일성을 획득하는 수단은 어떤 것이든 상관없다. 그 결과 위선과 히스테리라는 전염병이 우리 고장을 휩쓴다. 민주주의 체제에서는 **겉으로 잘 드러나지 않게** 통치가 이루어진다. 주인들은 노예의 속성들로 치장하고 노예들은 자신이 주인이라고 생각한다. 대중의 행복의 이름으로 권력을 행사하는 주인들은 항상 위선적일 수밖에 없고, 노예들은 자기가 '구매력'이나 '권리' 혹은 '의견'을 가지고 있다고 생각하지만 그것들은 해마다 짓밟히기 때문에 히스테릭해진다. 그리고 위선은 **대표적인** 부르주아의 미덕이기 때문에, 민주주의에는 언제나 돌이킬 수 없이 부르주아적인 것이 달라붙는다. 그 점에 관해 대중의 감은 틀리지 않는다.

오바마식 민주주의자이건 노동자평의회의 열렬한 지지자이건 간에, '인민의 자기 통치'를 어떤 방식으로 생각하건 간에, 민주주의 문제 뒤에 **숨겨져 있는** 것은 언제나 통치 문제이다. 통치가 필요하다는 것, 그것은 민주주의의 공준이고 민주주의의 비(非)-사유[18]다. 통치하는 것은 권력을

---

18) 사유의 전제를 이루는 것이면서 사유되지 않는 것을 말한다. 가령 수학은 모든 걸 증명할 것

행사하는 매우 특수한 방식이다. 통치하는 것은 신체에 규율을 부과하는 것이 아니다. 그것은 구체제(Ancien régime)하에서처럼 범법자들을 능지처참해서라도 영토법을 준수하게 만드는 것이 아니다. 왕은 군림[지배]한다. 장군은 명령한다. 재판관은 심판한다. 그러나 통치하는 것은 다른 것이다. 그것은 목동이 양떼를 돌보듯이 돌봐야 하는 다수의, 인구[주민]의 행동을 인도해서 그들의 잠재력을 극대화하고 그들의 자유에 방향을 부여하는 것이다. 따라서 그것은 인구의 욕망, 행동 및 사고방식, 습관, 두려움, 성향, 환경 등을 고려하고 주조하는 것이다. 그것은 대중의 감정과 그것의 미스터리한 진동에 세심한 주의를 기울이면서 담론 전술, 경찰 전술, 물질적 전술 등 온갖 전술을 펴는 것이다. 그것은 폭동과 소요를 예방하기 위해 정서적·정치적 동향에 대한 일정한 감수성에 의거해서 선제적으로 행동하는 것이고, 환경에 작용을 가하고 환경의 변수들을 계속 수정하는 것이며, 다른 사람들의 행동에 영향을 미치기 위해, 양떼의 평정을 유지하기 위해 특정한 사람들에게 작용을 가하는 것이다. 요컨대 통치하는 것은 인간 실존의 거의 모든 방면에서, 전쟁이라 불리지도 않고 전쟁으로 보이지도 않는 전쟁, 즉 교묘하고 심리적이고 간접적인 영향력 전쟁을 벌이는 것이다.

17세기 이래로 서구에서 끊임없이 전개된 것은 국가 권력이 아니라 **특수한 권력 형식으로서의** 통치이다. 그것은 과거에는 국민 국가의 건설을 통해 전개되었고 지금은 국민 국가의 붕괴를 통해 전개되고 있다. 오늘날 두려움 없이 국민 국가의 녹슨 낡은 상부구조가 붕괴되도록 내버려 둘 수

을 요구하지만 증명의 출발점인 공리에 대해서는 그렇게 하지 않는다. 이렇듯 사유는 사유되지 않은 가정에 기초하는 것이다.

있는 것은 바로 그 상부구조가 저 고명한 '협치'(gouvernance)를 위해 자리를 비켜줘야 하기 때문이다. 유연하고 조형적이고 무정형하고 도교적인 그 협치는 이제 자기 관리, 인맥 관리, 도시 관리, 기업 관리 등 모든 영역에서 강요되고 있다. 우리 혁명가들은 우리가 모든 전투에서 매번 패배한다는 느낌을 떨칠 수 없는데, 이는 우리가 여전히 통로를 찾지 못하고 있는 면(面)에서 전투가 벌어지기 때문이고, 우리가 이미 패배한 입장들 주위에 우리의 힘을 집중시키기 때문이며, 우리가 우리 자신을 방어하지 못하는 곳에 공격이 가해지기 때문이다. 이는 대개 통치로서 권력은 끊임없이 진화하는데도 우리는 여전히 권력을 국가, 법, 규율, 주권 등의 형태로 생각하고 있는 결과이다. 권력이 기체 상태까지는 아니어도 액체 상태로 변한 지는 아주 오래됐는데도 우리는 여전히 고체 상태의 권력을 찾고 있다. 권력은 오히려 모든 형식의 부단한 용해 속에서 나타나는데도, 우리는 다른 수가 없어서 여전히 명확한 형식을 가진 모든 것 — 습성, 충성, 정착, 지배, 논리 등 — 에 의혹의 눈길을 보내게 된다.

선거에 특별히 민주주의적인 것은 없다. 오랫동안 왕들도 선출되었으며, 독재자들도 이런저런 국민 투표의 잔재미를 굳이 마다하지 않는다. 선거가 민주주의적이라면, 그것은 물론 사람들의 통치 참여를 확보할 수 있게 해준다는 점에서가 아니라, 사람들에게 조금 선택을 했다는 착각을 일으켜서 통치에 대한 확실한 **지지**를 확보할 수 있게 해 준다는 점에서이다. 마르크스는 "민주주의는 모든 국가 형식의 진실"이라고 썼다. 그는 틀렸다. 민주주의는 **모든 통치 형식**의 진실이다. 통치자와 피통치자의 동일성, 그것은 양떼가 집합적 목동이 되고 목동이 양떼에 녹아들며, 자유가 복종과 일치되고 인구가 주권과 일치되는 한계점이다. 통치자와 피통치자의 상호 흡수, 그것은 더 이상 어떤 형식도 어떤 한계도 없는 **순수한 상**

태의 통치다. 현재 **액체** 민주주의가 이론화되기에 이르렀는데, 그렇게 된 데는 이유가 있다. 모든 고정된 형식은 순수한 통치의 행사에 걸림돌이 되고 있기 때문이다. 거대한 전면 액화 운동에는 제동 장치가 없다. 점근선상의 평탄부들만 있을 뿐이다. 액상일수록 더 통치하기 쉽고, 통치하기 쉬울수록 더 민주주의적이다. 메트로폴리스의 싱글은 분명 결혼한 커플보다 더 민주주의적이고, 결혼한 커플은 가문보다 더 민주주의적이며, 가문은 마피아 패밀리보다 더 민주주의적이다.

법 형식을, 지양되고 있는 잠정적 형식이 아니라 민주주의의 결정적 성취라고 생각한 사람들은 헛고생을 하고 있다. 법 형식은 이제 민주주의의 '전투적 적'을 제거하는 데도, 경제를 지속적으로 재조직화하는 데도 형식상의 걸림돌이 되고 있다. 1970년대 이탈리아에서부터 오바마의 더러운 전쟁(dirty wars)에 이르기까지 반-테러리즘은 우리의 고매한 민주주의 원칙의 유감스러운 위반, 그 원칙에서 벗어난 예외가 아니다. 그것은 오히려 현대 민주주의 국가의 지속적인 **구성 행위**이다. 미국은 68만 명에 달하는 전 세계 '테러리스트' 명부를 작성했고, 그게 누구든지 가리지 않고 언제든 지구상 어디든 죽이러 갈 비밀 임무를 맡은 2만 5천 명의 JSOC[19] 대원을 양성하고 있다. 자기들이 난자하는 사람들의 정확한 신원에 별로 신경 쓰지 않는, 드론 함대를 이용한 그들의 초법적 사형집행이 관타나모식 초법적 절차[20]를 대체했다. 그것에 분개하는 사람들은 **민주주**

19) 합동 특수작전 사령부를 의미하는 Joint Special Operations Command의 약칭. 미국 특수부대의 지휘부로 비밀군사작전을 수행하는 총사령부이며, 표면상으로는 SOCOM(특수작전사령부)의 지휘 아래 있지만 실제로는 국방장관과 국가통수기구가 직접 작전을 통제하는 대통령 친위조직이다.

20) 미국은 9·11테러 이후 알카에다와 아프가니스탄의 전 탈레반 정권에 연루된 외국인들을 대통령의 행정명령으로 구체적 증거 없이 적법한 절차를 거치지 않고 쿠바 관타나모 기지에 구

의 통치가 의미하는 것을 너무 단순하게 이해하는 사람들이다. 그들은 이전 단계, 즉 근대 국가가 여전히 법의 언어로 말하던 단계에 머물러 있는 사람들이다.

브라질에서는 월드컵 반대 시위를 조직하려고 한 게 죄라면 죄인 젊은이들이 반-테러리즘이란 명목으로 체포된다. 이탈리아에서는 TAV 건설현장 공격이 콤프레셔를 불태워서 국가의 '이미지'를 심각하게 실추시켰다는 이유로 — No TAV 운동[21]은 [몇몇이 아니라] 운동 전체가 그것을 했다고 주장했지만 — 네 명의 동지가 투옥된다. 예를 더 들 필요는 없다. 통치의 술책에 저항하는 모든 것이 '테러리스트'로 취급되고 있는 것은 보편적 사실이다. 자유주의자라면 통치자들이 자신들의 민주주의적 정통성[합법성]에 상처를 내고 있는 것은 아닐까 걱정할 수 있다. 전혀 그렇지가 않다. 그렇게 함으로써 그들은 자신들의 정통성을 재정초하는 것이다. 적어도 작업이 순조롭게 진행되는 경우에는, 즉 그들이 민심을 잘 살피고 분위기를 조성한 경우에는 그렇다. 실제로 벤 알리나 무바라크는 거리로 나선 군중들을 테러리스트 도당이라고 비난했고 그것이 통하지 않자 재정초 작업은 그들에게 부메랑이 되어 돌아왔다. 재정초 작업의 실패로 그들 발밑의 정통성의 땅이 푹 꺼져 들어갔고 그들은 모두가 지켜보는 가운데 허공에서 페달을 밟는 신세가 되었다. 그들의 추락은 시간문제였다. 이렇듯 재정초 작업은 실패할 때만 본래의 모습으로 나타난다.

금했다.

21) 피렌체-로마-나폴리 구간에 건설될 고속철 TAV를 위해 피렌체 시내에 7km 길이의 지하터널과 새로운 지하 역사를 만들려는 프로젝트에 반대해서 피렌체 시민들이 안눈치아타 광장에서 벌인 시위를 말한다.

4. 해체(destitution) 이론

아르헨티나에서 터져 나온 "모두 물러나라!"는 구호는 정말로 전 세계 지도자들의 간담을 서늘하게 했다. 지난 몇 년간 우리가 현행 권력을 **해체하고자**(destituer) 하는 우리의 바람을 얼마나 많은 언어로 외쳤는지 셀 수가 없다. 몇몇 경우에 그것을 해낸 것은 아직까지도 가장 놀라운 일이다. 그러나 그러한 '혁명' 이후의 체제가 아무리 취약해도, 슬로건의 두 번째 부분 "Y que no quede ni uno!" — "그리고 한 사람도 남아 있지 말라!" — 는 사문화되었다. 비워 두었던 자리를 새로운 꼭두각시들이 대신 차지했기 때문이다. 가장 전형적인 경우는 물론 이집트이다. 타흐리르 광장에는 무바라크의 머리가 있었고, 타마로드 운동[22]에는 무르시(Morsi)의 머리가 있었다. 거리에서는 매번 해체[해산]를 요구했지만 그것을 조직화할 힘이 없었다. 그래서 이미 조직화된 세력들 — 처음에는 무슬림 형제단, 그 다음에는 군대 — 이 그것을 가로채서 자기들에게 이롭게 실행했다. 요구를 내거는 운동은 **작용하는** 힘에 대해 언제나 열세에 놓인다. 군주의 역할과 '테러리스트'의 역할이 얼마나 쉽게 맞바뀔 수 있는지, 권력의 궁전에서 지하 감옥으로, 반대로 지하 감옥에서 권력의 궁전으로 얼마나 빨리 이동할 수 있는지 알면 감탄이 나올 것이다.

그래서 최근에 봉기를 일으킨 사람들 사이에서는 대체로 이런 탄식의 소리가 높아지고 있다. "혁명은 배반당했다. 과도 정부가 선거를 조직

22) 아랍어로 '반란'이라는 뜻의 타마로드(Tamarut)는 무르시 대통령에 반대하는 야권과 시민단체 연합 세력으로 무르시 축출 전까지 시위대 편에 있었으나 무르시 축출 이후에는 군부를 옹호하는 입장을 취한다.

하고 제헌 의회가 새로운 헌법을 마련해서 새로운 선거 방식을 규정하면 그로부터 이전의 체제와 별반 다르지 않은 새로운 체제가 태어날 것이다. 우리의 죽음은 그것을 위한 것이 아니다. 우리는 삶이 달라지길 원했지만 달라진 것은 아무것도 없었다." 이 점에 관해 급진주의자들의 설명은 언제나 똑같다. 인민은 대표를 선출하기보다 자기가 직접 스스로를 통치해야 한다는 것이다. 혁명이 어김없이 배반당하는 것은 운명의 장난일지도 모른다. 그러나 그것은 어쩌면 우리의 혁명 관념 안에 혁명을 그런 운명으로 만드는 어떤 숨겨진 결함이 있다는 표시일지도 모른다. 그 결함 중 하나는 우리가 여전히 매우 자주 혁명을, 구성하는 것과 구성된 것의 변증법으로 생각한다는 것이다. 우리는 여전히 우화를 믿고 있다. 그 우화에 따르면 모든 구성된 권력은 구성하는 권력[23)]에 뿌리박고 있고, 절대 군주가 신으로부터 나오듯 국가는 국민으로부터 나오며, 현행 헌법 아래에는 다른 헌법 — 대개는 말이 없지만 이따금 벼락처럼 돌발할 수 있는 잠재적이면서 초월적인 명령 — 이 영구적으로 실존한다. 우리는 '인민'이 — 가능하다면 국회 앞에 — 모이기만 하면, 그들이 "너희는 우리를 대표하지 않는다!"고 외치기만 하면, 구성하는 권력이 나타나서 구성된 권력을 마법처럼 쫓아낼 수 있다고 믿고 싶어 한다. 그러나 이 구성하는 권력의 허구는 사실, 본래 정치적이고 우발적인 기원, 즉 모든 권력 수립에 사용되는 **강권발동**[24)]을 은폐하는 역할을 할 뿐이다. 권력을 잡은 자들은 그들이 통제하게 된 사회 전체에 그들의 권한의 원천을 소급투사하

---

23) 구성하는(constituant) 권력은 헌법을 제정하는 제헌적 권력을, 구성된(constitué) 권력은 헌법에 의해 규정된 제도로서의 권력을 뜻한다.
24) 원어는 coup de force로, 법령이 지켜지지 않을 때 강제적으로 행정권이나 사법권을 행사하는 일을 말한다.

고, 그렇게 해서 사회 전체를 **사회 자체의 이름으로** 합법적으로 침묵시킬 것이다. 그래서 인민의 이름으로 인민에게 발포하는 거사(巨事)가 정식으로 실현된다. 구성하는 권력이란, 예외 없이 더러운 권력의 기원이 걸치는 번쩍거리는 의상이고, 모두에게 최면을 걸어서 구성된 권력을 실제 그것 이상의 어떤 것으로 믿게 만드는 베일이다.

안토니오 네그리처럼 "혁명을 통치"하겠다고 자청하는 사람들은 교외의 폭동부터 아랍세계의 궐기에 이르기까지 모든 것을 '제헌 투쟁'으로만 본다. '광장 운동'에서 태어난 '제헌 과정' 가설의 지지자인 마드리드의 한 네그리주의자는 대담하게 "15M이 그랬던 것만큼 '평범하고' 비-대의제적이고 탈-이데올로기적인 새로운 민주주의 헌법을 만들어 내기" 위한 "민주주의 정당", "99%의 정당"의 창당을 촉구하기까지 한다. 이런 종류의 과오들 때문에 우리는 오히려 **순전한 해체**로서의 혁명 관념을 다시 생각하게 된다.

권력을 수립[제도화] 또는 구성하는 것은 권력에 기반·근거·정통성을 부여하는 것이다. 그것은 경제기구·사법기구·경찰기구 등을 위해 권력의 취약한 실존을, 권력을 넘어서는 면(面), 즉 권력을 넘볼 수 없게 만든다고 여겨지는 초월성에 뿌리내리게 하는 것이다. 이 작업에 의해 국지적이고 특정하고 부분적인 개체에 지나지 않는 것이 외딴 곳으로 올라가서 이윽고 자기가 모든 것을 포괄한다고 주장할 수 있게 된다. 그래서 구성된 것으로서 권력은, [상대를] 복종시키거나 궤멸시킬 수밖에 없는, 바깥이 없는 질서, 마주보는 상대가 없는 존재가 된다. 구성하는 것과 구성된 것의 변증법은 우발적인 정치적 형식에 불과한 것에 우월적 의미를 부여한다. 그래서 공화제는 이론의 여지가 없고 영원한 인간 본성의 보편적 기치(旗幟)가 되고 칼리프의 관할구는 교단의 유일한 발상지가 된다. 구성하는 권력은 이런 흉악한 주문을 외워서 국가를, 이성에 근거를 두기에 결코 틀리는 법이 없는 존재, 그것에 맞서는 것은 범죄자가 되는 것이므로 적이 없는 존재, 체면이 없어서 무엇이든지 할 수 있는 존재로 만든다.

따라서 거리에서 승리하는 것, 권력 기구를 부수는 것, 권력의 상징을 불태우는 것만으로는 권력을 해체할 수 없다. 권력을 해체하는 것은 권력의 근거를 박탈하는 것이다. 그것이 바로 봉기가 하는 일이다. 봉기에서, 구성된 권력은 미숙하거나 효과적인, 조잡하거나 세련된 수많은 공작을 펴는 가운데 [구성하는 권력의 베일을 벗고] 있는 그대로의 모습으로 나타난다. 구성하는 권력의 베일이 갈가리 찢겨져 누구나 속을 들여다볼 수 있기 때문에 '왕이 벌거벗었다'고 말하는 것이다. 권력을 해체하는 것은 권력의 정통성을 박탈하는 것이고, 권력으로 하여금 자신의 자의성을 받아들이고, 자신의 우발적 차원을 드러내도록 만드는 것이다. 그것은 권력이, 계략 또는 책략으로 펼치는 것에 의해 상황 속에서만 유지된다는 것을 보여 주는 것 —즉 권력을 다른 것들과 마찬가지로 생존하기 위해 투쟁하고 술수를 써야 하는, 사물들의 일시적 배치로 만드는 것 —이다. 그것은 통치로 하여금, 더 이상 '괴물'이나 '범죄자' 혹은 '테러리스트'일 수 없고 오직 [통치의] 적일 수밖에 없는, 봉기한 사람들의 수준으로 내려오게 하는 것, 경찰을 일개 갱단으로, 사법기관을 일개 조직폭력배로 만드는 것이다. 봉기에서, 현행 권력은 더 이상 모든 유력자들을 지배하거나 정리하거나 단죄하는 메타 세력이 아니라 공통의 투쟁 면 위의 많은 세력 중 하나에 지나지 않는다. 개자식들도 다 주소를 갖고 있다.[25] 권력을 해

25) 주소가 없는 천상에, 초월적 차원에 있는 게 아니라, 다른 것들과 마찬가지로 주소가 있는 지상의 한 자리를 차지하고 있음을 뜻한다.

체하는 것은 권력을 지상으로 다시 데려오는 것이다.

가두 대결의 결말이 어떻게 나건 간에 봉기는 통치의 실행을 가능하게 하는 믿음들의 촘촘한 세포조직을 언제나-이미 탈구시킨다. 그래서 빨리 봉기의 장례를 치르려고 서두르는 자들은 이미 기한이 지난 정통성의 산산조각난 근거를 꿰매느라 시간을 허비하지 않는다. 반대로 그들은 운동 자체 안에 새로운 정통성 야망, 즉 이성에 근거를 두고자 하는 야망, 상이한 힘[세력]들이 대치하는 전략적 면 위에 군림하고자 하는 야망을 불러일으키려고 시도한다. '인민', '피억압민', '99%' 등의 정통성은 봉기에 의한 해체 상태 안으로 구성하는 권력을 다시 데려오는 데 사용되는 트로이의 목마이다. 그것은 봉기를 와해시키는 가장 확실한 방법 — 거리에서 봉기를 진압할 필요조차 없게 만드는 방법 — 이다. 따라서 해체를 불가역적이게 만들기 위해서는 먼저 **우리 자신의 정통성**부터 포기해야 한다. 무언가의 이름으로 혁명을 한다는 생각, 혁명 세력이 대표해야 하는 본질적으로 정의롭고 순결한 개체가 있다는 생각을 버려야 한다. 권력을 지상으로 다시 데려오는 것은 우리 자신이 천상으로 올라가기 위한 것이 아니다.

이 시대의 권력의 특수한 형식을 해체하려면 우선, 민주적으로든 위계적으로든 자신에 의해서든 타인에 의해서든 인간은 **통치되어야 한다**는 공리를 가설의 지위로 되돌려 놓아야 한다. 이 전제는 적어도 고대 그리스의 정치 탄생 시점까지 거슬러 올라간다. 사파티스타들 스스로 그들의 '자율 코뮨들'을 '선한 통치 평의회'[26] 내에 통합했을 정도로 그것의 위력

---

26) 원어는 conseils de bon gouvernement이다. 통상적이라면 '선정(善政) 평의회'라고 해야 하겠지만, 여기선 사파티스타들조차도 '통치'가 필요하다는 생각으로부터 자유롭지 못했다는

은 대단하다. 여기서 작동하는 것은 위상학적 인간학[27]인데, 이는 자신의 정념과 욕구의 완전한 만족을 열망하는 개인주의적 아나키스트에게도 발견되고, 인간은 굶주린 짐승으로 강제력을 통해서만 이 짐승이 이웃을 잡아먹는 것을 막을 수 있다고 보는 외견상 좀 더 비관적인 인간관에서도 발견된다. 인간을 "배은망덕하고 변덕스럽고 교활하고 거짓말을 잘 하며, 비겁하고 탐욕스러운" 존재로 본다는 점에서 마키아벨리는 미국 민주주의의 창시자들과 의견을 같이한다. 해밀턴은 "정부[통치]를 세울 때, 모든 인간은 사기꾼이라는 원리에서 출발해야 한다"고 가정했다. 어쨌든 다소 짐승 같은 인간 본성 — 자아(Moi)가 타자들과도 세계와도 맞서고 있고, 무슨 수를 써서라도 함께 붙어 있도록 만들어야 하는 분리된 신체들만 있는 인간 본성 — 을 억누르는 것이 정치 질서의 소명이라는 관념에서 출발한다. 마샬 살린스(Marshall Sahlins)가 증명한 것처럼, 인간 본성을 억누르는 것을 '문화'의 소관으로 보는 이러한 인간 본성 관념은 **서구의 착각**이다. 그것은 **우리 서구인의** 궁핍을 표현하는 것이지 모든 지구인의 궁핍을 표현하는 것은 아니다. "[서구인을 제외한] 대다수 인류에게 우리가 알고 있는 이기주의는 당연한[자연적인] 것이 아니다. 그들에게 이기주의는 미쳤거나 무언가에 홀린 상태로 간주되고, 따라서 추방하거나 사형시켜야 하는 근거로 간주되거나, 아니면 적어도 치료해야 하는 질병의 징후로 간주된다. 그러한 탐욕은 전(前)사회적 인간 본성을 표현하는 것이 아

점을 지적하려는 것이어서 직역했다.

27) 하부에 있는 인간의 본성과 그것을 억압하는 상부의 문화 등과 같이 어떤 위치를 할당하고 그것을 통해 설명하는 인간학을 뜻한다. situable은 '위치시킬 수 있는'이란 뜻인데, 아마도 위상학(topique, topographie)이라 번역되는 말을 풀어쓴 표현 같다. 가령 프로이트는 거시기(이드)와 초자아, 자아 등의 관계를 이런 위상학적 관계 속에서 설명한다.

니라 인간성의 결핍을 표현하는 것이다."

그러나 통치를 해체하기 위해서는 이 인간학과 그것의 허위 '사실성'을 비판하는 것만으로는 충분하지 않다. 그 인간학을 **바깥**에서 파악하는 데까지 이르러야 하고, 다른 지각 면을 긍정하는 데까지 이르러야 한다. 우리는 실제로 **다른 면에서** 움직이기 때문이다. 우리가 체험하는 것, 우리가 건설하려고 하는 것의 상대적 바깥에서 우리는 마침내 다음과 같은 확신에 이르렀다. 통치 문제는 공백을 전제로 해서만, 대개의 경우 [권력이] **만들어야** 했던 공백을 전제로 해서만 제기된다. 즉 권력이 세계에서 충분히 멀어지고 나서야, 권력이 개인의 주위 또는 내부에 충분한 공백을 만들어 내고 존재자들 사이에 충분히 황량한 공간을 만들어 내고 나서야, 무엇으로도 연결되지 않는 이 모든 괴리된 요소들을 어떻게 배치할 것인가, 분리된 것을 **분리된 것으로서** 어떻게 다시 한데 모을 것인가라는 문제가 제기될 수 있다. 권력은 공백을 만든다. 공백은 권력을 부른다.

통치 패러다임에서 벗어나는 것은 정치적으로 반대 가설에서 출발하는 것이다. 공백은 없다. 모든 것에는 무언가가 거주하고 있다. 우리들 각자는 우리를 초과하는 많은 감정과 계통과 역사와 의미와 물질적 흐름이 지나가고 이어지는 장소이다. 세계는 우리를 둘러싸지 않는다. 세계는 우리를 통과한다. 우리가 거주하는 곳이 우리 안에 거주한다. 우리 주위에 있는 것이 우리를 구성한다. 우리는 우리 자신에게 속하지 않는다. 우리는 우리와 연결되는 모든 것 속에 언제나-이미 산재한다. 문제는 공백을 만들어서 그로부터 우리에게서 빠져나가는 모든 것을 결국 다시 붙잡는 것이 아니라, 현존하는 것에 더 잘 거주하는 법을 배우는 것이다. 이는 현존하는 것을 지각하는 데까지 이르러야 한다는 것을 전제로 하는 것이다 — 그리고 이는 눈이 어두운 민주주의의 후예들에게는 결코 자명하지 않은 것이다. 사물이 아니라 힘으로 가득하고, 주체가 아니라 역량으로 가득하며, 신체가 아니라 유대로 가득한 세계를 지각하는 것.

삶의 형식들이 해체를 완수하는 것은 그것들의 충만함을 통해서다.

여기서, 빼기는 긍정이고 긍정은 공격의 일부이다.

3. 권력은 병참술이다. 모든 것을 봉쇄하자!

1. 권력은 이제 인프라(infrastructure)에 있다

튀니스에서의 카스바(Kasbah)[1] 점거, 아테네에서의 신태그마 광장 점거, 2011년 학생운동 때 런던에서의 웨스트민스터 포위, 2012년 9월 25일 마드리드, 2011년 6월 15일 바르셀로나에서의 국회 포위, 2010년 12월 14일 로마에서의 국회의사당 주변의 폭동들, 2011년 10월 15일 리스본에서의 국회 침입 시도.[2] 제도 권력의 소재지들이 자석처럼 혁명가들을 끌어당긴다. 그러나 우크라이나, 리비아, 위스콘신 등지에서처럼 봉기한 사람들이 국회나 대통령궁, 혹은 여타 기관 소재지들을 포위했을 때 거기서 발견한 것은, 권력은 없고 안목 없는 가구들만 있는 빈 집이었다. 그토록 격렬하게 침입을 막는 것은 '인민'이 '권력을 잡지' 못하게 하기 위한 것이 아니라, **권력이 더 이상 기관[제도]에 있지 않다**는 것을 인민이 깨닫지 못하게 하기 위한 것이다. 거기에는 [권력은 없고] 버려진 사원, 폐쇄된 요새,

---

1) 이슬람 도시의 방어를 위해 시가지의 일부 또는 그 외곽에 세워지는 성으로, 내부에 궁전이나 고급 주거지역, 모스크가 건조되기도 한다.
2) 영어판에는 '2014년 2월 보스니아에서의 대통령 관저 방화'가 추가되었다.

단순한 무대 — 그러나 **혁명가들을 낚는 진정한 미끼들** — 만 있다. 무대에 난입해서 무대 뒤에서 일어나는 일을 알아내려는 대중적 충동은 기대에 어긋나게 마련이다. 가장 열렬한 음모론자들조차 거기서 어떤 비밀도 발견하지 못할 것이다. 진실은, 권력이 단지 근대성에 의해 우리가 익숙해져 있는 그러한 연극적 실재가 더이상 아니라는 것이다.

그렇지만 권력의 실제 소재(所在)에 관한 진실은 전혀 감추어져 있지 않다. 다만 우리가 그것을 보기를 거부할 뿐이다. 우리의 아주 편안한 확신에 찬물을 끼얹지 않으려고 말이다. 이 진실은 유럽연합이 발행한 지폐를 유심히 들여다보면 금세 알아차릴 수 있다. 마르크스주의자도 신고전주의 경제학자도 절대 인정할 수 없었겠지만 화폐는 경제적 도구가 아니라 본질적으로 **정치적** 실재라는 것은 고고학적으로 확증된 사실이다. 자신을 보증해 줄 수 있는 정치적 질서에 기대지 않은 화폐는 존재한 적이 없다. 그렇기 때문에 또한 각국의 통화에는 전통적으로 황제, 위대한 정치인, 건국의 아버지, 민족의 육화된 알레고리 등의 인격적 상(像)이 새겨져 있는 것이다. 그런데 유로화에 그려진 상은 무엇인가? 인간의 상이나 인격적 주권의 상징이 아니라, 교량, 수로, 방주 — 심장이 없는 비인격적 건조물 — 이다. 권력의 현재 성격에 관한 진실, 그것의 인쇄본을 유럽인들은 각자 자기 주머니 안에 갖고 있다. 그 진실은 다음과 같이 공식화된다. **권력은 이제 이 세계의 인프라에 있다.** 현대의 권력은 건축적·비인격적 성격의 권력이지 대리적·인격적 성격의 권력이 아니다. 전통적 권력은 대리적 성격의 권력이었다. 교황은 그리스도의 지상 대리자였고, 왕은 신의 대리자였고, 대통령은 국민의 대리자였고, 당서기장은 프롤레타리아의 대리자였다. 이 모든 인격적 정치는 사망했고, 그렇기 때문에 지구상에 살아남은 몇 안 되는 선동가들이 통치하는 것보다 사람들을 재미있게 하는 데 더 주력하는 것이다. 정치인 집단은 실제로 제법 재능 있는 광대들로 이루어져 있다. 그래서 이탈리아에서 불쌍한 베페 그릴로(Beppe Grillo)[3]나 프랑스에서 불길한 디외도네(Dieudonné)[4]가 전격적인 성공을 거둔 것이다. 대체로 그들은 적어도 여러분의 **기분을 전환시키는** 법은 알고 있다. 따라서 '우리를 대표[대리]하지 않는다'고 정치인들을 비난하는 것은 [당연한 것을 따지느라] 공연히 헛수고를 하는 것이고 노스탤지어만 유지하는 것이다. 정치인들은 우리를 대표하기 위해 있는 것이 아니다. 우리의 관심을 돌리기 위해 있는 것이다. 권력은 다른 곳에 있기 때문이다. 이 정확한 직관이 현대의 모든 음모론에서는 광기로 변한다. 권력은 정말 다른 곳에, 기관들이 아닌 다른 곳에 있지만 그렇다고 해서 감추어져 있는 것은 아니다. 혹은 애드거 앨런 포의 '도둑맞은 편지'처럼 감추어져 있다. 그것이 누구나 볼 수 있는 곳에 항상 있기 — 고압선, 고속도로, 로터리, 슈퍼마켓, 컴퓨터 프로그램 등의 형태로 — 때문에 아무도 보지 못한다. 그리고 감추어져져 있다면 하수도망, 해저 케이블, 철로를 따라 흐르는 광섬유 케이블, 숲속의 데이터처럼 감추어져 있다. 권력은 엔지니어링되고 조형되고 디자인된 이 세계의 조직화 자체이다. 비밀은 바로 그것이며, 그것은 곧 **비밀은 없다는** 것이다.

권력은 이제 테크놀로지와 돈벌이 중심으로 조직된 삶에 내재한다.

---

3) 본래 코미디언이었으나 총리를 조롱했다는 이유로 TV에서 퇴출당하고 이후 SNS와 블로그, 공연 등을 통해 직접 대중들과 만나면서 국민적 스타가 된다. 특히 그의 인터넷 블로그는 기성 정치에 분노한 시민들이 모이는 포스트 역할을 담당한다. 2009년에는 직접민주주의 확대와 반부패, 반유럽연합 기치를 내걸고 오성운동(Movimento a 5 stelle)을 창당한다.

4) 프랑스의 코미디언 출신 정치인으로, 2005년 한 TV쇼에서 나치식 경례를 반대로 옮긴 크넬(quenelle)을 선보여 유명해졌고 "유대인은 사기꾼", "홀로코스트 추모행사는 포르노 기념식이다" 등의 인종차별주의적이고 반유대주의적인 발언을 해서 여러 차례 벌금형을 선고받은 바 있다.

그것은 설비나 구글의 블랭크 페이지처럼 겉으로는 중립적으로 보인다. [중립적으로 보이는] 그것이 공간의 배치를 결정하고, 환경과 분위기를 지배하고, 사물들을 운영하고, 액세스를 관리하고, 인간을 통치한다. 현대의 권력은 한편으로는 '시민들의 안녕과 안전'을 보살핀다고 하는 오래된 경찰과학을 상속했고, 다른 한편으로는 통신망의 연속성, 전략적 기동성을 확보하는 기술이 된 '병력운용술'인 군인들의 병참과학을 상속했다. 진정한 결정은 우리 눈앞에서 실행되었는데 우리는 계속해서 공적인 것, 정치에 대한 우리의 언어적 개념에만 매달려서 토론했다. 현대의 법은 말로 씌어 있지 않고 철골 구조물들로 씌어 있다. 시민들의 모든 분개는 이 세계의 철근 콘크리트에 얼빠진 머리를 부딪칠 수밖에 없다. 이탈리아에서 전개된 TAV 반대 투쟁의 큰 공적은 단순한 공공시설 건설현장에서 작동한 정치적인 모든 것을 매우 명확하게 파악한 것이다. 그것은 대칭적으로, 어느 날 No TAV에게 "결국, 문제가 되는 것은 폭격기가 아니라 단지 철도일 뿐"이라고 반박한 베르사니(Bersani)처럼 어떤 정치인도 인정할 수 없는 것이다. 그러나 식민지 '평정'에 관한 한 견줄 만한 사람이 없었던 리요테 원수는 "건설현장 하나는 일개 대대에 필적한다"고 평가했다. 루마니아에서 브라질까지 세계 도처에서 대형 시설 프로젝트 반대 투쟁이 증가하고 있는 것은 이러한 직관 자체가 확산되고 있기 때문이다.

기존 세계에 반(反)하는 무엇이건 해보려고 하는 사람은 거기서 출발해야 한다. 권력의 진정한 구조는 이 세계의 물질적·공학적·물리적 조직화라는 것에서 말이다. **통치(gouvernement)는 더 이상 정부(gouvernement)에 있지 않다.** 벨기에에서 1년 이상 지속된 '권력의 공백상태'가 그것을 확실히 증명해 준다. 그 나라는 정부, 선출된 대표, 국회, 정치적 논쟁, 선거 쟁점 없이도 정상적 기능에 아무 지장 없이 지낼 수 있었다. 마찬가지로, 이탈리아는 몇 년 전부터 '기술 정부'에서 '기술 통치'로 가고 있고 이 표현이 최초의 파시스트들을 부화시킨 1918년 미래파 정당의 강령-선언에 기원을 두고 있다는 사실에 아무도 발끈하지 않는다.

권력은 이제 사물의 질서 그 자체이고, 경찰은 그것을 수호하는 일을 담당한다. 인프라에 있는 권력, 인프라를 작동시키고 제어하고 건설하는 수단에 있는 권력을 사유하는 것은 간단치 않다. 언명되지 않고 한 걸음 한 걸음 말없이 구축되는 질서에 어떻게 이의를 제기할 수 있겠는가? 일상적 삶의 대상들 자체와 한 몸이 된 질서, 그것의 물질적 구성이 곧 그것의 정치적 구성인 질서, 대통령의 발언에서보다 침묵 속에서 더 최적의 기능을 하는 질서. 권력이 칙령·법·규정을 통해 모습을 드러냈을 때는 그것을 비판할 여지가 있었다. 그러나 벽을 비판하지는 않는다. 다만 부수거나 낙서를 할 뿐이다. 도구와 설비를 통해 삶을 **정돈하는** 통치 — 이것의 언표는 가장자리를 따라 단자(端子)들이 늘어서 있고 카메라가 내려다보는 가로(街路)의 형태를 취한다 — 는 대개의 경우, 단도직입적으로 파괴 그 자체만을 부른다. 일상적 삶의 틀을 공격하는 것은 신성모독이 되었다. 그것은 일상적 삶의 구성을 침해하는 것에 해당한다. 도시 폭동에서 일어나는 무차별적 기물 파손은 그러한 사태에 대한 의식을 나타내는 것이자 동시에 그에 대한 상대적 무능을 나타내는 것이기도 하다. 버스 승차대기소가 부서져도 그것의 실존이 구현하는 의심할 수 없는 무언의 질서는 무너지지 않는다. '환경'의 신성함에 대한 모든 위선적 선언들, 모든 성스러운 환경 보호 운동은 이 새로움에 비추어 보아야만 [그 의미가] 명확해진다. **권력 그 자체가 환경화되었다.** 그것은 [용해되어] **배경 속으로 사라졌다.** '환경 보존'에 대한 모든 공식적 호소들에서 보호하자고 호소하는 것은 작은 물고기들이 아니라 바로 그 환경화된 권력이다.

2. 조직화와 자기-조직화의 차이에 대하여

일상적 삶이 언제나 **조직화되었던** 것은 아니다. 그러기 위해서는 먼저 도시부터 시작해서 삶을 해체해야 했다. 삶과 도시가 '사회적 필요'에 따라 기능별로 분해되었다. 업무지구, 공장지대, 주택지구, 휴식 공간, 기분 전환하는 번화가, 밥 먹는 곳, 일하는 곳, 이성에게 작업 거는 곳, 그리고 이 모든 것을 연결하는 자동차나 버스는 모든 삶의 형식의 황폐화인 '삶의 형해화' 작업의 결과이다. 이 작업은 전체 **조직자** 계급, 회색 매니저 함대에 의해서 한 세기 이상 체계적으로 추진되었다. 삶과 인간이 일련의 필요[욕구]들로 해부되었고, 그 다음 그것의 종합이 기획되었다. 이 종합에 '사회주의 계획'이라는 이름이 붙었는지 '시장 계획'이라는 이름이 붙었는지는 별로 중요하지 않다. 그것이 신도시의 실패로 귀결되었는지 유행지구의 성공으로 귀결되었는지도 별로 중요하지 않다. 어차피 결과는 똑같다. 사막과 실존적 빈혈. 일단 기관들(organes)로 분해되고 나면 삶의 형식은 송두리째 사라져 버린다. 반대로 푸에르타 델 솔, 타흐리르, 탁심 게지 등의 점거된 광장들에 넘쳐흐르던 생생한 기쁨이나, 낭트 숲의 끔찍한 진창에도 불구하고 노트르담 데 랑드 농지 점거가 행사한 인력(引力)은 바로 그것, 즉 [분해되지 않은] 하나의 삶의 형식에서 생겨난 것이다. 모든 **코뮨**에 동반되는 기쁨이 거기서 생겨난다. 삶은 돌연, 연결된 토막들로 분해되는 것을 멈춘다. 자는 것, 투쟁하는 것, 먹는 것, 건강을 돌보는 것, 축제를 벌이는 것, 음모를 꾸미는 것, 토론하는 것이 모두 하나의 생명[삶]의 운동에 속한다. 모든 것은 **조직화되지** 않고 **스스로를 조직화한다**. 차이는 현저하다. 하나는 관리를 부르고, 다른 하나는 주의를 부른다. —이 둘은 고도로 양립 불가능한 태도[경향]이다.

우루과이의 행동주의자 라울 지베치(Raul Zibechi)는 2000년대 초반에 볼리비아에서 일어난 아이마라족의 궐기들을 언급하며 다음과 같이 썼다. "이 운동들에서 조직화는 일상적 삶과 유리된 것이 아니다. 봉기적 행동에서 펼쳐지는 것은 일상적 삶 그 자체이다." 그는 2003년에 엘 알토(El Alto)의 여러 지구에서 "공유 에토스가 이전의 조합 에토스를 대신했다"는 것을 확인한다. 그것은 인프라 권력에 대한 투쟁이 어떤 것인지를 명확히 해준다. 인프라라는 말은 삶이 그 조건과 유리되었다는 것, 삶에 **조건이 붙었다**는 것, 삶이 불가항력적인 요인들에 의존한다는 것, 삶이 발 디딜 곳을 잃었다는 것을 의미한다. 인프라는 세계 없는 삶, 허공에 떠 있는 삶, 희생될 수 있는 삶, 인프라 관리자에 좌우되는 삶을 조직화한다. 메트로폴리스의 니힐리즘은 이것을 인정하지 않는 허세에 지나지 않는다. 반대로, 지베치의 확인은 전 세계의 많은 지구와 촌락에서 진행 중인 실험에서 모색되고 있는 것이 무엇인지 — 아울러 불가피한 암초들은 무엇인지 — 명확히 해준다. 그것은 귀농이 아니라 지상**으로**의 귀환이다. 봉기의 파괴력, 즉 상대의 인프라에 지속적으로 피해를 주는 봉기의 힘을 만들어 내는 것은 바로 거기서 펼쳐지는 공동의 삶의 자기-조직화 수준이다. 월스트리트 점거운동의 최초의 반사행동 중 하나가 브루클린 다리를 봉쇄하려는 시도였다는 것이나 2011년 12월 12일 총파업 때 오클랜드 코뮨 수천 명이 도시의 항구를 마비시키려는 시도를 했다는 것은 자기-조직화와 봉쇄 사이의 직관적 연관을 보여 주는 증거이다. 이 점거들에서는 겨우 윤곽만 그려진 자기-조직화의 허약함 때문에 이 [봉쇄] 시도를 더 멀리 밀고 나가는 것이 불가능했을 것이다. 반대로 타흐리르 광장과 탁심 광장은 카이로와 이스탄불의 교통 요충지들이다. 이 흐름을 봉쇄[차단]하는 것은 곧 상황을 타개하는 것이었다. 점거는 즉각 봉쇄였다. 그래서 그것은 메트로폴리스 전역에서 정상성의 지배를 탈구시키는 힘이 있었다. 수준이 완전히 다르긴 하지만, 사파티스타들이 현재 멕시코 전역의 여러 원주민 부족들이 연루된 29가지의 광산·도로·발전소·댐 건설 프로젝트 저지 투쟁들을 연계시킬 계획을 하고 있는 것과 사파티스타들 스스로가 경제 권력과 연방 권력으로부터 자립하기 위한 가능한 모든 수단을 갖추느라 지난 10년을 보낸 것 사이에는 분명 어떤 관계가 있을 것이다.

3. 봉쇄(blocage)에 대하여

2006년에 프랑스에서 벌어진 CPE[5] 반대 운동 포스터에는 이렇게 적혀 있었다. "플럭스를 통해 이 세계는 유지된다. 모든 것을 봉쇄하자!" 비록 의기양양한 구호였다 하더라도 소수파 운동의 소수가 내걸었던 이 구호는 그 후로 주목할 만한 성공을 거두었다. 먼저 2009년에, 과들루프[6] 전체를 마비시킨 반(反)'착취'(pwofitasyon) 운동이 그것을 대대적으로 적용했다. 그 다음 2010년 가을 프랑스 연금개혁 반대 운동에서는 봉쇄 실천이 투쟁의 기본적인 실천이 되어 유류저장소, 쇼핑몰, 기차역, 생산지 등에 똑같이 적용되었다. 이것은 세계의 어떤 상태를 드러내는 것이다.

프랑스 연금개혁 반대 운동이 정유소의 봉쇄를 중심으로 삼았다는 사실은 정치적으로 대수롭지 않은 사실이 아니다. 정유소는 1970년대 말부터 당시 '프로세스 산업', '플럭스' 산업[7]이라고 불린 것의 전위대였다.

---

5) 청년실업 문제 해결 명목으로 도입된 프랑스의 최초고용계약(Contrat première embauche)을 말한다.

6) 카리브 해 동부에 위치한 프랑스의 해외 영토이다.

7) 원료에 차례로 물리적 또는 화학적 변형을 가하는 일련의 생산 과정을 통해 제품을 제조하는

그 후로 정유소의 작동방식이 대부분의 공장의 구조조정에 모델 역할을 했다고 말할 수 있다. 게다가 이제는 공장이 아니라 **부지**(sites), 즉 생산 부지에 대해 논해야 한다. 공장과 부지의 차이는, 공장은 노동자, 노하우, 원료, 재고품이 집중되는 곳인 반면 부지는 생산 플로차트상의 한 마디일 뿐이라는 것이다. 유일한 공통점은 투입된 것이 일정한 변형을 겪어서 나온다는 것뿐이다. 정유소는 노동과 생산의 관계가 최초로 뒤집힌 곳이다. 노동자, 아니 정확히 말해 기사(opérateur)는 기계를 수리하고 보수하는 일조차 하지 않고 — 이 일은 임시직에게 맡겨진다 — 오직 완전 자동화된 생산 과정을 살피는 일만 한다. 불이 들어오면 안 되는 경고등에 불이 들어온다, 배관에서 이상한 소리가 난다, 연기가 엉뚱한 방향으로 새어나오거나 새어나오면 안 될 것 같은 연기가 새어나온다… 정유소 노동자는 일종의 기계 경비원으로서 신경을 집중하는 것 외에는 할 일이 없는 사람이다. 그리고 이제 서구의 대다수 산업 섹터들도 경향적으로는 마찬가지이다. 고전적 노동자는 자랑스럽게 자신을 생산자와 동일시했다. 그러나 이제 **노동과 생산의 관계가 아주 단순하게 뒤집혔다**. 노동은 생산이 중단될 때만, 오작동이 생산에 지장을 초래해서 그것을 개선해야 할 때만 존재한다. 마르크스주의자들은 옷을 바꿔 입을 수 있다. 추출부터 펌프까지의 상품 가치화 과정은 유통 과정과 일치하고, 유통 과정은 생산 과정과 일치하고, 생산 과정은 최종적 시장 변동에 실시간으로 의존한다는 식으로

산업을 말한다. 생산수단으로서 대규모 장치를 설치함으로써 경상적(經常的) 생산이 가능해지는 산업이기 때문에 장치 산업이라고도 한다. 석유정제업·석유화학, 화학공업·철강업·비철금속공업, 자동차·조선·시멘트·펄프·인견·합성섬유 등의 소재형 산업이 이에 포함된다. 이 산업에서는 노동자의 경험이나 숙련보다 과학적인 지식이 중요하며, 종래의 육체노동 대신 단순 정신노동이 지배적인 노동이 된다.

말이다. 상품가치는 노동자의 노동 시간의 응결물이라고 말하는 것은 허위적인 만큼 이익이 되는 정치적 조작이었다. 그러나 완전 자동화된 모든 공장에서처럼 정유소에서도 그것은 모욕적인 빈정거림(ironie)의 표시가 되었다. 중국도 10년 뒤에는, 10년간 노동자들의 파업과 요구들을 경험한 뒤에는 사정이 마찬가지일 것이다. 정유소 노동자들이 오래 전부터 고연봉 산업 노동자들이었다는 사실과 '사회적 관계, 특히 노사관계의 유동화[액상화]'라고 완곡하게 불리는 것이 — 적어도 프랑스에서는 — 이 섹터에서 맨 먼저 실험되었다는 사실은 분명 대수롭지 않게 생각할 수 있는 것이 아닐 것이다.

프랑스 대부분의 유류저장소가 그곳의 몇몇 노동자들이 아니라 교수, 학생, 운전기사, 철도원, 우체부, 실업자, 고등학생 등에 의해 봉쇄된 것은 그 노동자들에게 그럴 권리가 없었기 때문이 아니다. 그것은 단지, 생산의 조직화가 탈중심화되고 순환적이고 충분히 자동화된 세계, 각각의 기계가 그것을 포섭하는 통합 기계 시스템의 한 고리일 뿐인 세계, 기계를 생산하는 기계들의 이 세계-시스템이 사이버네틱스에 의해 통일되어 가는 세계에서, 각각의 특수한 플럭스가 자본에 의한 사회 전체의 재생산의 한 계기이기 때문이다. 이제 '생산 영역'과 뚜렷이 구별되는 노동력 내지 사회적 관계의 '재생산 영역'은 존재하지 않는다. 게다가 이 후자의 영역은 더 이상 하나의 영역이 아니라 차라리 세계의 씨실, 모든 관계들의 씨실이다. 따라서 이 플럭스의 어떤 지점을 물리적으로 공격하는 것은 시스템 전체를 정치적으로 공격하는 것이다. 파업의 주체가 노동자 계급이었다면, 봉쇄의 주체는 완전히 불특정하다. 누구라도, 누구든지 봉쇄를 결정한다 — 그리고 그렇게 함으로써 현재의 세계 조직화의 반대편에 서게 된다.

문명은 대체로 도달할 수 있는 최대치의 고도화 단계에 도달할 때 붕괴된다. 각각의 생산 공정은, 그 중 하나만 사라져도 공정 전체가 마비, 아니 파괴될 정도로 수많은 중간단계로 세분화된 고도 전문화 단계에까지 이르렀다. 3년 전에 일본의 혼다 공장은 1960년 이후 최장기간의 기술적인 조업정지를 경험했는데, 그것은 단지 특수 반도체 칩 납품업자가 2011년 3월의 지진으로 행방불명됐고 다른 누구도 그것을 생산할 수 없었기 때문이었다. 이제는 모든 대규모 운동에 어김없이 수반되는 이 봉쇄 강박에서 시간에 대한 관계[이해방식]의 급선회를 읽어야 한다. 우리는 발터 벤야민이 말하는 역사의 천사가 과거를 바라본 방식으로 미래를 바라본다. "**우리**가 일련의 사건들을 보는 곳에서 **그**[역사의 천사]는, 잔해 위에 또 잔해를 쉼 없이 쌓아올리고 그 잔해들을 자기 발로 쓰러뜨리는 단 한 번의 파국만을 본다."[8] 지나가는 시간은 이제, 십중팔구 끔찍할 종말을 향한 완만한 전진으로 지각된다. 앞으로 다가올 매 십년은 기후 카오스를 향해 한번 더 내딛는 발걸음으로 이해되며, 이 기후 카오스에 대해서는 그것이 '기후 온난화'라는 태를 부린 표현의 진실임을 누구나 다 잘 이해했다. 방사능 핵물질과 보이지 않지만 치명적인 다른 많은 오염물질들이 쌓여감에 따라 먹이사슬에도 날마다 중금속이 쌓여갈 것이다. 따라서 글로벌 시스템을 봉쇄[차단]하려는 모든 시도, 모든 운동, 모든 반란, 모든 궐기를, **시간을 멈춰 세우고** 덜 치명적인 쪽으로 방향을 바꾸려는 수직적 시도로 보아야 한다.

---

8) 발터 벤야민, 「역사의 개념에 대하여」, 『발터 벤야민 선집5』(최성만 옮김, 도서출판 길, 2008), 339쪽 참조.

4. 조사(enquête)에 대하여

투쟁이 나약하기 때문에 혁명 전망이 사라진 것이 아니라, 믿을 만한 혁명 전망이 부재하기 때문에 투쟁이 나약한 것이다. 우리는 혁명에 대한 정치적 관념에 사로잡혀서 혁명의 기술적인 차원을 대수롭지 않게 여겼다. **혁명 전망은 더 이상 사회의 제도적 재조직화에 관한 것이 아니라 [여러] 세계의 기술적 조형(configuration)에 관한 것이다.** 그러한 것으로서, 혁명 전망은 미래에 부유하는 이미지가 아니라 현재에 그려지는 선(線)이다. 우리가 혁명 전망을 회복하고자 한다면, 이 세계가 더 이상 지속될 수 없다는 산재한 확증과 좀 더 나은 세상을 만들려는 욕망을 짝지어야 할 것이다. 이 세계가 유지되는 것은 우선, 누구나 다 자신의 단순한 생존을 위해 사회 기계의 일반적 작동에 물질적으로 의존하기 때문이다. 우리는 이 세계의 조직화에 대한 깊이 있는 기술적 지식을 가져야 한다. 지배적 구조들을 무용지물로 만드는 것을 가능케 하는 동시에 파국의 일반적 경로로부터의 물질적이고 정치적인 궤도이탈, 즉 결핍의 공포나 생존의 긴급함에 시달리지 않는 이탈을 조직화하는 데 필요한 시간을 확보하는 것도 가능케 하는 지식을 가져야 한다. 평범하게 말하면, 우리가 원자력 발전소 없이 지내는 방법을 알지 못하는 한, 그래서 원자력 발전소를 해체하는 것이 원자력 발전소가 영원하기를 바라는 사람들을 위한 일이 되는 한, 국가의 폐지를 열망하는 것은 웃음거리밖에 안 될 것이다. 대중 궐기의 전망이 의료나 식량이나 에너지의 부족을 의미하는 한, 결연한 대중운동은 없을 것이다. 다시 말하면 우리는 세심한 조사[앙케트] 작업을 재개해야 한다. 우리는 우리가 거주하는 모든 영토 모든 섹터에서 전략적으로 중요한 기술적 지식을 가진 사람들을 만나러 가야 한다. 그 기반 위에서만 운동은 용감하게 실제로 "모든 것을 봉쇄할" 것이고, 그 기반 위에서만 테크놀로지에 대한 만인의 의존 상태의 역전에 해당하는, 다른 삶을 실험해 보려는 열정, 기술에 대한 열정이 폭넓게 해방될 것이다. 모든 영역에서의 이러한 지식 축적 과정, 공모 수립 과정이, 혁명 문제의 진지하면서 대대적인 회귀의 조건이다.

"노동 운동은 자본주의가 아니라 민주주의에 패배했다"고 마리오 트론티(Mario Tronti)는 말했다. 그런데 노동 운동이 패배한 것은 노동자 역량의 본질적인 부분을 전유하지 못했기 때문이기도 하다. 노동자를 구성하는 것은 고용주의 착취가 아니다. 고용주의 착취는 [노동자가] 다른 급여 생활자들과 공유하는 것이기 때문이다. 노동자를 포지티브하게 구성하는 것은 특수한 생산 세계에 대한, 체화된 그의 기술적 제어력[숙련]이다. 거기에는 학술적이면서도 대중적인 성향, 노동의 세계의 고유한 풍요로움을 만든 열정적인 지식이 있다. 자본은 거기에 내포된 위험을 알아차리고 그 지식 전체를 미리 흡수하면서 노동자를 기계 기사, 감시인, 관리인으로 만들기로 결정했다. 그러나 거기에도 노동자의 역량은 남아 있다. 즉 시스템을 작동시키는 법을 아는 사람은 그것을 효과적으로 사보타주하는 법도 안다. 그런데 어느 누구도 현행 시스템이 재생산될 수 있게 하는 기술 전체를 개인적으로 숙달할 수는 없다. 오직 집단적 힘만이 그것을 할 수 있다. 오늘날 혁명적 힘을 구축한다는 것은 바로 이런 것이다. 즉, 혁명에 필요한 모든 기술과 모든 세계를 절합(絶合)하는 것, 기술 지능[기술에 관한 이해] 전체를 통치 시스템이 아니라 역사적 힘으로 응집시키는 것.

그 점에 관해 2010년 가을의 프랑스 연금개혁 반대 운동의 실패는 우리에게 쓰라린 교훈을 주었다. CGT[9]가 전체 투쟁의 주도권을 잡은 것은 바로 그 방면에서 우리의 역량이 부족했기 때문이라는 교훈이 그것이다. CGT로서는 자기들이 헤게모니를 가진 섹터인 정유소의 봉쇄를 운동의 무게중심으로 만드는 것으로 충분했을 것이다. 그 후에, CGT는 정유소의 급유관을 다시 열고 그렇게 국가에 대한 압박을 풀어서 아무 때나 자기들 마음대로 경기 종료를 알리는 호루라기를 불 수 있었다. 당시에 운동에 결여되었던 것은 바로 이 세계의 물질적 작동 방식에 대한 최소한의 지식, 노동자들의 수중에 흩어져 있고 몇몇 엔지니어들의 에그 헤드(egg head)[10] 속에 집중되어 있으며 틀림없이 반대편의 어떤 알려지지 않은 군사기관에서 공유되었을 지식이다. 경찰의 최루탄 보급을 끊는 법을 알았다면, 하루 동안 텔레비전 프로파간다[선전선동]를 중단시키는 법을 알았다면, 권력 기관의 전기를 끊는 법을 알았다면 그렇게 비참하게 끝나지는 않았을 거라고 확신할 수 있다. 그 외에 운동의 주된 **정치적** 패인을 꼽자면 정유를 **누가** 갖고 **누가** 갖지 못할지를 결정하는 전략적 특권을 지방정부의 징발이란 형태로 국가에 넘겨 준 것이었다고 생각해야 한다.

미국의 어느 대학 교수는 "오늘날 누군가를 제거하고 싶다면 그의 인프라를 공격해야 한다"고 매우 정확하게 썼다. 2차 세계대전 이후 미 공군은 지극히 평범한 민간 인프라야말로 상대를 무릎 꿇릴 수 있는 최선의 타깃이라고 보고 '인프라 전쟁' 관념을 계속 발전시켜 왔다. 이 세계의 전략적 인프라가 점점 더 비밀에 싸이는 것 또한 그 때문이다. 혁명 세력이 필요한 경우에 상대의 인프라를 자기에게 유리하게 작동시킬 수 없다면,

---

9) 프랑스 최대의 노동조합 중앙조직인 노동총동맹(Confédération générale du travail)을 말한다.
10) 본래는 대머리를 뜻하는 말로 '지식인', '인텔리'를 경멸적으로 일컫는 말로도 사용된다.

그것을 차단[봉쇄]하는 법을 아는 것은 의미가 없다. 테크놀로지 시스템을 파괴할 수 있으려면 그 시스템을 불필요하게 만드는 기술의 실험과 적용이 선행되어야 한다. 지상으로 돌아오는 것은, 더는 우리 자신의 실존의 조건에 무지한 채로 살지 않는 것에서 시작된다.

4. 구글, 꺼져버려fuck off!

1. 페이스북 혁명이 아니라 새로운 통치 과학, 사이버네틱스가 있다

트위터의 계보는 거의 알려지지 않았는데, 그럴 만도 한 것이, 트위터는 미국의 행동주의자들이 2004년 공화당 전당대회 항의 시위 때 휴대폰으로 서로 연계[공조]하기 위해 발명한 텍스트몹(TXTMob)이라는 프로그램에서 유래한 것이다. 경찰의 여러 가지 작전과 동태에 관한 정보를 실시간으로 공유하기 위해 약 5,000명가량이 이 앱을 사용했다. 2년 뒤에 출시된 트위터도, 예컨대 몰도바에서 비슷한 목적으로 사용되었고, 2009년의 이란의 시위들은 트위터가 봉기한 사람들, 특히 독재에 항거해 봉기한 사람들의 연계[공조]에 필요한 도구라는 생각을 대중화시켰다. 2011년, 무슨 일이 일어나도 끄떡없다고 생각된 영국을 폭동이 강타했을 때, 언론은 진앙지 토트넘으로부터의 소요 확산을 트윗이 촉진시켰다는 그럴듯한 이야기를 꾸며냈다. 그러나 정작 폭동자들이 통신수단으로 삼으려고 눈독을 들인 것은 트위터가 아니라 은행과 다국적기업의 최고 경영진을 위해 개발되었고 당시 영국의 비밀 서비스에는 암호 키조차 없었던 블랙베리의 보안 전화였던 것으로 밝혀졌다. 게다가 일군의 해커들이 블랙베리가 사후에 경찰에 협조하지 못하도록 블랙베리 사이트를 해킹하기도 했다. 이때 트위터가 자기-조직화를 가능케 했다면, 그것은 폭동자들의 자기-조직화가 아니라 오히려 대결과 약탈로 발생한 피해를 청소하고 수습하겠다고 나선 시민-청소부들의 자기-조직화였다. 그리고 이 솔선 행위는 크라이시스 커먼스(Crisis Commons) ― '재난 대응과 위기 대처 및 회복력 강화에 도움을 줄 수 있는 테크놀로지 도구를 만들고 활용하기 위해 함께 일하는 자원봉사자 네트워크' ― 가 이어 나갔고 통괄했다. 당시에 프랑스의 한 쓰레기 좌파는 이 제안을 이른바 '인디그나도스' 운동 때의 푸에르타 델 솔의 조직화와 비교했다. 그것들을 두 가지 자생적 온라인 시민 행동으로 볼 가능성이 있을지 모르지만, 질서 회복의 가속화를 목표로 하는 솔선행위와, 반복되는 경찰의 공격을 무릅쓰고 점거한 광장에서 수천 명이 함께 생활하기 위해 스스로를 조직화한 것을 뒤섞는 것은 터무니없는 것으로 보일 수 있다. 스페인의 '인디그나도스', 적어도 그들 상당수는 5월 15일(15M운동)부터 온라인 시민권 유토피아에 대한 신념을 앞세웠다. 그들에게 소셜 네트워크는 2011년 운동의 확산을 가속화시킨 것일 뿐만 아니라, 특히 투쟁을 위한, 사회를 위한 새로운 유형의 정치적 조직화, 즉 투명한 온라인 참여 민주주의의 기반을 마련한 것이기도 하다. 2009년 '이란 혁명' 중에 트위터와 접촉해서 검열을 불사하고 트위터의 기능을 유지하라고 부추긴 미국 정부의 반-테러리즘 고문 제러드 코언(Jared Cohen)과 어떤 생각을 공유한다는 것은 '혁명가들'로서는 난처한 일이 아닐 수 없다. 제러드 코언은 최근에 전 구글 회장 에릭 슈미트와 함께 『새로운 디지털 시대』라는 오싹한 정치 저서를 공동 집필했다.[1] 첫 페이지부터 궤변이 등장한다. "인터넷은 아나키 상태를 수반하는 역사

1) 에릭 슈미트·제러드 코언, 『새로운 디지털 시대』(이진원 옮김, 알키, 2014) 참조.

상 최대 규모의 실험이다."

"트리폴리, 토트넘, 월스트리트 등지에서 사람들은 실패한 정책들과 선거 시스템의 희박한 가능성에 항의했다… 그들은 정부와 중앙집권적 권력 기관들에 대한 신뢰를 버렸다… 민주주의 시스템이 시민들의 참여를 투표 행위로만 제한해야 할 타당한 이유는 없다. 우리는 보통 사람들이 위키피디아에 기고하고, 이집트와 튀니지의 혁명이나 스페인의 인디그나도스 운동처럼 사이버 공간과 물리적 세계의 시위를 온라인으로 조직하고, 위키리크스가 폭로한 외교 전보(電報)를 분석하는 세상에서 살고 있다. 우리가 멀리 떨어져서도 함께 일할 수 있게 해주는 테크놀로지에 의해 우리가 스스로를 더 잘 통치할 수 있다는 희망이 만들어지고 있다." 이것은 '분개한 사람'의 말이 아니다. 만일 '분개한 사람'의 말이라면, 그녀가 오랫동안 백악관에서 지냈음을, 즉 [그 말을 한] 베스 노벡(Beth Noveck)이 오바마 행정부의 '열린 정부'(Open Government) 프로그램의 발의를 주도했음을 명확히 해야 한다. 이 '열린 정부' 프로그램은, 정부의 기능은 이제 시민들을 연결해 주고 관료 기계 내부에 갇혀 있는 정보를 자유롭게 쓰게 하는 데 있다는 진단에서 출발한다. 뉴욕 시청도 마찬가지다. "여러분에게 좋은 것이 무엇인지 정부가 알고 있으리라는 발상에 기초한 위계적 구조는 구식이다. 금세기의 새로운 모델은 공동-창조와 협업에 의존한다."

아니나 다를까, 열린 정부 데이터라는 개념을 고안한 것은 정치인들이 아니라 "모든 시민들이 통치에 참여하게" 만들겠다는 미국 건국의 아버지들의 야심을 내세운 정보과학자들 — 다른 한편으로 오픈 소스 소프트웨어 개발의 열렬한 지지자들 — 이었다. 여기서 정부의 역할은 진행자 혹은 진행 촉진자 역할, 궁극적으로는 "시민 활동을 조정[통괄]하는 플랫폼" 역할로 축소된다. 소셜 네트워크와의 비교가 전적으로 수용된다. 뉴욕 시청 사람들은 이렇게 자문한다. "어떻게 시(市)가 페이스북이나 트위터의 API(Application Programming Interface) 생태계와 같은 방식으로 생각될 수 있을까?" "중요한 것은 단지 소비가 아니라 공공 서비스와 민주주의의 공동-생산이기 때문에, 보다 사용자 중심적인 통치 경험의 생산을 가능케 해야 한다." 이런 말들을 실리콘밸리의 다소 과열된 브레인들이 만들어 낸 공론(空論)에 포함시킨다고 해도, 그를 통해 분명 통치의 실천이 국가의 주권과 점점 덜 동일시되고 있음을 확인할 수 있다. 네트워크 시대에 통치한다는 것은 인간과 사물과 기계의 상호접속, 그리고 그렇게 생산된 정보의 자유로운, 다시 말해 투명한, 다시 말해 통제 가능한 유통을 보증한다는 것을 의미한다. 그런데 국가 기구들은 모든 수를 써서라도 정보에 대한 통제를 유지하려고 하지만, 정보에 관련된 활동은 이미 국가 기구들 바깥에서 광범위하게 이루어지고 있다. 페이스북은 분명 새로운 통치 형식의 모델이라기보다 이미 실행되고 있는 새로운 통치 형식의 실재이다. 혁명가들이 거리에 일제히 집결하기 위해 페이스북을 사용해 왔고 또 지금도 사용하고 있다는 사실은, 페이스북을 본래 성격에 반(反)하여, 본질적으로 경찰적인 자질[소명]에 반하여 곳곳에 활용하는 것이 가능하다는 증거일 뿐이다.

요즘 정보과학자들이 메트로폴리스 청사나 대통령궁에 들어가는 것은 거기에 들어앉기 위한 것이 아니라 새로운 게임의 규칙을 정하기 위한 것이다. 이제 관공서들은, 유감스럽게도 그들보다 몇 발 앞선 동종의 다른 서비스업자들과 경쟁관계에 놓여 있다. 『새로운 디지털 시대』는, 앞으로는 스마트폰 앱으로 이용이 가능할 토지대장 같은 국가 서비스들을 혁명으로부터 안전한 곳에 두기 위한 **클라우드** 서비스를 제안하면서, "미래에는 사람들이 단지 개인 데이터만 백업하는 것이 아니라 정부도 백업할 것"이라고 단언한다.[2] 그리고 지금 누가 보스인지 잘 모르는 상황에서 다음과 같은 결론을 내린다. "정부는 붕괴될 수 있고 물리적 인프라는 전쟁으로 파괴될 수 있지만 가상 기관들은 살아남을 것이다."[3] 구글이 순수한 인터페이스, 드물게 효율적인 검색 엔진이라는 겉모습 뒤에 감추고 있는 것은 명백하게 정치적인 프로젝트이다. 모든 도시의 모든 거리에 팀을 급파해서 지구의 지도를 제작하는 기업이 평범하게 상업적인 목적을 가졌을 리가 없다. 점령할 생각이 없는 곳의 지도를 제작하는 법은 없다. [구글의 모토] "사악해지지 말자!"[4]는 모든 것을 자기들에게 맡기라는 것이다.

즈카티 공원을 뒤덮은 텐트 아래서도 미래전망 연구실 — 즉 뉴욕 상공의 좀 더 높은 곳 — 에서도 똑같이 온라인 연결, 네트워크, 자기조직화 등의 용어로 재난 대응을 생각한다는 사실을 확인하는 것은 다소 당혹스럽다. 이는 이제 지구상의 웹뿐만 아니라 우리가 사는 세계의 얼개까지 짜고 있는 새로운 커뮤니케이션 테크놀로지들이 자리를 잡았고 그와 동시에 특정한 사고 방식과 통치 방식이 승리하고 있었음을 나타낸다. 그런데 이 새로운 통치 과학의 기초는 바로 그 자들, 즉 그 과학의 기술적 응용 수단을 발명한 엔지니어들과 과학자들에 의해 놓여졌다. 역사는 다음과 같다. 수학자 노버트 위너(Nobert Wiener)는 미군을 위해 일하는 것을 끝

---

2) 앞의 책, 376쪽 참조.

3) 앞의 책, 378쪽 참조.

4) "Don't be evil!"은 구글의 비공식 기업 모토로서, 단기적 이익을 위해서 사용자 정보를 이용하는 등의 비윤리적 행동을 하지 말자는, 다시 말해 당장 손해를 보더라도 장기간 쌓아올려지는 이미지, 신뢰성 등을 포기해서는 안 된다는 뜻을 담고 있다고 한다. 이 책의 필자들은 이 모토에, 기업의 이익을 위해서라면 비윤리적 행동도 서슴지 않는 다른 기업들과는 다르다는 기업 이미지를 구축한 다음, 그를 바탕으로 시장을 독점하고 모든 것을 자기들 마음대로 하겠다는 정치적 계산이 깔려 있다고 보는 것 같다.

내고 나서 1940년대에 새로운 과학을 창시함과 동시에, 인간, 인간과 세계와의 관계, 인간 자신과의 관계에 대한 새로운 정의를 내리려고 시도했다.[5] 정보샘플링 혹은 정보측정에 관한 연구를 통해 원격통신 개발에 기여한 벨 연구소와 MIT의 엔지니어 클로드 섀넌(Claude Shannon)이 이 기획에 참여했다. 뜻밖의 인물인 하버드대 인류학과 교수 그레고리 베이트슨도 참여했는데, 그는 제2차 세계대전 때 미국의 동남아시아 담당 비밀 정보기관에서 일했고 LSD[6] 애호가였으며 팔로알토(Palo Alto) 스쿨의 창립자이다. 또한 정보과학 창립문으로 간주되는 「에드박(EDVAC)[7]에 대한 보고서 초안」의 작성자이자 신자유주의 경제학에 결정적 기여를 한 게임이론의 발명자이며 소련에 대한 선제 핵공격을 지지했고 일본에 원폭을 투하할 최적 지점을 결정한 후에도 지치지 않고 미국 군대와 신생 CIA에 다양한 도움을 준 원색적인 인물 존 폰 노이만(John von Neumann)도 참여했다. 그러니까 제2차 세계대전 이후 새로운 커뮤니케이션 및 정보처리 수단의 발달에 적잖게 기여한 바로 그 자들이, 위너가 '사이버네틱스'라고 부른 이 '과학' — 이는 한 세기 앞서 앙페르(André Marie Ampère)가 '통치 과학'으로 정의하겠다는 기발한 생각을 한 용어이다 — 의 기초도 닦은 것이다. 이것이 바로 그 창시 경위는 거의 잊혔지만 그 개념들은, 지구 표면 전체에 차례로 케이블이 깔림과 동시에 펼쳐

---

5) 노버트 위너는 제2차 세계대전 중에 전기회로를 통해 자동 조절되는 자동조준 연구에 종사한 것을 계기로 1948년에 새로운 학문으로서 사이버네틱스를 제창하며 동물과 기계의 제어와 통신을 통일적으로 취급하려고 시도하였고, 인간의 정신 활동부터 사회 기구에까지 미치는 통일 과학을 세우려고 했다.

6) 맥각균에서 합성한 강력한 환각제를 말한다.

7) 1950년 모클리(J. Mauchly)와 에커트(J.P. Eckert, Jr.)가 에니악을 개량해 만든 전자계산기로, 에드삭에 이어 프로그램 내장 방식인 폰 노이만 방식을 적용했고, 2진법을 채택했다.

지면서, 생물학·인공지능·경영학·인지과학들에 수혈하는 만큼 정보과학에도 수혈하면서, 은밀하게 자기 길을 개척해 나간 통치술이다.

우리는 2008년 이후로 갑작스럽고 예기치 못한 '경제 위기'를 경험하고 있는 것이 아니다. 우리는 단지 **통치술로서의** 정치경제학의 완만한 파산을 목격하고 있을 뿐이다. 경제학은 실재도 과학도 아니었다. 경제학은 인구 통치술로서 17세기에 단숨에 태어났다. 폭동을 피하기 위해서 기근을 피해야 했고 — 그래서 '곡물' 문제가 중요했다 — 군주의 권력을 강화하기 위해서 부를 생산해야 했다. "가장 확실한 통치의 길은 인간의 이기심에 의지하는" 것이라고 해밀턴은 말했다. 통치한다는 것은, 경제의 '자연적' 법칙들이 밝혀지고 나면 그것의 조화로운 메커니즘이 작동하는 대로 내버려 두는 것, 인간들의 이기심을 이용해서 그들이 움직이는 대로 내버려 두는 것을 뜻했다. 조화, 행동의 예측가능성, 찬란한 미래, 관계자[행위자]들의 가정된 합리성. 이 모든 것은 일정한 신뢰, 즉 '외상을 줄'(faire crédit) 수 있음을 전제로 하는 것이었다. 그런데 낡은 통치 관행의 이 근거들을 영구 위기에 의한 관리가 산산조각 내고 있다. 우리가 경험하고 있는 것은 대대적인 '신뢰의 위기'가 아니라 통치에 불필요해진 신뢰의 **종언**이다. 통제와 투명성이 지배하는 곳, 주체들의 행동이 그들에 관한 다량의 가용 정보들의 알고리즘 처리를 통해 실시간으로 예측되는 곳에서는, 그들에 대한 신뢰도 그들의 신뢰도 더 이상 필요하지 않다. 그들이 충분히 감시되는 것으로 족하다. 레닌이 말한 것처럼, "신뢰도 좋지만, 통제는 더 좋다".

서구의 신뢰의 위기, 즉 서구 자신에 대한, 자신의 지식에 대한, 자신의 언어에 대한, 자신의 이성에 대한, 자신의 자유주의에 대한, 자신의 주체에 대한, 그리고 세계에 대한 신뢰의 위기는 사실 19세기 말로 거슬러 올라간다. 그것은 제1차 세계대전을 기점으로 모든 영역에서 폭발한다. 사이버네틱스는 모더니티의 이 찢어진 상처 위에서 발전했다. 사이버네틱스는 서구의 실존적 위기에 대한 처방으로서, 따라서 통치의 위기에 대한 처방으로서 강요되었다. 위너는 다음과 같이 생각했다. "우리는 운이 다한 행성에 난파한 승객들이다. 그러나 난파했다고 해서 인간의 예절과 인간적 가치들마저 사라지는 것은 아니다. 우리는 그것을 최대한 이용해야 한다. 우리는 침몰하겠지만, 향후에 우리의 존엄에 걸맞다고 볼 수 있는 방식으로 해야 한다." 사이버네틱스에 의한 통치는 본성상 묵시록적이다. 그것의 궁극목적은 자연발생적으로 엔트로피적이고 카오스적인 세계의 운동을 국지적으로 막는 것, 그리고 정보의 자유롭고 투명하고 통제가능한 유통을 통해 안정성의 섬들, '질서의 섬들'과 — 잘 될지 누가 알아! — 시스템들의 영속적 자기-조절을 보장하는 것이다. 위너는 다음과 같이 확신했다. "커뮤니케이션은 사회의 접착제[시멘트]이다. 우리 문명이 영속할지 몰락할지는 커뮤니케이션 채널을 자유롭게 열어 두는 사람들에게 달려 있다."

2. 스마트와의 전쟁!

1980년대에 구글 창립자 중 한 명인 래리 페이지(Larry Page)의 멘토 테리 위노그래드(Terry Winograd)와 살바도르 아옌데(Salvador Allende) 정부의 전 경제장관 페르난도 플로레스(Fernando Flores)는 정보과학 개념에 관해 다음과 같이 썼다. "그것은 존재론적 차원의 개념이다. 그것은 우리의 문화적 유산의 배경에 개입하고 우리를 기존의 생활 습관에서 벗어나게 해서, 우리의 존재 방식에 깊이 영향을 미친다. … 그것은 필연적으로 반성적이고 정치적이다." 사이버네틱스에 대해서도 똑같이 말할 수 있다. 공식적으로는, 우리는 여전히 주체와 세계, 개인과 사회, 인간과 기계, 정신과 신체, 생물과 무생물을 구별하는 서구의 오래된 이원론적 패러다임에 의해 통치되고 있다. 그리고 그것은 상식적으로는 여전히 유효한 구별이다. 그러나 실제로는, 사이버네틱화된 자본주의가 존재론을, 따라서 인간학을 실천하고 있고, 그 맏물을 자신의 관리자들을 위해 마련해 놓고 있다. 자신의 이기심을 의식하고 세계 지배를 열망하며, 바로 그 때문에 통치될 수 있었던 서구의 이성적 주체는 다음과 같은 사이버네틱스적 존재 개념에 자리를 내주고 있다. 돌연히 나타났고, 기후와 관련이 있으며, 그의 외부 즉 그의 관계들에 의해 구성된, 자아 없는 자아, 나 없는 나, 내면 없는 존재. 애플워치를 장착하고, 전적으로 외부 데이터에 의거해서, 즉 그의 행동들이 생성시키는 통계에 의거해서 자신을 파악하는 존재. 자신의 모든 행동, 모든 감정을 잘 통제하고 측정하고 필사적으로 최적화하려고 하는 양화(量化)된 자아. 가장 진보한 사이버네틱스의 관점에서는 이미, 인간과 인간의 환경이 있는 게 아니라, 그 자체 일련의 정보 복잡계들, 자기-조직화 프로세스의 허브들 속에 기입되는 시스템-존재가 있다. 1948년에 위너는 다음과 같이 주장했다. "인간에게 살아 있다는 것은 광대한 글로벌 커뮤니케이션 시스템에 참여하는 것과 같은 것이다."

정치경제학이 산업국가의 테두리 내에서 관리 가능한 호모 에코노미쿠스(homo oeconomicus)를 생산한 것처럼, 사이버네틱스도 자기 고유의 인류를 생산하고 있다. 그를 관류하는 흐름들에 의해 속이 비워지고, 정보에 의해 대전(帶電)되고, 계속 증가하는 많은 장치들에 의해 세계에 묶이는 투명한 인류. 테크놀로지 환경에 의해 구성되고 그것에 의해 인도되기에 테크놀로지 환경과 분리 불가능한 인류. 이제 그러한 것이 통치의 대상이다. 즉 인간도 인간의 이기심도 아닌 인간의 '사회적 환경', 지능형 도시 ─ 센서들 덕분에 실시간으로 처리되어 자동관리를 가능케 하는 정보를 생산하기 때문에 지능형이고 또 지능형 주민들을 생산하며 그들에 의해 생산되기 때문에 지능형인 도시 ─ 를 모델로 하는 환경. 정치경제학은 존재들이 자유롭게 이기심을 추구하도록 내버려 둠으로써 그들을 지배했다. 사이버네틱스는 존재들이 자유롭게 커뮤니케이션하도록 내버려 둠으로써 그들을 통제한다. MIT 교수 알렉스 팬트랜드(Alex Pentland)는 2011년 논문에서 다음과 같이 요약했다. "우리는 통제된 환경에서 사회 시스템들을 재발명해야 한다."

메트로폴리스의 도래할 가장 경악스럽고 가장 사실적인 비전은 물이나 전기나 교통의 흐름을 제어할 수 있는 소프트웨어를 팔기 위해 IBM이 관공서에 배포하는 팸플릿 속에 있지 않다. 그것은 오히려 이 오웰적인(Orwellian) 도시 비전에 '반(反)하여' 선험적으로 발전된 비전, 즉 주민들(어쨌든 그들 중 가장 온라인화된 사람들) 스스로 공동-생산한 '좀 더 스마트한 도시'가 그것이다. 카탈루냐를 여행하던 또 한 명의 MIT 교수는 그 수도가 점차 '팹 시티'[8]가 되어 가는 것을 보고 기뻐한다. "나는 여기 바르셀로나 한복판에 앉아서 모든 사람이 도구를 자유롭게 이용해서 완전히 자동화되는 새로운 도시가 발명되고 있는 것을 보고 있다." 따라서 시민

8) 2014년 스페인 바르셀로나에서 열린 Fab-lab(팹랩) 연례회의의 팹10에서 나온 말로 2054년까지 도시의 자급자족률을 50%까지 끌어올리는 것을 목표로 하는 글로벌 프로젝트이다. 핵심은 자급자족의 기술과 정보를 개발하고 공유하는 전 세계 도시 네트워크를 만드는 것, 즉 자급자족의 기술을 오픈소스로 공유하고 그 기술을 바탕으로 도시에서 필요한 것들을 자체 생산하여 도시·국가 간 물류운송에 따른 에너지 사용과 탄소 배출을 최소화하자는 것이다. 팹시티(Fab City)의 주요 전략 중 하나는 팹시티가 추구하는 자급자족 사회의 단면을 보여 주는 로컬푸드 확산 운동으로 최근에는 농장에서 식탁까지 거리가 제로라는 뜻의 팜투테이블(Farm to table) 운동으로까지 확산되고 있다.

들은 더 이상 서발턴[하위주체]이 아니라 **스마트 피플**이고, 그들 중 한 명의 말처럼 "아이디어와 서비스와 솔루션의 수신기이자 발신기"이다. 이런 비전에서 메트로폴리스는 중앙 정부의 결정과 행동에 의해 **스마트**해지는 것이 아니라 주민들이 "자신들의 데이터를 생산하고 연결하고 그것에 의미를 부여할 새로운 수단들을 발견할" 때 '자연발생적 질서'처럼 출현한다. 그리하여 **재생력 있는** 메트로폴리스, 어떤 재난에도 끄떡없는 메트로폴리스가 태어난다.

자동차, 냉장고, 시계, 청소기, 딜도 등이 서로 그리고 인터넷에 직접 연결되어 인간과 기기들이 전부 온라인화된 세상이 도래할 것이라는 미래주의적 약속의 이면에는 이미 현존하는 것이 있다. 가장 다가적(多價的)인 센서[감지기]인 '나-자신'이 이미 작동중이라는 사실이 그것이다. '나'는 나의 위치정보, 나의 기분, 나의 의견, 오늘 본 믿을 수 없는 것 혹은 믿을 수 없을 만큼 뻔한 것을 공유한다. 나는 달리기를 하고 즉시 코스, 시간, 기록, 자체 평가를 공유한다. 나는 끊임없이 휴가 사진, 파티 사진, 폭동 사진, 동료 사진, 먹을 음식 사진, 섹스할 상대의 사진을 올린다. 나는 아무 일도 안 하는 것처럼 보이지만 끊임없이 데이터를 생산한다. 내가 일을 하건 안 하건, 비축된 정보로서의 나의 일상생활은 전부 가치매겨질 수 있는 상태로 남아 있다.

알렉스 팬트랜드는 흥분해서 다음과 같이 말한다. "광범위한 센서 네트워크 덕분에 우리는 우리 자신에 대해 신의 관점을 갖게 될 것이다. 처음으로 우리는 대다수 사람들의 행동을 일상생활의 수준까지 정확하게 지도화할 수 있다." 대규모 데이터 냉장고들은 현재의 통치의 찬장을 구성한다. 그것은 인터넷에 접속한 사람들의 일상생활에 의해 끊임없이 생산되고 업데이트되는 데이터베이스를 뒤져서 보편 법칙도 심지어 '이유'

도 아니라, '시기'와 '대상', 단발적·국부적 예측, 신탁(神託)을 확정할 수 있게 해줄 상관관계를 찾는다. 예측 불가능한 것을 관리하는 것, 통치 불가능한 것을 제거하려고 하는 것이 아니라 통치 불가능한 것을 통치하는 것, 바로 그것이 사이버네틱스의 공공연한 야심이다. 사이버네틱스 통치의 문제는 정치경제학 시대처럼 단지 행동에 방향을 부여하기 위해 예견하는 것이 아니라 잠재적인 것에 직접 작용을 가하는 것, 가능한 것들을 구조화하는 것이다. 로스앤젤레스 경찰은 몇 년 전에 프레드폴(PredPol)이라는 새로운 컴퓨터 소프트웨어를 구비했다. 그것은 범죄에 관한 많은 통계에 기초해서 구역마다 거리마다 이러저러한 범행이 저질러질 확률을 계산한다. 실시간으로 업데이트되는 이 확률에 의거해서 소프트웨어가 스스로 알아서 도시의 경찰에게 순찰을 지시한다. 사이버네틱스의 창시자는 1948년에 『르몽드』에 이렇게 썼다. "우리는 오늘날 지도자들과 통상적인 정치기구들의 명백한 불충분성을 **통치 기계**가 보완해 줄 시대 — 좋을지 나쁠지 누가 알겠는가? — 를 꿈꿀 수 있다." 한 시대의 꿈이 다음 시대의 일상적 악몽이 될 수 있는데도, 모든 시대는 다음 시대를 꿈꾼다.

개인 정보를 대규모로 수집하는 목적은 전체 인구를 개별적으로 추적하기 위한 것이 아니다. 한 사람 한 사람 모두의 사생활에 침투하는 것은 개인별 카드를 만들기 위한 것이 아니라 숫자를 통해 의미를 갖는 거대한 통계 베이스를 만들기 위한 것이다. 여러 가지 '프로필'상의 개인들의 공통 특징과 그 특징에서 비롯되는 개연적 미래[변화]를 관련시키는 것이 더 경제적이다. 관심의 대상은 현존하는 온전한 개인이 아니라 오직 그의 잠재적 탈주선들을 추산할 수 있게 해 주는 것뿐이다. 프로필과 '사건들'과 잠재성을 감시하는 것의 이점은, 통계적 개체들은 반란을 일으키지 않는다는 것, 그리고 개인들은 언제나 자신이 적어도 인격체로서는 감시되지 않는다고 주장할 수 있다는 것이다. 사이버네틱스의 통치성은 이미 완전히 새로운 논리에 따라 작동하고 있는데, 그것의 현행 주체들은 계속해서 이전의 패러다임에 따라 자신을 생각한다. 우리는 우리의 자동차나 신발처럼 우리의 '개인' 데이터를 우리 것이라고 믿으면서, 구글, 페이스북, 애플, 아마존, 경찰 등이 그것에 자유로이 접근하도록 내버려 두기로 결정하는 것이 단지 우리의 '개인적 자유'를 계속 행사하는 것일 뿐이라고 생각한다. 그렇게 하는 것이 실제로는 그것을 거부하는 사람들, 그로 인해 용의자 내지 잠재적 일탈자 취급을 받게 될 사람들에게 직접적인 영향을 미치는데도 말이다. 『새로운 디지털 시대』는 다음과 같이 예견한다. "미래에도 여전히 테크놀로지를 받아들이고 사용하기를 거부하는 사람들, 가상프로필이나 온라인 데이터 시스템이나 스마트폰과 담 쌓고 사는 사람들이 있을 것이다. 그러나 정부는, 완전히 옵트아웃하는[9] 사람들은 무언가 숨길 것이 있는 사람들이고 따라서 법을 어길 가능성이 큰 사람들이라고 의심할 것이다. 그래서 테러방지 대책으로 일종의 '숨어 있는 사람들' 명부를 만들 것이다. … 등록된 SNS 프로필이나 가입한 휴대전화가 없고 온라인에서 여러분에 대한 언급을 찾기가 유달리 어렵다면, 여러분은 그러한 명부의 후보가 될 것이다. 여러분은 또한 철저한 출입국심사, 심지어 여행 제한까지 포함하는 엄격한 새로운 규정을 적용받을 것이다."

---

9) 당사자가 자신의 데이터 수집을 허용하지 않는다고 명시함으로써 정보 수집을 금지하는 것을 말한다.

3. 사이버네틱스의 궁핍

그래서 보안 기관들은 페이스북 프로필을 그 뒤에 숨어 있다고 추정되는 개인보다 더 **믿을 만한** 것으로 간주하게 된다. 이는 여태껏 가상세계와 현실세계라고 불렸던 것 사이의 다공성(多孔性)을 충분히 보여 준다. 세계의 데이터화의 가속화로 인해 실제로 온라인 세계와 물리적 세계, 사이버 공간과 현실 세계를 분리된 것으로 생각하는 것은 점점 더 부적절해지고 있다. 마운틴 뷰(Mountain View)는 다음과 같이 주장한다. "안드로이드, G메일, 구글 지도, 구글 검색을 봐라. 그것이 우리가 하는 일이다. 우리는 사는 데 없어서는 안 되는 제품을 만든다." 그러나 인간의 일상생활 속에 인터넷 연결 기기들이 편재하게 되면서, 몇 년 전부터 인간 쪽에서 어떤 생존 반사가 일어나고 있다. 어떤 술집 주인들은 자기 가게에서 구글 글래스를 추방하기로 결정했다. 그런데 그 술집들은 그렇게 해서 실제로 인기를 얻게 되었다. 자신의 테크놀로지 기기 의존도를 측정하고 '진정한' 현실세계 경험을 다시 맛보기 위해 일시적으로(일주일에 하루, 주말 동안, 한 달간) 인터넷 접속을 끊으라고 권하는 제안들이 성행한다. 물론 그 시도는 헛된 것으로 판명된다. 바닷가에서 스마트폰 없이 가족과 함께하는 유쾌한 주말은 우선적으로 **탈-접속의 경험으로서**, 즉 재-접속해서 네트워크상에서 공유할 순간으로 즉각 투사되는 경험으로서 체험된다.

그렇지만 결국 세계에 대한 서구인의 추상적 관계[이해방식]가 각종 장치들 속에, 가상 복제 세계 속에 표출[대상화]되면서, 현존의 길이 역설적으로 다시 열리게 된다. 모든 것과 유리되므로 우리는 결국 우리의 유리와도 유리될 것이다. 테크놀로지의 공세는 결국 인동덩굴의 픽셀 없는, 벌거벗은[장식 없는] 실존에 감동하는 능력을 우리에게 되돌려 줄 것이다. 우리와 세계 사이에 온갖 종류의 스크린이 놓이고 나서야 우리는 감각 세계의 비할 바 없는 영롱한 광채, 현존하는 것에 대한 경탄을 [스크린상의 그것과의] 대비를 통해 되찾게 될 것이다. 우리와 아무 상관이 없는 수백 명의 '친구들'이 나중에 우리를 더 잘 조롱하기 위해 페이스북에서 **좋아요!**를 클릭하고 나서야 우리는 우정의 오래된 맛을 다시 발견할 것이다. 인간에게 필적할 수 있는 컴퓨터를 만드는 데 성공하지 못해서, 삶이 그것[삶]의 디지털 모델과 혼동되도록 인간의 경험을 빈곤화하려는 시도가 이루어졌다. (소셜 미디어상의 실존을 바람직한 것으로 보이게 하기 위해서 만들어 내야 했던 인간 사막을 상상할 수 있는가?) 여행자(voyageur)가 관광객(touriste)으로 대체되고 나서야, 관광객이라면 자기 집 거실에서 홀로그램을 통해 세계 곳곳을 누비고 다니기 위해 대가를 지불하는 것을 마다하지 않으리라는 데까지 생각이 미칠 수 있었다. 그러나 최소한의 현실 경험만으로도 이 눈속임의 궁핍은 폭파될 것이다. **사이버네틱스의 궁핍이 결국에는 사이버네틱스를 쓰러뜨릴 것이다.** 최초의 사회 경험이 **소셜 네트워크**의 경험이었던 과잉-개인화된 세대에게 2012년 퀘벡 학생 시위는 우선, 단지 함께 있다가 앞으로 나아가는 행위의 봉기 역량을 전격적으로 발견하는 계기가 되었다. 봉기한 사람들의 이 우정이 경찰 저지선에 부딪힐 때까지 그들은 전에 없던 방식으로 서로 마주쳤을 것이다. 함정도 그것을 막을 수 없었다. 함정은 오히려 함께 스스로를 시험해 보는 다른 방식이 되었다. 조르조 세자라노는 『생존 매뉴얼』에서 이렇게 예측했다. "자아의 종언은 현존의 탄생일 것이다."

해커들의 미덕은 가상이라고 여겨지는 세계의 물질성에서 출발한 것이었다. 시리아인들이 인터넷 통신에 대한 국가의 통제를 피할 수 있도록 도와줌으로써 유명해진 해커 그룹 텔레코믹스(Telecomix)[10] 멤버가 말한 것처럼, 해커가 시대를 앞서갔다면 이는 해커가 "이 새로운 도구[인터넷]를 별도의 가상 세계가 아니라 물리적 현실[실재]의 확장으로 간주했기 때문이다." 이제 해커 운동이 스크린 바깥 세상에 뛰어들어 컴퓨터 소프트웨어와 기기들을 뜯어보고 손질하고 조립할 수 있는 해커스페이스를 열고 있는 만큼 그것은 더욱더 명백해졌다. DIY(*Do It Yourself*)의 확산과 네트워크화가 해커 운동의 여러 가지 야망을 부추겼다. 그들은 사물, 거리, 도시, 사회, 심지어 삶까지 손질해야 한다고 주장하고 있다. 몇몇 병적인 진보주의자들은 서둘러 그것을 새로운 경제, 아니 새로운 문명 — 이번에는 '공유'에 기초한 — 의 전제로 보았다. 현재의 자본주의 경제가 이전의 산업적 굴레에서 벗어나 이미 '창조'에 더 큰 가치를 부여하는 것은 빼놓고 말이다. 경영자들은 이니셔티브의 해방을 촉진하고, 혁신적 프로젝트, 창의성, 기발함, 게다가 일탈까지 장려하게 되었다. — "혁신을 이루고 미지의 것에서 합리성을 창조할 수 있는 것은 일탈자이기 때문에 미래의 기업은 일탈자를 보호해야 한다"고 그들은 말한다. 오늘날 가치는 상품의 새로운 기능도 심지어 상품의 경제적 효용이나 의미도 아니라, 상품이 소비자에게 제공하는 경험에서 찾아진다. 그렇다면 이 소비자에게 창조 과정의 건너편으로 가보는 궁극적 경험을 제공하지 않을 이유가 어디 있겠는가? 이런 관점에서 볼 때 해커스페이스나 팹랩은 '소비자-혁신자들'의 '프로젝트'가 실현되고 '새로운 시장'이 출현할 수 있는 공간이

---

10) 2009년 스웨덴에서 출발한 해커 그룹으로 '아랍의 봄'이 시리아로 번지면서 2011년 8월 시리아 정부가 시위대 수천 명을 학살하자, 시리아 정부가 시민들의 인터넷 사용을 검열, 감시하고 있다는 사실을 페이스북을 통해 폭로한다.

된다. 샌프란시스코에서는 테크숍(Techshop)이라는 회사가 연회원으로 가입하면 그 대가로 "매주 와서 이것저것 만들어보고 자신의 프로젝트를 고안하고 발전시킬 수 있는" 새로운 유형의 피트니스 클럽을 개발하고 있다.

해커스페이스들이 '메이커' 운동[11]에 포획되었다고 해서, 사람들이 함께 산업용품을 제조하거나 수리하거나 용도 변경할 수 있는 이 공간들이 수없이 거듭되는 자본주의적 생산 과정의 재정비[재구조화]에 반드시 참여해야 하는 것은 아닌 것처럼, 미국 군대가 DARPA(국방 고등 연구 기획국)의 CFT(Cyber Fast Track) 프로그램의 일환으로 해커스페이스와 비슷한 곳들에 자금 지원을 한다고 해서 해커스페이스들 자체에 무슨 잘못이 있는 것은 아니다. 오픈 소스 에콜로지(Open Source Ecology)가 50여 가지 모듈식 기계 — 트랙터, 노면절삭기, 콘크리트 믹서 등 — 와 함께 갖추고 있는 것과 같은 마을 건설 장비와 조립식 주택 모듈 또한, 현재의 영적 지도자들이 꿈꾸는 것과 같은 '현대적 편의 시설을 다 갖춘 작은 문명'의 수립이나 '완전한 경제', '금융 시스템', '새로운 협치'의 창조에 봉사할 운명 이외에 다른 운명을 가질 수 있을 것이다. 디트로이트의 1,300

11) 미국 최대 IT 출판사 오라일리 공동 창업자였던 데일 도허티가 만든 말이다. 그는 2005년 DIY 잡지 『메이크』(*MAKE*)를 펴냈는데, 거기서 스스로 필요한 것을 만드는 사람들을 뜻하는 메이커(Maker)들이 만드는 법을 공유하고 발전시키려는 흐름을 메이커 운동이라고 명명했다. 메이커 운동의 허브인 테크숍 공동 설립자이자 최고경영자인 마크 해치는 메이커를 다음과 같이 설명한다. 메이커는 "2005년 창간된 잡지 『메이크』를 통해 대중화되기 시작한 말로, 새로운 만들기를 리드하는 새로운 제작 인구를 가리킨다. 발명가, 공예가, 기술자 등 기존의 제작자 카테고리에 얽매이지 않으면서, 손쉬워진 기술을 응용해서 폭넓은 만들기 활동을 하는 대중을 지칭한다. 처음에 쓰일 때는 아마추어 엔지니어라는 의미가 강했지만, 지금은 공유와 발전으로 새로운 기술의 사용이 더더욱 쉬워졌기 때문에 만드는 사람 전부를 포괄하는 뜻으로 쓰이기도 한다."(「메이커 운동 선언」)

개의 공동텃밭처럼 건물 지붕이나 황폐화된 공단에 자리 잡는 도시 농업도, 경제 회복이나 '황폐화된 지대의 재생'에 기여하겠다는 야심이 아닌 다른 야심을 가질 수 있을 것이다. 어나니머스/룰즈섹(Anonymous/LulzSec)이 감행한 것과 같은 경찰, 금융회사, 다국적 첩보회사, 통신사 등에 대한 공격은 쉽게 사이버 공간을 벗어날 수 있을 것이다. 어느 우크라이나인 해커가 말한 것처럼, "당신의 삶을 돌봐야 할 때라면, 3D로 무언가를 출력하는 일은 빨리 중단하는 것이 좋다. 우리는 다른 면(面)을 발견해야 한다".

4. 테크놀로지에 반(反)하는 기술

여기서 오늘날 혁명 운동의 맹점인 유명한 '기술 문제'가 개입한다. 아마도 그의 이름이 사람들의 뇌리에서 사라졌을 어떤 사람이 프랑스의 비극을 다음과 같이 묘사했다. "전반적으로 기술 애호증이 있는(technophile) 엘리트가 지배하는 전반적으로 기술 공포증이 있는(technophobe) 나라." 이 진단은 프랑스는 아니더라도 어쨌든 극단적 환경에는 적용된다. 대다수의 마르크스주의자들과 포스트-마르크스주의자들이 대물림된 패권주의 성향에 더해 인간을-해방시키는-기술에 대한 확고한 애착을 보이는 반면, 상당수의 아나키스트들과 포스트-아나키스트들은 안락한 마이너리티 입장을 — 심지어 억압받는 마이너리티 입장까지 — 기꺼이 받아들이면서 일반적으로 '기술'에 대해 적대적인 입장에 선다. 심지어 각 분파마다 캐리커처도 있다. 네그리파 사이보그 신봉자들, 즉 온라인 다중들에 의한 전자 혁명 신봉자들에게 반-산업파들이 화답하는데, 이들은 진보와 '기술 지배 문명의 재앙'에 대한 비판을 제법 수익성 있는 문학 장르로 만들었고, 어떤 혁명적 가능성도 고려하지 않으면서도 열기를 유지할 수 있는 틈새 이데올로기를 만들었다. 기술 애호증과 기술 공포증은 **총체로서의** 기술(*la* technique)이 존재한다는 이 핵심적 거짓말로 결합된 악마적 커플이다. 이는 마치 인간의 실존에서 기술적인 것과 기술적이지 않은 것을 나눌 수 있는 것처럼 보인다. 그런데 아니다. 인간의 아이가 얼마나 불완전한 상태로 태어나는지, 그리고 그가 세계에서 스스로 움직이고 말을 하게 되기까지 얼마나 많은 시간이 걸리는지를 보면 세계에 대한 그의 관계가 자연적으로 주어지는 것이 아니라 엄청나게 공을 들인 결과라는 것을 알 수 있다. 세계에 대한 인간의 관계는 자연적 적합의 영역에 속하지 않기 때문에 본질적으로 인공적이고, 그리스식으로 말하면 기술적(*technique*)[12]이다. 각각의 인간 세계는 요리기술·건축기술·음악기술·정신기술·정보처리기술·농업기술·성애기술·전쟁기술 등 각종 기술들의 어떤 조형[배치]이다. 그리고 그렇기 때문에 유적(類的) 인간 본질은 없다. 즉, 특수한 기술들만 있으며 각각의 기술이 하나의 세계를 조형하고 그로써 그 세계에 대한 어떤 관계, 어떤 **삶의 형식**을 구체화시키기 때문에 유적 인간 본질은 없다. 따라서 우리는 삶의 형식을 '건설하지' 않는다. 시범·연습·수련을 통해 여러 가지 기술을 체화할 뿐이다. 그렇기 때문에 또한 우리의 친숙한 세계는 우리에게 거의 '기술적[인공적]' 세계로 보이지 않는다. 즉, 우리의 친숙한 세계를 구성하는 [인공적] 기교들 전체가 이미 우리의 일부를 이루고 있기 때문에 그 세계는 우리에게 거의 '기

---

12) 그리스어 '테크네'는 좁은 의미로는 생산 기술, 즉 인간이 자연에 작용을 가해 물건을 생산하는 방식 또는 목적을 실현하는 과정을 뜻하지만, 단순히 생산 기술만이 아니라 기예, 예술, 의술, 변론술, 전술 같은 것도 포함한 폭넓은 의미를 지닌다.

술적' 세계로 보이지 않는다. 우리에게 기이한 인공성의 세계로 보이는 것은 우리에게 친숙한 세계가 아니라 오히려 우리가 알지 못하는 세계들이다. 또한 우리의 체험 세계의 기술적 성격은 발명과 '고장'이라는 두 가지 상황에서만 명백해진다. 우리가 발명품을 목격할 때 혹은 친숙한 요소가 빠져 있거나 부서지거나 오작동할 때만 자연적 세계에 산다는 착각이 반증에 굴복한다.

기술들은 인간이라는 이 유적(類的) 존재가 자기 본질의 변용 없이 무차별적으로 움켜쥐는 등가의 도구들로 환원될 수 없다. 각각의 도구는 세계에 대한 특정한 관계를 조형하고 구현하며, 그렇게 벼리어진 세계들은, 거기에 거주하는 인간들이 그런 것처럼 등가적이지 않다. 그리고 그 세계들은 등가적이지 않은 만큼 위계화될 수도 없다. 어떤 세계를 다른 세계보다 더 '진보한' 세계로 확정할 수 있게 해주는 것은 아무것도 없다. 모든 세계는 각자 고유한 미래와 고유한 역사를 갖기 때문에 서로 구별될 뿐이다. 세계들을 위계화하려면, 어떤 기준, 즉 상이한 기술들의 등급을 매길 수 있게 해주는 암묵적 기준을 도입해야 한다. 진보의 경우에 이 기준은 단지 각각의 기술이 윤리적으로 담지하는 것과 무관하게, 각각의 기술이 감각 세계로서 생성시키는 것과 무관하게 고려된, 기술들의 양화 가능한 생산성이다. 그렇기 때문에 자본주의의 진보 이외의 진보는 없으며, 그렇기 때문에 자본주의는 세계들의 지속적 황폐화이다. 게다가, 마르크스가 믿은 것처럼 인간의 본질이 생산인 것은 기술들이 세계와 삶의 형식들을 생산하기 때문이 아니다. 기술 애호증 환자들과 기술 공포증 환자들이 공히 놓치고 있는 것이 바로 그것, 즉 각각의 기술이 갖고 있는 **윤리적** 본성이다.

다음을 덧붙여야 한다. 이 시대의 악몽은 이 시대가 '기술[테크네]

의 시대'가 아니라 **테크놀로지의 시대**라는 데 있다. 테크놀로지는 여러가지 기술의 완성이 아니라, 반대로 인간들의 다양한 구성 기술의 수용[징발]이다. 테크놀로지는 가장 **유효한** 기술들의 **시스템화**이고, 따라서 여러가지 세계들의 평탄화이자 각자가 펼치는, 세계에 대한 여러가지 관계들의 평탄화이다. 테크노-로지(techno-logie)는 **끊임없이 실현되는 기술들에 관한 담론**[13]이다. 축제 이데올로기가 현실 축제의 죽음이고, 마주침 이데올로기가 마주침 자체의 불가능성인 것과 마찬가지로, 테크놀로지는 모든 특수한 기술들의 중성화이다. 이런 의미에서 자본주의는 본질적으로 테크놀로지적이다. 자본주의는 가장 생산적인 기술들을 하나의 시스템으로 수익성 있게 조직화하는 체제인 것이다. 자본주의의 기본적인 형상(figure)은 경제학자가 아니라 엔지니어이다. 엔지니어는 전문가이고 따라서 기술 징수관이다. 즉 [기술들을 징수하지만] 자신은 그 기술들 중 어떤 것에 의해서도 영향받지[변용되지] 않으며, 도처에 자신의 고유한 세계-부재를 전파하는 자이다. 그것은 슬픈 농노의 형상이다. 자본주의와 사회주의의 연대는 바로 그 지점, 즉 엔지니어 숭배에서 맺어진다. 대부분의 신고전주의 경제학 모델을 만든 것도, 현대의 트레이딩 소프트웨어를 만든 것도 엔지니어들이다. 우크라이나의 제철소 엔지니어였었다는 것이 브레즈네프가 가장 자랑스러워한 직함이었다는 사실을 기억하자.

예술, 경찰, 기업 등에 의한 온갖 중성화[무력화] 시도에도 불구하고 해커의 형상은 엔지니어의 형상과 모든 점에서 대립한다. 엔지니어가 모

13) 테크놀로지는 '테크네(기술)에 대한 로고스(말)'라는 의미에서 테크노-로지(techno-logie)라고 쓴 것이다. 영어판은 이부분을 "**테크노-로지는 끊임없이 물질적 현실 속에 투사되고 있는 기술들에 관한 담론**"이라고 옮겼다.

든 것이 더 잘 작동하고 시스템에 봉사할 수 있도록 작동하는 모든 것을 포획하는 곳에서, 해커는 작동하는 모든 것의 빈틈을 찾고, 나아가 그것의 다른 사용법을 발명하고 실험하기 위해서 '저건 어떻게 작동하지?' 하고 묻는다. 이때 실험한다는 것은 이러저러한 기술이 **윤리적으로** 내포하고 있는 것을 체험한다는 것을 의미한다. 해커는 기술들을 테크놀로지 시스템에서 떼어내 그로부터 해방시킨다. 우리가 테크놀로지의 노예들이라면, 그것은 바로 우리의 일상적 실존의 온갖 인공물을 [윤리와 관계없는] 고유하게 '기술적인' 것으로 보고, 그것들을 언제까지나 단순한 블랙박스로, 우리를 그것의 순진한 사용자로 여길 것이기 때문이다. 컴퓨터를 이용한 CIA 공격은, 천문학이 망원경 과학이 아닌 것처럼, 사이버네틱스도 컴퓨터 과학이 아니라는 것을 충분히 증명해 준다. 우리 주위에 있는 장치들의 작동 방식을 이해하는 것은 즉각적인 역량의 증가를 허용하며, 따라서 우리에게 더 이상 환경으로 보이지 않고 그 대신 특정한 방식으로 배치되어 우리가 주조할 수 있는 세계로 보이는 것에 대한 영향력을 준다. 이것이 해커가 세계를 보는 관점이다.

지난 몇 년간 해커계는 중요한 정치적인 길을 걸어왔고, 친구와 적을 좀 더 명확하게 식별할 수 있게 되었다. 그러나 해커계가 혁명화되는 데에는 몇 가지 중요한 장애물이 있다. 1986년에 「닥터 크래쉬」(Doctor Crash)는 이렇게 썼다. "네가 알건 모르건, 네가 해커라면 너는 혁명가이다. 걱정마라. 너는 선(善)의 편에 있다. 이러한 순진함이 아직도 허락되는지 어떤지는 확실치 않다. 해커계에는 '정보의 자유', '인터넷의 자유', '개인의 자유'를, 그것을 통제하려는 자들과 대립시킬 수 있다는 원초적 착각이 있다. 이것은 심각한 오해다. **자유와 감시, 자유와 파놉티콘은 같은 통치 패러다임에 속한다.** 통제 절차들이 무한하게 확대된 것은 개인들의 자유를 **통해** 실현되는 권력 형식의 역사적으로 필연적인 귀결이다. 자유주의적 통치는 그 신민들의 신체에 직접 행사되거나 그들에게 자식으로서의 복종을 기대하는 통치가 아니다. 자유주의적 통치는 공간을 배치하는 것을 선호하고, 신체를 지배하는 것보다 이기심을 지배하는 것을 선호하는, 완전히 뒤로 물러나 있는 권력이다. 자유주의적 통치는 **틀**이 위협받는 경우에만, **도를 넘는 것**에 대해서만 개입하며, 보살피고 감시하고 최소한으로만 작용을 가하는 권력이다. 자유로운, 그리고 군집화된 주체[신민]들만 통치된다. 개인의 자유는 통치에 반하여 휘두를 수 있는 어떤 것이 아니다. 개인의 자유는 통치가 의지하는 메커니즘, 즉 그 모든 자유의 집적으로부터 소기의 군집 효과—혼돈으로부터의 질서(*Ordo ab chao*)—를 얻기 위해 통치가 최대한 섬세하게 조절하는 메커니즘이기 때문이다. 통치는 "배고플 때 먹는 것처럼, 추울 때 옷을 껴입는 것처럼" 우리가 복종하는 질서이고, 내가 나의 행복을 추구하고 나의 '표현의 자유'를 행사하는 바로 그 순간에 내가 공동-생산하는 예속이다. 신자유주의의 창시자 중 한 명이 명확히 밝힌 것처럼 "시장의 자유는 적극적이고 극도로 세심한 정책을 필요로 한다". **개인에게는 오직 감시되는 자유만 있다.** 자유지상주의자들은 그들의 유치증으로 인해 이것을 결코 이해하지 못할 것이다. 그리고 일부 해커들이 자유지상주의자들의 허튼소리에 끌리게 되는 것은 바로 그 몰이해 때문이다. 진정으로 자유로운 존재라면, 그에 대해 자유롭다는 말조차 하지 않는다. 진정으로 자유로운 존재는 단지 **존재하고**, 실존하고, 자신의 존재에 따라 스스로를 펼칠 뿐이다. 어떤 동물이 이미 완전히 통제되고 구획되고 문명화된 환경에서 살 때만, 즉 사파리가 허용되는 인간적 규칙들의 공원에서 살 때만, 그 동물에 대해 **자유로운 상태로** 있다고 말한다. 영어의 'friend'와 'free', 독일어의 'Freund'

와 'Frei'는 증가하는 공통 역량이라는 관념을 가리키는 동일한 인도-유럽어 어근에서 유래했다. 자유롭다는 것과 연결되어 있다는 것은 하나이고 같은 것이다. 나는 [다른 것들과] 연결되어 있기 때문에, 즉 나보다 더 넓은 현실세계의 일부분이기 때문에 자유롭다. 고대 로마에서 시민의 자녀는 리베리(*liberi*)[14]였고, 로마는 그들을 통해서 성장했다. 이는 '나는 내가 원하는 것을 한다'는 개인의 자유가 얼마나 하찮은 것이고 기만적인 것인지를 잘 보여 준다. 해커들이 정말로 통치와 싸우고자 한다면 이 페티시를 버려야 한다. 개인의 자유라는 대의는 해커들이 일련의 공격을 넘어 진정한 전략을 펼 수 있는 강력한 집단을 구성하지 못하게 하는 것이자, 또한 그들이 자신들 외에 다른 것들과 유대를 맺기에 부적절하게 만드는 것이며, 그들이 하나의 역사적 힘[세력]이 될 수 없게 만드는 것이기도 하다. 텔레코믹스의 한 멤버는 자기 동료들에게 다음과 같이 경고한다. "확실한 것은 당신들이 살고 있는 영토를 지키는 사람들을 만나보는 게 좋다는 것이다. 그들은 세계를 변화시키고 있고 당신들을 기다려 주지 않을 것이다."

카오스 컴퓨터 클럽[15]의 모든 새로운 모임들이 보여 주는 것처럼, 해커 운동의 또 다른 장애물은 해커 운동이 자기 내부에 더 나은 통치를 위해, 아니 통치 자체를 위해 일하는 사람들과 통치를 해체하려고 애쓰는 사람들 간의 전선을 그리게 된 것이다. 어느 편에 설 것인지를 확실히 해야 할 때가 왔다. 줄리안 어산지(Julian Assange)[16]가 "우리 하이-테크 노동자

---

14) 고대 로마에서 노예의 자식과 구별하여 자유시민의 자녀를 일컫는 말이었다.
15) 1981년에 결성된 독일의 해커 그룹으로 4년마다 카오스 커뮤니케이션 캠프라는 이름의 국제 해킹 페스티벌을 개최하는, 세계에서 가장 영향력 있는 컴퓨터 클럽 중 하나이다.
16) 해커 출신으로 위키리크스의 설립자이자 최고책임자이다.

들은 하나의 계급이다. 그리고 우리가 우리 자신을 그러한 존재로 인식할 때가 되었다"고 말할 때, 그는 가장 중요한 이 문제를 회피한다. 프랑스는 최근에 더욱 악랄해져서 진정한 해커들, 즉 **해커 윤리**[17]를 저버리지 않은 사람들과 대적할 사람들을 양성하기 위해, DCRI[18]가 감독하는 '윤리적 해커' 양성 대학을 설립하기까지 했다.

이 두 가지 문제는 우리를 가슴 뭉클하게 한 하나의 사례에서 서로 뒤엉킨다. 어나니머스/룰즈섹 해커들의 사례가 그것인데, 우리가 그렇게 박수갈채를 보낸 많은 공격 후에, 제레미 해먼드(Jeremy Hammond)처럼, 체포될 때 그들은 각자 거의 고립무원의 상태에서 탄압에 직면하게 된다. 2011년 크리스마스에 룰즈섹은 다국적 '민간첩보' 기업 스트랫포(Stratfor)[19]의 사이트를 해킹해서 **시작 페이지를 바꿔 놓는다**. 시작 페이지로 『다가오는 봉기』의 영어판 텍스트가 스크롤되었고, 스트랫포 고객 계좌에서 각종 구호단체로 70만 달러가 이체되었다. 크리스마스 선물이었다. 그리고 우리는 그들이 체포되기 전에도 체포된 후에도 할 수 있는 게 아무것도 없었다. 물론 그러한 표적 공격이 이루어질 때는 혼자서 활동하

---

17) 해커의 시초라고 할 수 있는 1950년대 MIT의 해커들은 거대한 퍼스널 컴퓨터 TX-O를 기반으로 해커 공동체를 형성하고 컴퓨터 프로그래밍 기술을 바탕으로 철저한 공동체 생활을 했는데, 그들에겐 특별한 회의나 토론을 거치지 않았지만 암묵적으로 동의했고 신앙처럼 여긴 '해커 윤리'가 있었다. 구체적인 내용은 다음과 같다. 제1항: 컴퓨터에 대한 접근은 완전한 자유를 보장받아야 한다! 제2항: 모든 정보는 개방되어야 하고 공유되어야 한다! 제3항: 권력에 대한 불신 – 분권화를 촉진하라! 제4항: 실력과 열정이 해커를 평가하는 기준이다. 제5항: 컴퓨터를 통해 예술과 아름다움을 창조할 수 있다! 제6항: 컴퓨터는 모든 생활을 보다 나은 방향으로 변화시켜 줄 수 있다.

18) 프랑스의 국내정보를 담당하는 국내중앙정보국(Direction centrale du Renseignement intérieur)으로 2008년 7월에 종전의 일반정보국(RC)과 국토감시국(DST)을 통합해서 만든 정보기관이다.

19) 미국에 정치·경제·안보 분야의 비밀 정보를 제공해서 미국의 그림자 CIA라고 불리는 전략정보분석 전문업체이다.

거나 소그룹으로 활동하는 것이 — 그렇게 한다고 해서 잠입자들을 확실하게 피할 수 있는 것은 아니지만 — 좀 더 안전할 것이다. 그렇지만 그 정도로 정치적이고 그 정도로 우리 당의 세계적 행동에 속하는 공격이, 경찰에 의해서 수십 년 징역형을 받아야 하는 개인적인 범죄로 축소될 수 있다는 것, 혹은 이런저런 '인터넷 해적'을 통치 에이전트로 전향시키기 위한 압박 수단으로 활용될 수 있다는 것은 끔찍스러운 일이다.

5. 종적을 감추자

1. 이상한 패배

아테네에서 2008년 12월을 보낸 사람이라면 누구나 서구의 메트로폴리스에서 '봉기'라는 말이 무엇을 의미하는지 안다. 은행들은 박살났고 경찰서들은 포위되었으며 도시는 공격자들의 수중에 들어갔다. 명품 매장들은 쇼윈도 수리를 포기했는데, 아니면 매일 아침마다 수리를 해야 했을 것이다. 정상성의 경찰적 지배를 구현하는 어떤 것도 밀려오는 이 불과 돌을 무사히 피하지 못했다. 도처에 불과 돌을 든 사람들이 있었지만 대표는 어디에도 없었다. 사람들은 신태그마 광장의 크리스마스트리에까지 불을 질렀다. 어느 시점에 전경들이 철수했다. 최루탄이 부족했던 것이다. 그때 누가 거리를 장악했는지 말하기란 불가능하다. '600유로 세대'였다고 말할 수도 있고, '고등학생들'이었다고 말할 수도 있고, '아나키스트들'이었다고 말할 수도 있고, 알바니아 이민자 출신 '하층민'이었다고 말할 수도 있고, 그들 모두였다고 말할 수도 있다. 늘 그랬듯이 언론은 '복면을 한 자들', '쿠쿨로포리'(Koukoulofori)를 비난했다. 아나키스트들은 실제로 이 얼굴 없는 분노의 물결에 압도되었다. 그들은 자신들의 전유물이었던 불법 복면 투쟁, 기발한 낙서, 심지어 화염병까지 인정사정없이 빼앗겼다. 그들이 더 이상 꿈꿀 수 없게 된 총궐기가 그들 앞에 있었지만, 그것은 그들이 생각했던 것과 비슷하지 않았다. 미지의 실체인 **집단정신**(*égrégore*)이 태어났고, 그것은 재가 되어야 했던 모든 것이 실제로 재가 되었을 때 비로소 누그러졌다. 시간이 불타올랐다. 우리가 빼앗긴 모든 미래의 대가로 현재가 부숴졌다.

그리스의 다음 몇 년은 서방국가에서 '반-봉기'라는 말이 무엇을 의미하는지를 우리에게 가르쳐 주었다. 파도가 지나간 다음, 그 나라의 가장 작은 마을에서까지 결성된 수백 개의 단체들이 12월이 열어젖힌 돌파구에 계속해서 충실하려고 애를 썼다. 어떤 곳에서는 슈퍼마켓을 털어서 훔친 물건을 태우는 모습을 촬영했고, 다른 곳에서는 경찰에게 괴롭힘을 당한 이런저런 친구들이 연대해서 백주대낮에 대사관을 공격했다. 1970년대 이탈리아에서 그랬던 것처럼, 어떤 사람들은 공격 수위를 높이기로 결심하고 폭탄이나 총기로 아테네 증권거래소, 경찰, 정부청사, 마이크로소프트 본사 등을 겨냥했다. 그런데 1970년대에 그랬던 것처럼, 좌파는 새로운 '테러방지'법을 공포했다. 공습, 검거, 소송이 증가했다. 한동안 '탄압'에 맞서 싸울 수밖에 없게 되었다. EU, 세계은행, IMF는 사회주의 정부의 동의하에 그리스로 하여금 이 용서할 수 없는 반란의 **대가를 치르게** 하려고 시도했다. 빈민들의 무례함에 대한 부자들의 원한을 결코 과소평가해서는 안 된다. 그들은 일련의 '경제적' 조치를 통해 나라 전체에 책임을 지우기로 결정했는데, 그 조치들은 비록 시차를 두고 나눠지긴 했지만 반란에 버금갈 정도로 폭력적인 것이었다.

조합의 요청에 따른 수십 번의 총파업이 그것에 대응했다. 노동자들은 정부 청사를 점거했고, 주민들은 시청을 접수했으며 '희생물이 된'[1] 대학의 학과들과 병원들은 자기-조직화를 결정했다. 그리고 '광장 운동'이 있었다. 2010년 5월 5일, 우리 50만 명은 아테네 중심부를 활보했다. 여러 차례 국회 방화가 시도되었다. 2012년 2월 12일, 몇 번째인지 모를 총파업이 몇 번째인지 모를 긴축 계획에 필사적으로 저항한다. 그 주 일요일에는 그리스 전역에서 퇴직자들, 아나키스트들, 공무원들, 노동자들, 부랑자들이 준-궐기 상태로 거리를 휘젓는다. 아테네 도심이 다시금 화염에 휩싸였지만, 그날 저녁은 환희와 피로의 절정이었다. 운동은 자신의 역량을 감지하지만, 그 역량을 어디에 써야 할지 모른다는 사실도 깨닫는다. 수년간, 수천 번의 직접 행동, 수백 번의 점거, 거리로 나온 수백만의 그리스인들에도 불구하고 시간이 가면서 반란의 취기는 '위기'의 올가미에 걸려 사그라들었다. 불씨는 분명 잿속에서 계속 타고 있었다. 운동은 다른 형식을 발견했다. 협동조합, 사회복지센터, '직거래 네트워크', 심지어 자주관리 공장과 의료센터까지 갖추면서 어떤 의미에서는 좀 더 '건설적'으로 되었지만, 그럼에도 불구하고 우리는 패배했고, 지난 수십 년간의 우리 당의 최대 공세 중 하나는 빚, 과도한 징역형, 일반화된 파산 등을 이용한 반격으로 격퇴되었다. 헌옷이 무상 지급된다고 해서 그리스인들이 자신들을 도탄에 빠뜨린 반-봉기 결정을 잊지는 않을 것이다. 권력은 비틀거렸을지도 모른다. 그리고 잠깐 동안 사라졌다는 느낌을 주었을지도 모른다. 그러나 권력은 대결의 장(場)을 옮겨서 운동의 허를 찔렀다. 그리스인들은 '통치냐 카오스냐'라는 협박에 직면했다. 그런데 그들에게 돌아온 것은 통치와 카오스 둘 다였다. 그리고 덤으로 궁핍도 돌아왔다.

---

1) 트로이카가 강제한 일련의 경제적 조치들로 인해 '헐값으로 매각 또는 처분되었다'는 뜻이다.

아나키스트 운동이 다른 어떤 곳보다 강력하고, 국민들은 대체로 통치된다는 사실 자체에 강한 거부감이 있으며, 국가는 언제나-이미 파산 상태인 그리스는 우리의 패배한 봉기의 교과서적 사례로서 가치가 있다. 경찰을 저격하고 은행을 부수고 통치를 일시적으로 패주시키는 것, 그것은 아직 통치를 해체한 것이 아니다. 그리스의 사례가 우리에게 가르쳐주는 것은 승리가 무엇인지에 대한 구체적 관념이 없으면 우리는 패배할 수밖에 없다는 것이다. 봉기의 결의만으로는 충분하지 않다. 우리의 혼돈은 여전히 너무 깊다. 바라건대, 우리의 패배들에 대한 연구가 그 혼돈을 조금이나마 해소하는 데 도움이 되면 좋겠다.

2. 평화주의자와 급진주의자 — 지옥의 커플

40년에 걸쳐 서구에서 대승을 거둔 반-혁명으로 인해 우리는, 똑같이 해롭지만 함께 하나의 냉혹한 장치를 형성하는 불구 쌍둥이를 갖게 되었다. 평화주의와 급진주의가 그것이다. 평화주의는 공공 토론과 집회를 정치의 완성된 모델로 삼아서 사람들을 속이고 자기 자신도 속인다. 그 때문에 광장 운동과 같은 운동은 넘을 수 없는 출발점 외에는 다른 것이 될 수 없게 되었다. 현재의 정치 사정이 어떤지 파악하려면, 다시 그리스로—그런데 이번에는 고대 그리스로—우회하는 것 외에는 다른 선택의 여지가 없다. 결국 정치는 고대 그리스에서 발명했기 때문이다. 평화주의자는 기억하고 싶지 않겠지만, 고대 그리스인들은 정치를 다른 수단에 의한 전쟁의 연장으로서 단번에 발명했다. 도시 국가 규모의 집회 관행은 전사들의 집회 관행에서 직접 유래했다. 발언의 평등은 죽음 앞의 평등에서 비롯되었다. 아테네의 민주주의는 중장보병[2]의 민주주의이다. 거기서는 **전사이기 때문에** 시민이었다. 그래서 여자와 노예는 배제된 것이다. 고대 그리스 문화처럼 과격하게 투쟁적인 문화에서는 토론 자체가, 설득이라는 무기를 갖고 발언의 영역에서 ― 이번에는 [전사들이 아니라] 시민들 간에 ― 벌어지는 호전적인 대결의 계기로 이해된다. '아곤'(Agon)도 '경연'을 의미하는 만큼 '집회'도 의미한다. 완전한 그리스 시민은 무기로도 이기고 변론[연설]으로도 이기는 사람이었다.

고대 그리스인들은 무엇보다도 집회 민주주의[3]와 **조직화된 대량 학살로서의** 전쟁을 한번에 같이 떠올렸고 그 둘을 서로에 대한 보증으로 생각했다. 하지만 우리는 집회 민주주의의 발명과 다분히 예외적인 이 대량 학살 방식의 밀집대형(phalange) 전쟁[4] 유형 ― 솜씨, 기량, 용기, 용맹, 특이한 힘, 타고난 재능[5]을 순수하고 단순한 규율, 전체에 대한 절대적 복종으로 대체한 이 대열 전쟁 형식 ― 의 발명과의 연관성을 은폐한다는 조건에서만 집회 민주주의를 발명한 공로를 고대 그리스인들에게 돌

---

2) 고대 그리스의 보병들은 청동제 갑옷과 투구, 정강이싸개를 착용하고, 2~2.5미터 길이의 창과 지름 약 1m의 방패를 들었다. 이렇게 중무장한 병사들은 호플리테스(hoplites)라고 불렸는데 이는 그들이 들고 있던 호플론이라는 방패 이름에서 연유한 것이다.

3) démocratie d'assemblée는 통상적으로 '의회 민주주의'로 번역하는 말이지만, 앞에서 assemblée를 '집회'로 번역했기 때문에 일관성을 유지하기 위해 '집회 민주주의'로 번역했다.

4) 기원전 7세기경 그리스에서 발명된 독특한 전쟁 방법이다. 그리스군은 중장보병(호플리테스)들이 오(伍)와 열(列)을 이룬 밀집대형에 의존해 싸웠는데, 이 밀집대형은 사각형을 이루고 있었기 때문에 '방진'(phalanx)이라고 불렸다. 방진은 통상 8열 횡대대형을 유지하면서 상대편 방진과 정면충돌하여 상대를 무너뜨리는 것을 목표로 했다. 제3열까지는 창으로 경합을 벌였는데, 그 과정에서 앞열의 병사가 쓰러지면 뒷열의 병사가 자리를 메우는 방식으로 전쟁이 진행되었다.

5) 일리아드 시대의 전쟁은 주로 아킬레우스나 헤라클레스 같은 신 또는 영웅들의 싸움으로 전차를 타고 달려가 결투를 벌이는 방식이었다. 귀족 신분의 전사들만 참가했고, 승패는 그들의 개인적 기량에 따라 결정되었다.

린다. 페르시아인들이 매우 **효과적**이지만 보병의 생명을 무로 돌리는 이 전쟁 수행 방식에 직면했을 때, 그들은 이를 완전히 야만적이라고 평가했는데 이 평가는 정당한 것이었다. 그 후에 서방 군대가 짓밟아야 했던 수많은 다른 적들의 평가도 다르지 않았다. 밀집대형의 최전열에서 동료들이 지켜보는 가운데 영웅적으로 죽음을 맞이하는 아테네 농민은 평의회에 참여하는 유권자 시민의 다른 얼굴이었다. 고대의 전쟁터를 뒤덮은 시체들의 생명 없는 팔은 집회의 표결에 개입하기 위해 들어 올려지는 팔의 엄격한 조건이었다. 이 그리스의 전쟁 모델은 서구의 상상계에 매우 강하게 뿌리박혀 있어서, 중장보병들이 두 밀집대형 중, 결정적 충돌에서 양보를 택하지 않고 최대한도로 죽음을 택하는 쪽에게 승리를 인정해 주던 바로 그 무렵에, 중국인들은 —승리를 거두고 나서 패배한 군대를 몰살시키는 한이 있더라도— 인명 손실을 최소화하고 가능한 한 대결을 피하고 '싸우기 전에 전투에서 이기기' 위한 전쟁술[병법][6]을 발명했다는 사실은 거의 잊혀졌다. '전쟁=무장대결=대량학살' 등식은 고대 그리스에서부터 20세기까지 이어지고 있다. 그것은 사실상 2,500년 동안 지속된 서구의 변종 전쟁관이다. 다른 곳에서는 **전쟁의 규범**인 것을 [서구에서는] '비정규전', '심리전', '작은 전쟁', '게릴라전'이라고 부른다는 것은, 바로 이 변종성의 한 측면일 뿐이다.

자신의 비겁함을 무턱대고 합리화하지만은 않는 독실한 평화주의자

---

6) 다음과 같은 손자의 병법을 염두에 두고 쓴 것 같다. "백 번 싸워 백 번 이기는 것이 최선이 아니다. 싸우지 않고 이기는 것이야말로 최선이다. … 용병에 능숙한 자는 싸우지 않고 상대를 굴복시키고 공격하지 않고 성을 무너뜨리고 오래 끌지 않고 적국을 깬다. 희생 없이 온전하게 천하를 다툰다. 따라서 군대를 손상시키지 않고 이익을 온전히 지킨다. 이것이야말로 꾀로 싸우는 방법이다." (『손자병법』 제3편 모공)

는 그가 맞서 싸우고 있다고 주장하는 현상의 본성에 관해 두 번 잘못 생각하는 실책을 범한다. 전쟁은 무장 대결이나 대량 학살로 환원할 수 없을 뿐 아니라, 전쟁이 바로 그가 예찬하는 집회 정치의 모태이기도 하다. 손자(孫子)는 말했다. "진정한 무사는 호전적이지 않고, 진정한 전사는 폭력적이지 않다. 승자는 싸움을 피한다." 두 차례의 세계적 충돌과 소름끼치는 전 지구적 대'테러'전쟁은 가장 유혈적인 섬멸 작전이 평화의 이름으로 추진된다는 것을 우리에게 가르쳐 주었다. 전쟁 배격은 사실상 이타성(異他性)의 실존을 인정하기를 거부하는 소아병 또는 노인병의 표현일 뿐이다. 전쟁은 대량 학살이 아니다. 그것은 이질적 역량들의 접촉을 주재하는 논리이다. 전쟁은 도처에서, 수없이 많은 형태로, 대개의 경우 평화적인 수단으로 벌어진다. 다양한 세계들이 있다면, 환원 불가능한 복수의 삶의 형식들이 있다면, 그때 전쟁은 그 다양한 세계들, 그 복수의 삶의 형식들이 이 땅에 공존하는 법칙이다. 이는 어떤 것도 그 다양한 세계들, 그 복수의 삶의 형식들의 마주침의 결과를 예측할 수 있게 해주지 않기 때문이다. 즉 상반되는 것들이 분리된 세계들 안에 머물러 있지 않기 때문이다. 우리가 역할을 단속하는 사회적 경찰이 원하는 것과 같은 확정적 동일성을 지닌 통일된 개체들이 아니라 힘들의 갈등 작용의 중추이고, 그 힘들의 계기적(繼起的) 배치들이 일시적 균형만 이룰 뿐이라면, 전쟁은 우리 안에 있다는 것 — 르네 도말(René Daumal)이 말한 성전(聖戰) — 을 인식하는 데까지 이르러야 한다. 평화는 가능하지도 않고 바람직하지도 않다. 갈등은 존재하는 것의 소재(素材) 자체이다. 그러므로 이제 갈등을 주도하는 수완을 습득해야 한다. 그것은 상황을 그대로 영위하는 수완이며, 우리 아닌 것을 짓밟으려는 의지보다는 실존적인 유동성과 섬세함을 전제로 하는 수완이다.

따라서 평화주의는 극도의 어리석음의 증거이거나 완전한 허위 의식의 증거이다. 친구와 적의 구별에 기초하지 않는 것은 아무것도 없다. 우리의 면역계까지도 그러해서, 그 구별이 없으면 우리는 암이나 여타 자가면역질환으로 죽을 것이다. 실제로 우리는 암과 자가면역질환으로 죽을 지경이다. 전략적으로 대결을 거부하는 것은 그 자체 하나의 전술일 뿐이다. 예컨대 오악사카 코뮨이 지체 없이 평화주의를 선포한 이유는 쉽게 이해된다. 그들에게는 전쟁을 반박하는 것이 문제가 아니라, 멕시코 정부 그리고 그 하수인들과의 군사적 대결에서 패배하기를 거부하는 것이 문제였던 것이다. 카이로의 동지들이 설명한 것처럼, "우리가 '비폭력'을 부르짖을 때 사용하는 전술을 비폭력의 물신화와 혼동해서는 안 된다". 게다가 평화주의의 내놓을 만한 선조를 찾으려면 역사 왜곡이 필요하다! 예를 들면 가엾은 소로[7]의 경우가 그러한데, 사람들은 그의 텍스트 제목「시민 통치에 대한 불복종」에서 일부를 잘라내서 그가 죽자마자 그를 '시민 불복종' 이론가로 둔갑시켜 버렸다. 그렇지만『존 브라운 대위 변호』에서 그가 숨김없이 쓰지 않았던가. "나는 이번에는 샤프스 소총과 리볼버 권총이 올바른 대의를 위해 사용되었다고 생각한다. 도구가 그것을 사용할 줄 아는 사람의 수중에 있었다. 오래 전에 교회에서 기피인물을 내쫓았던 그 분노가 다시 제 역할을 한 것이다. 문제는 어떤 무기냐가 아니라 어떤 정신으로 무기를 사용하느냐이다." 그러나 허위 계보에서 가장 웃음을 자

---

7) 헨리 데이비드 소로(Henry David Thoreau)를 말한다. 그가 1849년에 발표한「시민통치에 대한 저항」이라는 제목의 에세이는 멕시코 전쟁에 반대해서 인두세(人頭稅) 납부를 거부한 죄로 투옥당한 경험을 바탕으로 쓴 글로, 후에 간디의 비폭력 저항운동 등에 큰 영향을 주었다고 전해진다. 그 에세이는 원래「시민정부에 대한 저항」("Resistance to Civil Government")이라는 제목으로 출판되었는데, 이후 무슨 이유에서인지「시민 불복종에 대하여」("On Civil Disobedience")로 제목이 바뀐다.

아내는 것은 아프리카 민족회의(ANC)의 무장투쟁 조직 창설자 넬슨 만델라를 세계적인 평화의 아이콘으로 만든 것이다. 만델라 본인은 이렇게 이야기한다. "나는 수동적 저항의 시대는 끝났다고, 비폭력은 무익한 전략으로서, 그것으로는 어떤 대가를 치르고라도 권력을 유지할 각오가 되어 있는 소수 백인 정권을 타도할 수 없다고 말했다. 나는 폭력만이 아파르트헤이트를 허물어뜨릴 유일할 무기이며 우리는 가까운 미래에 그 무기를 사용할 준비를 해야 한다고 말했다. 군중은 열광했다. 특히 젊은이들은 박수를 치고 함성을 질렀다. 그들은 내가 말한 것을 즉시 행동에 옮길 준비가 되어 있었다. 그때 나는 '적들이 있다. 무기를 들고 공격하자'라는 가사의 자유의 노래를 부르기 시작했다. 군중들도 따라 불렀다. 노래가 끝났을 때, 나는 경찰을 가리키며 '저기 우리의 적이 있다!'고 말했다."

수십 년간 진행된 대중의 평화화와 공포의 대중화는 평화주의를 시민들의 자생적 정치의식으로 만들었다. 이제 모든 운동에서 이 한심스러운 사태와 싸워야 한다. 2001년 이탈리아 제노바에서 평화주의자들이 '블랙블록'[8]을 집단폭행하는 일이 일어난 것처럼, 2011년 카탈루냐 광장에서도 평화주의자들이 검은 옷을 입은 폭동자들을 경찰에 넘기는 일이 일어났다. 이에 대응하여 혁명계는 일종의 항체로서 **급진주의자**의 형상—매사에 시민과 정반대 입장을 취하는 자의 형상—을 퍼뜨렸다. 한쪽의 도덕적인 폭력 추방에 대해, 다른 쪽은 순전히 이데올로기적인 폭력 옹호로 대응한다. 평화주의자는 세계의 경과에 대한 책임을 벗고 죄를

8) '블랙블록'(Black Bloc)은 검은 옷을 입고 집회에 참가해 다국적 기업 상점의 기물을 파손하거나 인종차별집단을 공격하는 등의 전투적 전술을 펼치는 아나키즘 계열의 느슨한 연대에 붙여진 명칭이다.

짓지 않음으로써 선량한 사람으로 남으려고 애쓰지만, 급진주의자는 비타협적인 '입장 표명'이 가미된 자잘한 불법행위들을 통해 '기존 사태'에 가담한 것에 대한 책임을 벗는다. 둘 다 순수를 열망한다. 한쪽은 폭력적 행동을 통해서 순수를 열망하고, 다른 쪽은 폭력 행동을 삼감으로써 순수를 열망한다. 둘은 각자 상대의 악몽이다. 각자의 깊은 곳에 상대가 없어도 이 두 가지 형상이 오래 존속할지는 확실치 않다. 마치 급진주의자는 자기 안의 평화주의자를 떨게 하는 데 전념하고, 역으로 평화주의자는 자기 안의 급진주의자를 떨게 하는 데 전념하는 듯하다. 1970년대 이래 미국 시민운동의 바이블이 솔 앨린스키(Saul Alinski)의 『급진주의의 규칙』인 것은 우연이 아니다. 평화주의자들과 급진주의자들은 일치단결해 똑같이 세계를 거부하기 때문이다. 그들은 모든 상황에 대해 외재성을 **향유한다**. 그들은 초연한 태도를 취하고[9] 그로부터 알 수 없는 어떤 우월감을 얻는다. 그들은 외계인으로 사는 길을 선택한다. 그것은 메트로폴리스의 삶, 메트로폴리스의 특권적 비오톱(biotope)[10]이 아직은 허용하는, 그리고 당분간 허용할 안락이다.

1970년대의 참담한 패배 이후 혁명이라는 **전략적** 문제가 부지불식간에 급진성이라는 **도덕적** 문제로 대체되었다. 다시 말하면 지난 수십 년간 혁명도 다른 모든 것과 같은 운명을 겪었다. 혁명도 사유화된 것이다. 혁명은 이제 급진성이 평가의 기준이 되는 개인적인 가치평가의 기회가 되었다. '혁명적' 행동은 더 이상 그것이 개입하는 상황에 의거해서, 그것을

9) 원어는 planer로 '활공하다', '(위에서) 내려다보다'라는 뜻도 있다.
10) 그리스어로 '생명'을 뜻하는 비오스(bios)와 '장소'를 뜻하는 토포스(topos)의 합성어로, 도심 속에 인공적으로 조성된 야생 동식물들 서식지를 가리킨다.

통해 상황 속에 열리거나 닫히는 가능성에 의거해서 평가되지 않는다. 사람들은 오히려 그 행동들 각각에서 하나의 **형식**을 추출한다. 가령 특정 시점에, 특정한 방식으로, 특정한 이유로 일어난 특정한 사보타주가 단지 [불특정한] **하나의** 사보타주가 된다. 그리고 검인정 받은 혁명적 실천으로서 사보타주는, 화염병 투척이 투석보다는 위에 그러나 하반신 조준사격보다는 아래 위치하고, 하반신 조준사격은 폭탄보다 아래 위치하는 척도 어딘가에 무난하게 기입될 것이다. 그러나 비극은 어떠한 행동 형식도 그 자체로는 혁명적이지 않다는 사실이다. 개량주의자들도 나치들도 사보타주를 실천했다. 운동의 '폭력' 정도는 운동의 혁명적 결의를 조금도 보여 주지 않는다. 시위의 '급진성'은 부서진 쇼윈도의 수로 측정되지는 않는다. 만일 그렇다면, '급진성'이라는 기준은 정치적 현상들을 **측정하고** 그것들을 자신들의 앙상한 도덕적 척도 위에 올려놓는 것이 관심사인 자들에게 맡겨야 한다.

급진계에 드나들기 시작하는 사람은 누구나 이 계(界)의 담론과 실천 사이, 야심과 고립 사이에 유지되고 있는 간극에 먼저 놀라게 된다. 이 계는 일종의 영구 자진폐업[11]을 하기로 되어 있는 것처럼 보인다. 그는 곧 이 계가 실질적인 혁명적 힘을 구축하느라 바쁜 게 아니라 자족적인 — 그리고 직접 행동, 페미니즘, 생태 운동 등의 영역에서 무차별적으로 벌어지는 — 급진성 경쟁을 유지하느라 바쁘다는 것을 알게 된다. 그곳을 휘감으며 모든 사람을 그토록 **경직**시키는 작은 공포는 볼셰비키 당

11) 원어는 auto-sabordage인데 이는 자침(自沈), 즉 자기가 타고 있는 배에 구멍을 뚫어 스스로 가라앉히는 행위를 뜻하기도 한다. 영어판은 이것을 '자기 무능화', '자진 실격'을 뜻하는 self-incapacitation으로 옮겼다.

에 대한 공포가 아니다. 그것은 차라리 유행에 대한 공포에 더 가깝다. 이 공포는 누구도 개인적으로 행사하지 않지만 모두에게 작용한다. 다른 곳에서 사람들이 더 이상 트렌드가 아닐까 봐, 멋있지 않을까 봐, 유행하는 게 아닐까 봐 두려워하는 것처럼, 이 계에서도 사람들은 더 이상 급진적이지 않을까 봐 두려워한다. 자칫 잘못하면 명성을 더럽힐 수 있다. 사람들은 이론과 시위와 친분관계의 피상적 소비를 위해 사태의 근원으로 가는 것을 피한다. 그룹들 사이와 그룹 내부의 살벌한 경쟁이 그들의 주기적 내파(內破)를 야기한다. 그래도 언제나 지친 사람들, 상처 입은 사람들, 싫증을 느낀 사람들, 속이 텅 비어 버린 사람들이 떠난 자리를 메꾸는, 미망에 사로잡힌 젊고 싱싱한 새살이 있다. 이 서클들을 떠난 사람은 사후에 현기증을 일으킨다. 어떻게 사람이 그렇게 불가사의한 대의를 위해 그렇게 극심한 압박에 순응할 수 있단 말인가? 그것은 이제는 빵집 주인이 된, 어떤 혹사당한 전직 간부가 자신의 이전 삶을 회상할 때 그를 엄습하는 현기증과 거의 같은 종류의 현기증이다. 이 계의 고립은 구조적이다. 이 계는 자신과 세계 사이에 급진성을 기준으로 놓았다. 이 계는 더 이상 현상들을 지각하지 않고, 겨우 자신의 측정치만 지각한다. 자식(自食) 작용이 어느 정도 진행되면 사람들은 계 자체에 대한 비판에서 급진성을 겨루지만, 그것은 계의 구조에는 조금도 상처를 내지 않는다. 말라테스타[12]는 "우리가 보기에 정말로 자유를 빼앗고 이니셔티브를 불가능하게 만드는 것은 우리를 무능하게 만드는 고립인 것으로 보인다"고 썼다. 그래서

12) Errico Malatesta(1853~1932). 이탈리아의 아나키스트이다. 바쿠닌, 크로포트킨, 엠마 골드만 등과 함께 아나키즘 운동을 이끌었고, 잡지 『선동』, 『생각과 의지』와 최초의 아나키스트 신문 『신인류』 등의 발행을 주도하고 팸플릿 『아나키』와 『카페에서』를 출간했다.

일부 아나키스트들이 '니힐리스트'를 자칭하는 것은 필연적 귀결이다. 니힐리즘은, 그럼에도 불구하고 우리가 믿는 것 — 여기서는 혁명 — 을 믿지 못하는 무능이다. 하지만 니힐리스트는 없다. 무능한 자들만 있을 뿐이다.

급진주의자는 스스로를 급진적 행동과 담론의 생산자로 정의하면서, 급기야 순전히 양적인 혁명 관념 — 일종의 개별적인 반란 행위들의 과잉생산의 위기[절정]로서의 혁명이라는 관념 — 을 만들어 냈다. 에밀 앙리[13]는 이미 "혁명은 이 모든 특수한 반란들의 결과일 뿐이라는 점을 놓치지 말자"고 썼다. 그러나 역사는 이 테제를 반박한다. 프랑스 혁명이든 러시아 혁명이든 튀니지 혁명이든, 매번 혁명은 특수한 행위 — 감옥 습격, 군사적 패배, 과일 노점상의 자살 — 와 일반적 상황의 충돌의 결과이지 별개의[분리된] 반란 행위들의 산술적 합이 아니다. 그러는 사이에 혁명에 대한 이 어처구니없는 정의가 불 보듯 뻔한 해를 끼치고 있다. 사람들은 아무짝에도 쓸모없는 행동주의로 힘을 소진하고, 자신의 급진적 정체성을, 지금 여기서 — 시위나 연애나 담화에서 — 매 순간 현실화해야 하는 살인적인 성과 숭배에 몸을 맡긴다. 이것은 일정 시간 지속된다 — 번아웃, 침체 혹은 탄압의 시간. 그리고 아무것도 변하지 않았다.

행동들의 축적이 하나의 전략이 되지 못하는 이유는, 절대적으로 혁명적인 행동은 없기 때문이다. 어떤 행동이 혁명적인 것은 그 행동의 고유한 내용 때문이 아니라 그 행동이 야기하는 일련의 효과들 때문이다. 행위의 의미를 결정하는 것은 상황이지 행위자의 의도가 아니다. "승리

13) Émile Henry(1872~1894). 프랑스의 아나키스트로, 아나키스트 조직을 탄압한 프랑스 사회 전체에 대해 복수를 하고자 1894년에 한 카페에 폭탄을 던지고 체포되어 교수형 당한다.

는 상황에 물어야 한다"고 손자는 말했다.[14] 모든 상황은 복합적인데, 힘의 선들, 긴장들, 명시적이거나 잠재적인 갈등들이 그것을 관류하기 때문이다. 지금 벌어지고 있는 전쟁을 받아들이는 것, 전략적으로 행동하는 것은 상황에로의 열림에서 출발하는 것, 상황의 내부를 이해하는 것, 상황을 조형하는 힘의 관계들, 상황을 가공하는 극(極)들을 파악하는 것을 전제로 한다. 어떤 행동은, 행동이 세계와 접촉할 때 어떤 의미를 띠는지에 따라 혁명적일 수도 있고 아닐 수도 있다. 예컨대 투석은 단순히 '투석'이 아니다. 투석은 상황을 냉각시킬 수도 있고, 인티파다(*intifada*)[15]를 촉발시킬 수도 있다. 급진적이라고 소문난 실천들과 담론들의 온갖 잡동사니를 투쟁에 도입함으로써 투쟁을 '급진화할' 수 있으리라는 생각은 외계인의 정치학이다. 운동은 시간의 흐름에 따라 운동이 수행하는 일련의 변위들을 통해서만 지속된다. 따라서 운동의 상태와 운동의 잠재력(potentiel) 사이에는 항상 일정한 간극이 있다. 운동이 변위하는 것을 멈추면, 운동이 자신의 잠재력을 실현되지 않은 채로 두면, 운동은 죽어 갈 것이다. 결정적 행동은 운동의 상태 앞에 홈을 찾아내고, 그로써 현재 상태와 단절해서 운동이 자신의 고유한 잠재력에 이르는 길을 열어 주는 행동이다. 이 행동은 점거일 수도 있고, 파괴일 수도 있고, 습격일 수도 있고, 단지 진실을 말하는 것일 수도 있다. 그것을 결정하는 것은 운동의 상태이다.

---

14) "군대의 모습은 물과 같다. 물은 높은 곳을 피해 아래로 흐르고, 군대는 튼튼한 곳을 피해 허술한 곳을 공격한다. 물은 땅을 봐가며 흐름을 만들고, 군대는 적의 상황에 따라 승리를 창출한다. 따라서 군대는 정해진 형세가 없고, 물 역시 정해진 모양이 없다. 적의 상황에 따라 변화하여 승리하는 것을 신(神)이라 한다."(『손자병법』 제6편 허실)

15) 인티파다는 '봉기', '반란', '각성' 등을 뜻하는 아랍어로, 요르단강 서안과 가자지구, 동예루살렘 등 이스라엘 점령 지구에 거주하는 팔레스타인인들의 반(反)이스라엘 투쟁을 통칭하는 말이다.

[혁명적인 것이 따로 있는 게 아니라] **실제로 혁명을 일으키는 것이 혁명적인 것이다.** 그것은 사후에 결정되긴 하지만, 역사적 지식들을 통해 길러진, 상황에 대한 어떤 감수성이 그것을 직관하는 데 큰 도움이 될 것이다.

그러니 급진성에 대한 걱정은 우울증 환자들, 나르시시스트들, 실패자들에게 맡기자. 혁명가들에게 진정한 문제는 혁명가들이 나누어 갖고 있는 살아 있는 역량들을 증가시키는 것, 마침내 혁명적 **상황**에 이를 수 있도록 혁명화[혁명적으로-되기]의 길을 마련하는 것이다. 입에 거품을 물고 '급진주의자들'을 '시민들'과, '현행적 반란자들'을 수동적 인구와 교조적으로 대립시키는 모든 자들이 그러한 되기[변화]를 방해하고 있다. 그런 점에서 그들은 경찰이 할 일을 미리 하고 있는 셈이다. 지금 시대에는 추상적 급진성이 아니라 **촉각**을 혁명가의 기본 덕목으로 간주해야 한다. 그리고 여기서 말하는 '촉각'은 혁명화의 길을 마련하는 수완을 의미하는 것이다.

상당수의 급진주의자들을, 그들이 아주 힘들게 벼려 낸 정체성으로부터 떼어놓는 데 성공한 것을 수사 계곡(Val di Susa) 투쟁[16]의 기적 가운데 하나로 꼽아야 한다. 수사 계곡 투쟁은 상당수의 급진주의자들을 지상으로 돌아오게 만들었다. 실제 상황과의 접촉을 재개한 그들은, 숨쉬기 힘든 외계의 급진성에 여전히 갇혀 있는 자들의 한없는 원한을 사면서 입고 있던 이데올로기적 우주복의 상당 부분을 벗어버릴 수 있었다. 이는 분명 수사 계곡 투쟁이 발전시킨 특별한 수완 즉, 투쟁에 어떤 이미지를—준법적인 시민들의 생태 운동의 이미지이건 무장폭력 전위대의 이

---

16) 2011년 이탈리아 토리노 근처 수사계곡에서 이탈리아와 프랑스를 연결하는 고속철도 건설을 위한 터널 공사에 반대해서 벌어진 시위이다.

미지이건 — 뒤집어씌워서 투쟁을 그 이미지 속에 가둬 두려는 권력의 계략에 걸려들지 않는 수완과 관계가 있다. 수사 계곡 투쟁은, 가족단위 시위와 TAV 건설현장 공격을 번갈아 함으로써, 때로는 사보타주를 벌이고 때로는 계곡 촌장들에게 도움을 청함으로써, 아나키스트들과 가톨릭 교도 할머니들을 단결시킴으로써 평화주의-급진주의라는 지옥의 커플을 지금까지 잠재워 둘 수 있었고, 적어도 그 점에서만큼은 혁명적 투쟁이었다. 어느 세련된 스탈린주의자는 죽기 직전에 자기 생각을 다음과 같이 요약했다. "정치적으로 행동하는 것은 행동하도록 만들어지는 대신에 스스로 행동하는 것이고, 정치에 의해 만들어지고 개조되는 대신에 스스로 정치를 하는[만드는] 것이다. 그것은 전투를, 일련의 전투를 수행하는 것이고, 전쟁 목표, 장단기 전망·전략·전술을 갖고 전쟁을, 자기 자신의 전쟁을 벌이는 것이다."

3. 반-봉기로서의 통치

푸코(Michel Foucault)는 말했다. "내전(guerre civile)은 모든 권력 투쟁의 모태이고, 권력의 모든 전략의 모태이며, 따라서 권력을 둘러싼 모든 투쟁과 권력에 대한 모든 투쟁의 모태이기도 하다." 그리고 이렇게 덧붙였다. "내전은 구성원 집단들을 무대에 올리기만 하는 것이 아니라 그 집단들을 구성하기도 한다. 내전은 공화국에서 개인으로, 주권자[군주]에서 자연 상태로, 집단적 질서에서 만인 대 만인의 전쟁으로 다시 내려가는 과정이 아니라, 그때까지 출현한 적 없는 상당수의 새로운 집단들이 구성되는 과정이다." 모든 정치적 실존이 사실상 이 지각 면(面)에서 펼쳐진다. 이미 패배한 평화주의와 패배하려고만 하는 급진주의는 그것을 보지 못하는 두 가지 방식이다. 즉 평화주의와 급진주의는, 전쟁은 사실상 군사적이지 않다는 사실과 삶은 본질적으로 전략적이라는 사실을 보지 못하는 두 가지 방식이다. 시대의 아이러니는, 전쟁이 실제로 벌어지는 곳에 전쟁을 위치시키는, 그래서 통치 면의 베일을 벗기는 유일한 자들이 공교롭게도 반-혁명분자들이라는 사실이다. 놀라운 것은 지난 반세기 동안 비-군인들[민간인들]은 모든 형태의 전쟁을 배척하게 되었는데, 바로 그 무렵에 군인들은 비-군사적 전쟁 개념, 즉 **내전** 개념을 발전시켰다는 것이다.

다음은 최근 저서들에서 무작위로 가져온 예들이다.

> 집단 무력 충돌의 장소가 전쟁터에서 전 지구로 점차 확장되었다. 마찬가지로, 그것의 지속 시간도 이제는 전쟁 선포도 휴전도 없이 끝없이 늘어진다. … 이런 이유로 동시대의 전략가들은 현대의 승리는 영토의 정복보다는 인구 구성원들의 마음의 정복에서 온다는 점을 강조한다. 지지를 통한 복종, 존경을 통한 지지를 불러일으켜야 한다. 실제로, 지금 인간 집단들 간의 사회적 접촉이 이루어지고 있는 곳에서, 개개인의 내면에 강한 인상을 심어 주는 것이 문제다. 세계화에 의해 벌거벗겨지고 글로벌화에 의해 접촉되고 원격통신에 의해 침투되었기 때문에, 이제는 집단 구성원들 각자의 마음속에 전선이 위치한다. … 수동적 지지자를 만드는 그러한 방법은 다음과 같은 캐치프레이즈로 요약될 수 있다. '전선은 모두 안에 있고, 전선엔 이제 아무도 없다.' … 고전적인 군사적·법률적 수단으로 분쟁[갈등]을 해결하려는 모든 시도를 수포로 돌아가게 하는, 전쟁 상태도 평화 상태도 아닌 세계의 정치적-전략적 과제는 행동 직전에 있는, 교전 상태의 문턱에 있는 수동적 지지자들이 능동적 지지자들이 되지 않도록

막는 것이다. (로랑 다네, 「전쟁권」[17])

전장(戰場)이 육해공, 우주, 전자 공학 분야를 넘어서 사회, 정치, 경제, 외교, 문화, 심지어 심리 영역으로까지 확대된 오늘날에는 다양한 요인들 간의 상호 작용으로 인해 모든 전쟁에서 지배적 영역이었던 군사 영역의 주도권을 유지하기가 매우 어려워졌다. 전쟁이 비-전쟁 영역에서도 전개될 수 있다는 생각은 이치에 맞지 않고 받아들이기 어렵지만, 사건들은 점점 더 그것이 추세임을 보여 준다. … 이런 의미에서, 전쟁에 쓸모가 없는 삶의 영역은 더 이상 존재하지 않으며, 이제는 거의 모든 삶의 영역이 공세적인 전쟁의 양상을 보인다. (치아오량·왕샹수이, 『한계를 넘은 전쟁超限战』[18])

개연적 전쟁은 사회들 '사이에서'가 아니라 사회들 '안에서' 일어나는 전쟁이다. … 목표는 인간 사회, 그것의 협치, 그것의 사회 계약, 그것의 제도들이지 어느 지역이나 어느 강, 어느 국경이 아니므로, 더 이상 정복하거나 지켜야 할 전선이나 진지는 없다. 참전한 군대가 점령해야 할 유일한 전선은 인구 집단들의 전선이다. … 전쟁에서 이기는 것은 환경을 통제하는 것이다. … 이제 문제는 전차 군단을 탐지하고 잠재적 타깃의 위치를 정하는 것이 아니라 사회적 환경·행동·심리를 이해하는 것이다. 선별적이고 적절한 힘의 사용이라는 간접적 수단을 통해 인간의 의지에 영향을 미치는 것이 문제다. … 군사적 행동은 실제로 하나의 '말하는 방식'이다.

---

17) Laurent Danet, "La polémosphère".
18) Qiao Liang et Wang Xiangsui, *La Guerre hors limite*, Payot & Rivages, 2006.

이제 모든 주요 작전은 무엇보다 커뮤니케이션 작전이며, 모든 커뮤니케이션 행위는, 심지어 작은 행위조차도 말보다 더 웅변적이다. … 전쟁을 수행하는 것은 우선 지각을 관리하는 것, 가까운 관계자이든 먼 관계자이든, 직접적 관계자이든 간접적 관계자이든 가리지 않고 모든 관계자들의 지각을 관리하는 것이다. (뱅상 데포르트, 『개연적 전쟁』[19])

발전된 탈근대 사회들은 극도로 복잡해졌고, 그 결과 매우 취약해졌다. '고장'날 경우에 붕괴되는 것을 예방하기 위해서 그 사회들은 필히 탈중심화되어야 한다(사회의 안녕은 제도가 아니라 주변부에서 온다). … 지역의 무장 세력들(자경단, 준-군사 집단, 민간 군사 기업)에게 의지하는 것이 절대적으로 필요한데, 이는 우선 실용적 관점에서 환경과 주민들에 대한 그들의 지식 때문이고, 두 번째로는 국가 입장에서 그렇게 하는 것이 다양한 이니셔티브들을 하나로 묶어 연방화하고 공고히 하는 자신감의 표시이기 때문이다. 끝으로, 이 점이 가장 중요한데 그들은 민감한 상황들에 대한 적절하고 독창적인(관례적이지 않은) 해결책을 더 잘 찾아낼 수 있을 것이기 때문이다. 다시 말해 관례적이지 않은 비정규전이 내놓는 해법은 무엇보다도, 경찰적이고 군사적인 해법보다 시민적이고 준-군사적인 해법에 가까울 것이기 때문이다. … 헤즈볼라(Hezbollah)[20]가 국제적인 일류 배우가 되었다면, 네오-사파티스타 운동이 신자유주의 세계화에 대한 대안을 대표하게 된다면, '지역적인' 것이 '지구적인' 것과 상

---

19) Vincent Desportes, *La Guerre probable*, Economica, 2007.

20) 이스라엘 점령으로부터의 레바논 영토 해방, 레바논에의 시아파 이슬람 국가 건설, 서구 국가의 영향력 배제, 레바논인들의 생활수준 향상 등을 목표로 무장투쟁을 벌이고 있는 레바논의 이슬람 시아파 무장 세력이자 정당조직이다.

호 작용할 수 있고 이 상호 작용이야말로 우리 시대의 주요한 전략적 특징들 중 하나임을 인정하지 않으면 안 된다. […] 간단히 말하면, 지역적-지구적 상호 작용에는 동일한 유형의 다른 상호 작용으로 대응할 수 있어야 한다. 즉 국가 기구(외교, 군대)가 아니라 전형적인 지역적 요소—시민—에 완전히 의거하는 상호 작용으로 대응할 수 있어야 한다. (베른하르트 비히트, 『사선대형斜線隊形을 향하여: 정보전쟁 시대의 반-게릴라전』[21])

이것을 읽고 나면, 영국에서 2011년 8월 폭동 이후에 시민-청소부 자경단과 밀고 선동이 수행한 역할이나 그리스 정치판에서 황금 새벽당 파시스트들을 토사구팽한 — 일단 받아들인 다음 '사냥개가 너무 뚱뚱해지자' 시의적절하게 제거한 — 일이 조금 달리 보인다. 최근에 멕시코 연방정부가 미초아칸(Michoacán)주에서 민병대를 무장시킨 것은 더 말할 것도 없다. 현재 우리에게 일어나는 일은 대략 다음과 같이 요약된다. **군사 독트린에서 온 반-봉기가 통치의 원리가 되었다.** 위키리크스가 폭로한 미국의 외교 전보 중 하나가 그것을 노골적으로 증명해 준다. "빈민가 평화 회복 프로그램은 미합중국이 아프가니스탄과 이라크에서 구사한 반-봉기 독트린과 전략의 몇 가지 특징을 포함한다." 시대는 최종적으로 봉기의 가능성과 반-봉기주의자들 간의 이 싸움, 이 속도 경쟁으로 귀착된다. 그런데 '아랍 혁명'으로 서구에 촉발된 이례적인 정치 잡담 열풍은 이것을 은폐하는 역할을 했다. 그것은 예컨대 궐기 초기에 무바라크가 한 것처럼 서민 지구들의 통신을 전부 끊는 것이 당황한 독재자의 충동적 행동이 아니라, 나토(NATO) 보고서 「2020년 도시 작전」을 엄격하게 적용시킨 거

---

21) Bernard Wicht, *Vers l'ordre oblique: la contre- guérilla à l'âge de l'infoguerre*.

라는 사실을 은폐했다.

세계 정부는 없다. 국지적인 통치 장치들의 세계적 네트워크, 즉 격자형의, 반-봉기 세계 기구가 있을 뿐이다. 스노든의 폭로가 그것을 충분히 증명해 준다. 즉 비밀 정보기관과 다국적 기업과 정치적 네트워크가 국가 이하의 레벨에서도 뻔뻔하게 협력하고 있으며, 이제 누구도 그것에 개의치 않는다. 그리고 이 경우에 중심부와 주변부, 대내 안보와 대외 활동이 따로 있지 않다. 먼 나라 국민들을 대상으로 실험되는 것이 조만간 자국민에게 일어날 일, 자국민에게 예정되어 있는 운명이다. 1848년 6월 파리의 프롤레타리아를 학살한 군대가 검거와 소탕[22] 요령을 익힌 것은 알제리 식민지화 과정에서 벌어진 '시가전'에서였다. 이탈리아의 수사 계곡에 배치된 것은 아프가니스탄에서 막 돌아온 이탈리아 산악 보병 대대였다. 서구에서는 이제 중대한 무질서가 발생할 경우 자국 영토에서 군사력을 사용하는 것이 더 이상 금기가 아니다. 그것은 잘 짜인 시나리오이다. 방역 위기부터 임박한 테러 기도까지 만일의 사태에 대비해 사람들은 체계적으로 준비가 되었다. 도처에서 시가전, '평화회복', '전후(戰後) 안정화' 훈련이 실시된다. 임박한 봉기에 대한 대비 태세를 갖추고 있는 것이다.

따라서 반-봉기 독트린들을, 우리를 상대로 추진되는 전쟁에 대한 이론들이자 이 시대의 우리의 공통 상황을 직조하는 평범한 이론들로 읽어야 한다. 그것들을, **우리가 그것 이전에 위치할 수 없는** 전쟁 개념의 질적 도약이자 동시에 착각을 일으키는 거울로 읽어야 한다. 반-혁명 전쟁의 독트린들은 역대의 혁명 독트린들을 본떠서 만들어졌지만, 봉기 이론은

22) 원어는 enfumades로, 프랑스가 알제리를 식민지로 만드는 과정에서 동굴이나 은신처에 숨어 있는 알제리 여자와 아이들을 연기로 질식시켜 죽인 것을 말한다.

결코 반-봉기 이론들로부터 네거티브하게 도출될 수 없다. 논리적 함정은 바로 그것이다. 더 이상 우리가 작은 전쟁을 벌이는 것, 기습 공격하는 것, 상대에게 타깃을 숨기는 것으로는 충분하지 않다. 이러한 비대칭조차 해소되었다. 전쟁과 전략에 있어서 뒤진 것을 따라잡는 것으로는 충분하지 않다. 우리가 앞서 나아가야 한다. 상대가 아니라 상대의 전략을 겨냥하는 전략, 상대의 전략을 자충수로 만드는 전략, 상대가 자신이 우세하다고 믿으면 믿을수록 점점 더 자신의 패배를 향해 가도록 만드는 전략이 필요하다.

반-봉기가 사회 자체를 자신의 작전지역으로 만들었다는 사실은, 수행해야 할 전쟁이, 일부 아나키스트들이 입에 거품을 물고 말하는 '사회적 전쟁'임을 보여 주는 것이 결코 아니다. '사회적 전쟁' 개념의 본질적인 결함은, '국가와 자본'이 펴는 공세와 그것의 반대자들의 공세를 [사회적 전쟁이라는] 동일한 명칭 아래 혼합함으로써, 전복적인 것들을 대칭적인 전쟁 관계 속에 놓는다는 것이다. 그리하여 불법 체류자 추방에 대한 보복으로 에어프랑스 사무실의 쇼윈도를 부순 것이, 수용소 폐지 운동을 벌인 사람들에 대한 일제 검거와 같은 자격으로 '사회적 전쟁 행위'라고 선언된다. 많은 '사회적 전쟁' 지지자들에게 부정할 수 없는 결의가 있음을 인정해야 하지만, 그들의 문제는 결코 국가의 것이 아니었던 적이 없는 '사회적인 것'이라는 장에서 국가와의 정면 대결을 수락한다는 것이다. 여기서 [나머지는 전부 대칭적이고] 대치하는 힘들만 비대칭적이다. 참패는 불가피하다.

이제 생산관계 안에서 각자의 위치가 포드주의적 공장 같은 형식적 투명성을 더 이상 갖지 않기 때문에, 사회적 전쟁 관념은 사실상 '계급 투쟁' 관념의 실패한 업데이트에 불과하다. 혁명가들은 때로 그들이 싸우고 있는 상대를 모델로 삼아 스스로를 구성할 수밖에 없는 것처럼 보인다. 그리하여 1871년에 한 국제 노동자 연맹 회원이 요약한 것처럼, 고용주들이 자신들의 이해관계를 중심으로 계급으로서 세계적으로 조직화되었기 때문에, 프롤레타리아도 노동자 계급으로서 그들의 이해관계를 중심으로 세계적으로 스스로를 조직화해야 했다. 한 신생 볼셰비키 당원이 설명한 것처럼, 차르 체제가 규율적이고 위계적인 정치-군사 기구로 조직화되었기 때문에, 당도 규율적이고 위계적인 정치-군사 기구로 스스로를 조직화해야 했다. 하나같이 비극적인, 이 대칭의 저주의 역사적 사례들은 얼마든지 있다. 승리를 기대하기도 전에 자신들이 맞서 싸운 식민지 점령군과 그 방법 면에서 너무나 비슷해져 버린 알제리 민족 해방 전선이 그랬고, 또 '국가의 핵'을 이루는 50인을 제거하면 자신들이 국가 기구를 전부 수중에 넣을 수 있으리라고 생각했던 붉은 여단도 그랬다. 오늘날 이 대칭의 비극의 가장 그릇된 표현은 신좌파의 노망난 입에서 나온다. "네트워크로 조직되고 분산되었으나 명령의 중심들을 갖춘 제국에 대해, 마찬가지로 네트워크로 조직되고 분산되었으나 때가 되면 명령의 중심들을 차지할 수 있는 관료제를 갖춘 다중으로 맞서야 한다."

그러한 대칭성의 표시가 있는 반란은 실패할 수밖에 없다 — 단지 그것이 쉬운 타깃, 알아보기 쉬운 모습이기 때문이 아니라, 무엇보다도 그러한 반란은 결국 자기 상대의 특질을 띠게 되기 때문이다. 예컨대 다비드 갈륄라(David Galula)의 『반-봉기, 이론과 실천』을 펼쳐 보면 그것을 확신할 수 있다. 거기에는 봉기를 일으킨 사람들에 대한 체제 수호 세력의 결정적 승리의 단계들이 체계적으로 상술되어 있다. "봉기를 일으킨 자의 관점에서 최선의 대의는 당연히 최소한의 반대자만 견제하면서 최대한 많은 지지자를 끌어 모을 수 있는 대의이다. … 문제가 명백하다면 봉기를 일으킨 자의 일이 용이하겠지만, 꼭 그럴 필요는 없다. 문제가 잠복해 있다면, 봉기를 일으킨 자가 맨 먼저 할 일은 '대중의 정치의식을 고양'시켜서 그 문제를 명백하게 만드는 것이다. … 봉기를 일으킨 자는 한 가지 대의만 활용해서는 안 된다. 반식민주의처럼 정치적·경제적·사회적·인종적·종교적·문화적 문제들이 결합되어 있어서 그 자체로 충분한 포괄적 대의가 있지 않으면 그가 접수하려고 하는 사회를 구성하는 다양한 집단들에게 특별히 맞춘 대의들의 묶음을 선택하는 것이 여러모로 득일 것이다."

갈륄라가 말하는 '봉기를 일으킨 자'는 누구인가? 냉소적이고, 모든 상황에 외재하며, 과도한 지배욕 외에는 어떤 진실한 욕망도 없는, 서구의 정치인·공무원·광고업자의 일그러진 상(像)에 다름 아니다. 갈륄라가 싸우는 **법을 알고 있는**, 봉기를 일으킨 자는 모든 믿음에 국외자이기 때문에 세계에도 국외자이다. 갈륄라의 관점에서 봉기는 결코 인구에서 오지 않는다. 인구는 결국 안전만을 열망하며 자신을 가장 잘 보호해 주거나 가장 덜 위태롭게 하는 당을 따르는 경향이 있기 때문이다. 인구는 몇몇 엘리트들 간의 싸움에서, 졸(卒), 무기력한 무리, 마레(*marais*)[23]일 뿐이다. 봉기를 일으킨 자에 대한 권력의 이해가 여전히 광신자 형상과 교활한 로비스트 형상 사이에서 흔들리는 것을 보고 놀랄 수 있다—그런데 더 놀라운 것은 많은 혁명가들이 이 배은망덕한 가면을 쓰기 위해 쏟는 열의이다. 인구에 대한 주도권을 놓고 대립하며, 인구와 언제나 외재성의 관계를 유지하는 파벌들의 전쟁이라는, 전쟁에 대한 언제나 동일한 이 대칭적

---

23) 본래는 '수렁'이나 '늪'을 뜻하는 말로, 프랑스혁명 당시의 온건파 제3당(Tiers Parti)에 대한 경멸적 호칭으로 사용되었다.

인 — 심지어 '비대칭적인' — 이해. 그것이 결국 반-봉기의 기념비적 오류이다. 즉 반-봉기는 게릴라 전술에 의해 도입된 비대칭성을 매우 잘 해소할 수 있었지만, 그럼에도 불구하고 계속해서 '테러리스트' 형상을 본래의 형상 그대로 생산하고 있다. 따라서 우리가 그 형상을 체현하기를 거부하는 한에서 우리의 유리한 조건, 그것이 모든 유효한 혁명 전략이 출발점으로 받아들여야 하는 것이다. 이라크와 아프가니스탄에서의 미국의 전략의 실패가 그 증거이다. 반-봉기가 '인구[주민]'를 너무나 잘 돌려 놓아서 오바마 행정부는 이제 드론으로, 봉기를 일으킨 자와 비슷하다 싶은 것은 모두 일상적으로 그리고 외과적으로 암살하지 않으면 안 된다.

4. 존재론적 비대칭과 행복

봉기한 사람들이 통치와 비대칭적인 전쟁을 수행해야 한다면, 그것은 봉기한 사람들과 통치 사이에 **존재론적** 비대칭성이 있고, 따라서 전쟁의 정의 자체에 관해, 전쟁의 목적과 방법들에 관해 이견이 있기 때문이다. 통치는 상시적 공세가 되었고, 우리 혁명가들은 그 공세의 초점이자 타깃이다. 우리는 저들이 정복해야 하는 '심장이고 정신'**이다**. 우리는 저들이 '통제하길' 원하는 군중**이다**. 우리는 권력 경쟁의 라이벌 개체가 아니라 통치 에이전트들이 살아가는 환경이자 그들이 다스리려고 하는 환경**이다**. 우리는 '물속의 물고기'처럼 인민 속에서 싸우지 않는다. 우리가 바로, 우리의 적들 — 수용성(水溶性) 물고기 — 이 빠져서 허우적대는 그 물이다. 우리는 이 세계의 평민들 속에 매복해서 은신하지 않는다. 사실은 평민들이 우리 안에 은신하기 때문이다. 생명력과 박탈감, 분노와 악행, 진실과 속임수, 그것들은 모두 우리 가장 깊은 곳에서 솟아나는 것들이다. 조직화되어야 할 사람은 **아무도** 없다. 우리는 내부에서 성장하고 스스로를 조직화하고 스스로를 전개하는[발전시키는] 질료이다. 진정한 비대칭성, 그리고 우리의 실질적 힘의 우위가 거기에 있다. 자신들이 있는 곳에 현존하는 것들과 화해하기는커녕 공포나 퍼포먼스를 통해 자신들의 신념을 수출품으로 만드는 짓이나 일삼는 자들은 자기 자신과도, 자신들의 기반과도 계속 단절되기만 한다. 적에게서 '인구의 지지'를 빼앗을 필요도, 심지어 인구의 묵인하는 수동성을 빼앗을 필요조차 없다. 대신에 **인구가 없도록** 해야 한다. 인구는 언제나 통치의 **대상**이 되기 전에 먼저 통치의 **산물**이었으며, 통치 가능하기를 멈추는 순간 그 자체로 실존하기를 멈춘다. 궐기에서 발견되고 응축되고 펼쳐진 역량을 와해시키는 것, 그것이 모든 궐기 이후에 은밀하게 불붙는 전투의 초점이다. 통치하는 것은 언제나 인민의 모든 정치적 행위 능력을 부정하는 것, 즉 봉기를 예방하는 것에 다름 아니었다.

피통치자들을 그들의 정치적 행동 역량으로부터 떼어놓는 것, 그것이 바로 중요한 시위가 끝난 후에 경찰이 '과격파들을 고립'시키려고 시도할 때 하는 일이다. 봉기한 인민 내에서, 순진하거나 막연하게 동조한 인구와 필연적으로 소수파이고 대체로 지하 조직이며 머지않아 '테러리스트'가 될 군사화된 전위 간에 분열을 유발하는 것보다 봉기를 진압하는데 더 효과적인 방법은 없다. 우리는 그러한 전술의 가장 완벽한 예를 영국의 반-봉기의 대부 프랭크 키슨(Frank Kitson)[24]에게 빚지고 있다. 1969년 8월 북아일랜드를 강타한 미증유의 동란 이후 몇 년간 IRA가 떨친 위력은, 폭동 중에 벨파스트(Belfast)와 데리(Derry)에서 자치를 선언하고

24) IRA 과격파 지휘관 출신으로 케냐에서 마우마우단의 반란을 일으킨 인물이다.

그들에게 도움을 청한 가톨릭 지구들과 일체가 된 데서 나왔다. 아파르트헤이트 지역에서 아주 흔하게 발견되며, 지금도 수십 킬로미터의 피스라인(peace lines)[25]으로 둘러싸여 있는, 프리 데리(Free Derry), 숏 스트랜드(Short Strand), 아르도인(Ardoyne) 같은 접근 금지 구역이 여러 곳에서 조직되었다. 게토들이 궐기해서 입구에 바리케이드를 치고 그 후로 로열리스트들(loyalistes)[26]과 경찰의 접근을 막았다. 열다섯 살짜리 아이들이 아침저녁으로 학교와 바리케이드를 번갈아 오갔다. 공동체에서 가장 존경받는 구성원들이 10인분의 장을 보았고, 마음 놓고 돌아다닐 수 없는 사람들을 위해 비밀 식료품점을 마련했다. 여름의 사건들로 인해 먼저 불시에 체포되긴 했지만, IRA 임시파[27]는 상시적 봉기 상태에 있던 이 엔클라베들(enclaves)[28]에 녹아들어 그것의 극도로 밀도 높은 윤리적 세포 조직이 되었다. 이 되돌릴 수 없는 힘의 우위로부터 모든 것이 가능해 보였다. 1972년은 틀림없이 승리의 해였다.

살짝 허를 찔린 반-봉기는 비상수단을 썼다. 수에즈 위기[29]이래로 영국 역사에 유례가 없는 군사 작전이 펼쳐진 끝에, 가톨릭 지구들은 공동화(空洞化)되었고 엔클라베들은 분쇄되었다. 그리하여 1969년에 궐기한

---

25) 북아일랜드의 구교도와 신교도 사이의 충돌을 방지하기 위한 목적으로 벨파스트, 데리 및 기타 북아일랜드 전역에 걸쳐 설치된 분리장벽을 말한다.

26) 영국의 북아일랜드 합병을 지지한 북아일랜드인을 말한다.

27) IRA가 1969년에 무장 투쟁 종식을 선언하자 IRA에서 분리되어 나와 무장 투쟁을 계속해 나간 IRA 과격파를 말한다. 급진주의 IRA라고도 한다.

28) 특정 국가 또는 행정구역에 속하지만 본토와 격리되어 다른 나라 또는 행정구역에 둘러싸여 있는 영토를 지칭하는 말로, 비지(飛地) 또는 월경지(越境地)라도 한다.

29) 1956년에 이집트 나세르 대통령이 수에즈 운하를 국유화하여 거기서 발생하는 수입으로 댐 공사를 하겠다고 선언하자 운하 운영을 주도했던 영국과 프랑스가 이집트의 위협을 받고 있던 이스라엘을 끌어들여서 벌인 전쟁으로, 수에즈 전쟁 또는 제2차 중동전쟁이라고도 한다.

폭동에 가담한 주민들로부터 '직업' 혁명가들을 효과적으로 분리시켰고, 거기서 꾸며졌던 수많은 공모들로부터 혁명가들을 떼어놓았다. 이 공작으로 IRA임시파는, 확실히 인상적이고 단호했음에도 불구하고, 고갈되고 간단히 구금되고 약식 처형될 운명의 준군사적 일개 무장 분파가 될 수밖에 없었다. 진압 전술은 급진적 혁명 주체를 **실존하게 만드는 것**, 그 주체를 가톨릭 공동체의 생명력으로 만들었던 모든 것, 즉 영토적 뿌리내림, 일상생활, 젊음 등으로부터 그 주체를 분리시키는 것이었다. 그리고 그것으로 아직 충분하지 않다는 듯, 가짜 IRA 테러들을 기획해서 마비된 주민들이 끝내 IRA에게 등을 돌리도록 만들었다. IRA를, 공화국 운동[30]의 힘을 이루었던 것, 즉 지구들, 그들의 난국타개 및 조직화 감각, 그들의 폭동 습관 등으로부터 영토적으로도 정치적으로도 분리된 지하의 괴물로 만들기 위해서라면, 카운터갱(*counter gangs*)부터 폴스 플래그(*false flag*) 작전[31]까지 뭐든 상관없다는 식이었다. 일단 '준-군사 집단들'이 고립되고, 그들을 궤멸시킬 수많은 예외 절차들이 일상화되고 나면, 그 다음은 그냥 '소요'가 저절로 해산하기를 기다리기만 하면 됐다.

그러므로 가장 맹목적인 탄압이 우리를 덮칠 때 그것을 우리의 급진성의 마침내 확실해진 증거로 보지 않도록 조심하자. 저들이 우리를 **파괴하려** 한다고 생각하지 말자. 대신에 저들이 우리를 **생산하려** 한다는 가설에서 출발하자. 즉 우리를 정치 주체로서, '아나키스트'로서, '블랙블록'으로서, '반체제 세력'으로서 생산하려 한다는 가설, 우리 안에 정치적 정체

30) 북아일랜드 독립운동을 말한다.

31) 적군의 깃발을 들고 아군을 공격하거나 적군으로 하여금 아군을 공격하도록 유도하는 것으로, 특정 대상에 대한 대중의 적대감을 증폭시키거나 특정 행위의 정당성을 확보할 필요가 있을 때 인위적으로 벌이는 일종의 기만전술을 말한다.

성을 **쑤셔 넣어서** 유적(類的) 인구에서 우리를 추출하려 한다는 가설에서 출발하자. 탄압이 우리를 덮칠 때, **우리를 우리 자신으로 생각하지 않는 것부터 시작하자.** 반-봉기 이론가들이 위조하려고 그토록 애쓰는 가공의 테러리스트-주체, 즉 밖으로 드러나면, 무엇보다도 '인구'—무기력하고 비정치적인 더미, 통치되기에 딱 좋고 허기와 소비욕을 채워 주기에 딱 좋은 미성숙한 무리로서의 인구—를 생산하는 역할을 하게 되는 주체를 해체하자.

혁명가들은 정체불명의 '사회 프로젝트'라고 하는 것의 속이 빈 외부에서 '인구'를 전향시킬 필요가 없다. 대신에 그들 자신의 현존에서, 그들이 거주하는 장소에서, 그들에게 친숙한 영토에서, 그들 주위에서 짜여지는 것들과 그들을 맺어 주는 유대에서 출발해야 한다. 적의 특정(特定), 유효한 전략과 전술은 삶에서 나오지 사전 신앙고백에서 나오지 않는다. **역량 증가의 논리로만 권력 장악의 논리에 대항할 수 있다.** 충만한 거주로만 통치 패러다임에 대항할 수 있다. 국가 기구를 향해 몸을 던질 수 있다. 그러나 승리를 통해 되찾은 터전을 즉각 새로운 삶으로 채우지 않으면, 결국 통치가 그곳을 장악하게 될 것이다. 라울 지베치는 2003년에 일어난 볼리비아 엘알토의 아이마라족 봉기에 관해 다음과 같이 썼다. "그 자체가 조직화 형식들인, 사람들 간의 촘촘한 관계망이 실존하지 않는다면 이런 규모의 행동들은 감행될 수 없을 것이다. 문제는 우리가 이웃 관계, 친구 관계, 동지 관계, 가족 관계 등 일상적 삶에서 만들어지는 관계들을 조합, 당, 국가 등과 같은 수준의 조직들로 간주할 의향이 없다는 것이다. … 서구 문화에서는 대체로 계약에 의해 창조된 관계들, 형식적 합의를 통해 법제화된 관계들이 정서적 유대에 의해 짜여진 신의들보다 더 중요하다." 우리는 혁명에 신경을 쓰는 것과 똑같은 정도로 우리의 공동의 삶의 가장 일상적이고 가장 미세한 디테일들에도 신경을 써야 한다. 왜냐하면 봉기는 일상적 삶과 뗄 수 없는 이 조직화 아닌 조직화를 공세적 위치로 옮기는 것이기 때문이다. 봉기는 마침내 완수된 일상과의 단절이 아니라, 윤리적 영역 내에서의 질적 도약이다. 지베치는 계속해서 다음과 같이 말한다. "궐기를 지탱하는 기관(organe)들은 일상적인 집단생활을 지탱하는 기관들(엘알토 지구 평의회의 지구 집회들)과 같은 것들이다. 일상적 삶을 규제하는 로테이션과 의무가 동일한 방식으로 도로와 거리의 봉쇄도 규제한다." 그리하여 자생성과 조직화라는 비생산적 구별이 해소된다. 한편에 실존이라는 전(前)정치적이고 무반성적이고 '자생적인' 영역이 있고, 다른 한편에 정치적이고 이성적이고 조직화된 영역이 있는 게 아니다. 너절한 관계를 갖는 사람은 너절한 정치만 할 수 있을 뿐이다.

이는 성공적인 공세를 펴기 위해서는 우리 사이에서 분규나 이면공작이 아닌 갈등적 성향까지 전부 다 추방해야 한다는 의미는 아니다. 팔레스타인 레지스탕스가 이스라엘군에게 비싼 대가를 치르게 할 수 있었던 주된 이유는 — 공공연하게 대결하는 한이 있더라도 — 그 내부에서 차이들이 작동하는 것을 막지 않았기 때문이다. 다른 곳에서처럼 여기서도 정치적 분열은 레지스탕스의 지도를 그린 다음, 그것을 섬멸할 임무를 맡은 정보 기관들의 골칫거리인 동시에 부정할 수 없는 윤리적 생명력의 표시이기도 하다. 한 이스라엘 건축가는 다음과 같이 썼다. "이스라엘 사람들의 전투 방법과 팔레스타인 사람들의 전투 방법은 근본적으로 다르다. 팔레스타인 레지스탕스는 다양한 조직들로 분열되어 있고, 그 조직들 각각은 어느 정도 독립적인 무장 분파를 갖추고 있다. 하마스(Hamas)의 에즈에딘 알 카삼(Ezzedine al-Qassam) 여단, 이슬람 지하드(Djihad)의 사라야 알 코즈(Saraya al-Qods) 여단, 파타(Fatah)의 알 아크사(Al-

Aqsa) 순교자 여단, 포스17, 탄짐 알 파타(Tanzim al-Fatah) 등이 그것이다. 그 외에도 독자적인 인민 저항 위원회(PRC)들과 헤즈볼라 및 알카에다 일원으로 추정되거나 실제 일원인 분파들이 있다. 협력과 경쟁과 폭력 충돌 사이를 오가면서 이 그룹들이 유지하는 관계의 불안정성은 그들의 상호 작용을 그만큼 더 파악하기 어렵게 만드는 동시에 그들의 집단 역량과 효율성과 회복력을 증가시킨다. 때로는 공동 작전을 펼치고 때로는 치열한 경쟁을 벌이면서 상이한 조직들이 지식과 권한과 군수품을 공유하는, 팔레스타인 레지스탕스의 분산적 성격은 이스라엘 점령군이 펼치는 공격의 효과를 상당히 제한한다." 내부 갈등이 생길 때 그것을 그대로 수용하는 것은 구체적인 봉기 전략을 수립하는 데 조금도 방해가 되지 않는다. 그것은 오히려 운동이 활력을 잃지 않고, 본질적 물음들을 열어두고, 제때에 필요한 변위를 할 수 있는 최선의 방법이다. 그러나 우리가 — 우리들 사이의 내전을 포함해서 — 내전을 감수하는 것은 단지 그것이 그 자체로 제국의 공세를 무산시킬 좋은 전략이 되기 때문만은 아니다. 무엇보다도 그것이 우리가 삶에 대해 가지는 관념과 양립할 수 있기 때문이다. 실제로 혁명적이라는 것이 어떤 진실들에 애착을 갖는 것을 전제로 한다면, 그 진실들의 환원 불가능한 복수성으로 인해 우리 당에 평화로운 통일은 결코 없을 것이다. 따라서 조직 문제에서도, 형제간 평화냐 형제간 전쟁이냐 중에서 선택할 필요가 없다. 혁명을 강화하는 내부 대결의 형태냐 혁명을 방해하는 내부 대결의 형태냐 중에서 선택해야 한다.

"당신이 생각하는 행복은 무엇인가?"라는 물음에 마르크스는 "싸우는 것"이라고 대답했다. 당신들은 왜 싸우는가? 라고 물으면 우리는 이렇게 대답할 것이다. "우리가 생각하는 행복도 다르지 않다"고.

6. 우리의 유일한 조국: 유년기

1. 보호하거나 파괴해야 할 '사회'는 없다

2010년 5월 5일, 아테네는 모든 사람이 거리로 나오는 총파업의 날을 경험한다. 분위기는 화기애애하고 전투적이었다. 조합주의자들, 마오주의자들, 아나키스트들, 공무원들과 퇴직자들, 젊은이들과 이민자들 등등, 도심은 글자 그대로 시위 참가자들로 인산인해를 이루었다. 국민들은 믿기지 않는 트로이카 각서를 목도하고 분노를 삼킨다. 새로운 '긴축' 조치 세트를 표결 중이던 국회는 급습당할 뻔했으나 가까스로 모면한다. 재무성은 그러지 못하고 급습을 당해 불에 타기 시작한다. 행진 코스 곳곳에서 사람들은 보도블록을 뜯어내고, 은행을 부수고, 경찰과 맞서 싸운다. 경찰은 귀를 멍하게 하는 폭탄과 이스라엘에서 수입한 지독한 최루가스를 아끼지 않았다. 아나키스트들은 의례적으로 화염병을 던지고 이례적으로 군중들에게 박수갈채를 받는다. 사람들은 고전적인 노래 「경찰, 돼지, 살인자」를 부르고, "국회를 불태우자!", "정부는 살인자다!" 등의 구호를 외친다. 궐기 초기와 비슷한 것은 오후가 시작될 무렵 정부 속보에 의해 기세가 꺾여 주춤해진다. 아나키스트들이 스타디우(Stadiou)거리 이아노스 서점 방화를 시도한 후, 총파업 지침을 따르지 않은 은행에 불을 질렀다. 안에는 직원들이 있었다. 그들 중 세 명이 질식사했는데 한명은 임신부였다. 경영진이 비상구를 폐쇄했다는 사실은 나중에야 밝혀진다. 이 마핀(Marfin) 은행 사건으로 그리스 아나키스트 운동은 심대한 타격을 입는다. 이제 정부가 아니라 아나키스트 운동이 살인자 역할을 맡게 되었다. 2008년 12월부터 나타나기 시작한 '사회주의적 아나키스트들'과 '니힐리즘적 아나키스트들' 사이의 균열이 이 사건으로 인해 절정에 달한다. 오래된 문제가 다시 등장한다. 사회를 변화시키기 위해 사회와 접촉해서 다른 조직화 방식들을 사회에 제안하고 예를 제시해야 하는가, 아니면 수동성과 순종을 통해 사회의 영속을 보장하는 자들을 용서하지 않고 무작정 사회를 파괴해야 하는가. 이 문제를 두고 사람들은 전에 없이 복잡하게 뒤얽혔다. 그들은 단지 비난하는 데서 그치지 않았다. 경찰들이 흐뭇하게 지켜보는 가운데 그들은 피 터지게 서로 싸웠다.

이 사건의 비극은 더 이상 제기할 수 없는 문제를 둘러싸고 사람들이 갈가리 찢어졌다는 데 있을 것이다. 그리고 그것이 바로 논쟁이 그렇게 비생산적이었던 이유일 것이다. 어쩌면 파괴할 '사회'도 [접촉하여] 설득할 '사회'도 존재하지 않을지 모른다. 18세기 말에 탄생해서 두 세기에 걸쳐 그토록 많은 혁명가들과 통치자들을 사로잡았던 그 허구는 우리가 모르는 사이에 숨을 거두었을지도 모른다. 그래도 우리는, **사회의 종언**을 한탄하는 사회학자의 노스탤지어에도, 어느 날 갑자기 태연자약하게 "사회 같은 것은 없다"고 선언한 신자유주의적 기회주의에도 물들지 않고 그 허구의 죽음을 담담히 받아들일 수 있어야 한다.

17세기에 '시민 사회'는 '자연 상태'와 대립하는 것이었다. 그것은 "동일한 통치 아래, 동일한 법 아래 함께 묶여 있다"는 사실이었다. '사회'

는 일정한 문명 상태이거나 다수 평민을 배제하는 '상류 귀족 사회'였다. 18세기에 자유주의적 통치성과 그에 조응하는 '슬픈 학문'인 '정치경제학'이 발전함에 따라 '시민 사회'는 부르주아 사회를 지칭하게 된다. 그것은 더 이상 자연 상태와 대립하지 않는다. 인간이 경제적 동물로 행동하는 것을 자연스러운 것으로 여기는 습관이 확산됨에 따라 시민 사회는, 이를테면 '자연적인' 것이 된다. 그때 그것은 국가와 마주하고 있다고 추정되는 것이 된다. '사회'를 자명한 사실로 받아들이게 하기 위해서, 즉 인류가 자신의 실존의 표현을 통해서 언제나 하나의 대가족, 하나의 종적(種的) 전체를 형성한다는 것을 자명한 사실로 받아들이게 하기 위해서, 19세기의 생시몽주의, 과학 만능주의, 사회주의, 실증주의, 식민주의 등이 필요했을 것이다. 19세기 말이 되면 **모든 것이 사회적인 것이 된다**. 즉 주거, 경제, 개혁, 과학, 위생, 안전, 노동, 심지어 전쟁까지도 ― 사회적 전쟁 ― 모두 사회적인 것이 된다. 이 운동의 절정기에, 탐욕스러운 박애주의자들이 '사회적 삶'을 개선하고 평화롭게 하고 정화할 수 있는 각종 기술을 실험하고 보급하겠다며 '사회 박물관'을 1894년에, 그것도 파리에 설립했다. 18세기에는 누구도 사회학과 같은 '과학'을 창시할 생각을 하지 못했을 것이고, 생물학을 모델로 삼아 그것을 한다는 것은 더더욱 생각을 못했을 것이다.

'사회'는 사실 역대의 통치 방식들에 의해 드리워진 그림자를 지칭할 뿐이다. 그것은 리바이어던 시대에는 절대주의 국가의 신민들의 집합이었고, 그 다음에는 자유주의 국가 내부의 경제적 행위자들의 집합이었다. 복지 국가의 관점에서는 권리와 욕구와 노동력의 보유자로서의 인간 자체가 사회의 기본 요소가 되었다. '사회'라는 관념의 교활한 점은, 그것이 언제나 통치에 봉사해 왔다는 것, 즉 통치 활동, 통치 작전들, 통치 기술들의 산물을 [자연적인 것인 양] 정착시키는 데 봉사해 왔다는 것, 그리고 **본질상 통치에 선재하는 것으로서 건설되었다**는 것이다. 제2차 세계대전 이후에야 '사회 공학'이란 말이 감히 명시적으로 쓰이기 시작하는데, 그때부터 사회는 공식적으로 [자연적인 것이 아니라] 건설해야 하는 것이 되었다. 이라크를 침공해서 국가 재건(*nation-building*)을 한다고 했던 것처럼 말이다. 하지만 그것을 하겠다고 공공연하게 주장하는 순간부터 수작이 잘 통하지 않는다.

어느 시대든 사회를 보호한다는 것은, 설령 그것이 통치자 자신들의 이익에 반(反)하는 한이 있더라도 통치 대상을 보호하는 것에 다름 아니었다. 지금까지 혁명가들이 저지른 잘못 중 하나는 본질상 그들에게 적대적인 허구의 장에서 싸운 것, 통치가 내세운 대의를, 그 뒤에서 통치 자체가 가면을 쓰고 다가오는 줄도 모르고, 자기 것으로 삼은 것이었다. 더구나 현재 우리 당이 겪고 있는 혼돈의 상당 부분은 1970년대 이래로 통치가 마침 **이 허구를 포기한** 것과 관계가 있다. 통치는 모든 인간을 질서정연한 전체로 통합하는 것을 포기했다. 마거릿 대처만이 솔직하게 그것을 시인했다. 통치는 어떤 의미로는 좀 더 실용주의적으로 변해서, 아래쪽은 사물과 동물에 의해, 위쪽은 신과 하늘과 천사에 의해 경계 지어진, 잘 정의되고 나머지 피조물과 잘 분리된 동질적 인간 종(種)의 건설이라는 힘든 임무를 포기했다. 상시 위기 시대로의 진입, '수년간의 양적 완화', 그리고 모든 사람의 절망적인 자기-기획자로의 전업은 사회의 이상(理想)에 따귀를 갈겼고, 그것은 사회의 이상이 다소 비틀거리며 1980년에서 퇴장하기에 충분한 일격이었다. 틀림없이 치명적일 다음 일격은 원격통신의 발달과 지구 규모의 생산 프로세스의 분할이 부추긴, 글로벌화된 메트로폴리스의 꿈에서 구체화될 것이다.

고집스럽게 세계를 국가와 사회의 관점에서 볼 수 있을 것이다. 그러나 국가와 사회는 이제 제어 불가능한 일련의 플럭스에 의해 관류·관통된다. 세계는 거대한 네트워크로 나타나고, 그 네트워크에서 메트로폴리스가 된 대도시들은 이제 상호접속 플랫폼, 입출구 — **스테이션** — 일 뿐이다. 모든 메트로폴리스들이 하나의 동일한 세계 — 이 세계에서는 장소에 대한 애착이 아니라 이동성이 중요하다 — 를 직조[네트워크화]하기 때문에, 이제는 도쿄에서든 런던에서든, 싱가포르에서든 뉴욕에서든 별 차이 없이 살 수 있다고 말한다. 여기서는 개인 아이디가, 어디에 있든 자기와 동류의 사람들 일부와 접속할 수 있는 가능성을 보증하는 범용 통행증 역할을 한다. 공항 대합실에서 유로스타의 화장실로 연속적 레이스에 휩쓸리는 메트로폴리스 상층 집단은 틀림없이 하나의 사회를 — 심지어 글로벌 사회도 — 이루지 않는다. 리우데자네이루의 어느 옥상으로 연주곡을 들으러 가기 전에 샹젤리제 거리 근처에서 계약 협상을 하고 애프터로 이비사(Ibiza)에서 감정을 추스르는 하이퍼-부르주아는, 어떤 미래를 예고한다기보다는 너무 늦기 전에 서둘러 즐겨야 하는, 세계의 데카당스를 상징한다. 언론인들과 사회학자들은 증가하는 개인주의, 구제도들의 해체, 좌표 상실, 공동체주의의 대두, 끝없는 불평등의 심화 등 사회-이후에 관한 늘 똑같은 레퍼토리로 사회가 사망한 것을 끝없이 한탄한다. 그리고 실제로 거기서 사라지고 있는 것은 다른 것이 아니라 그들의 생계 수단 자체이다. 그들은 전직(轉職)을 고려해야 할 것이다.

1960~70년대 혁명의 물결은 모두가 평화롭게 통합될 사회를 만들겠다는 자본의 사회 프로젝트에 치명타를 날렸다. 그것에 대응하여 자본은 **영토** 재정비에 착수했다. 조직화된 전체를 만들려던 프로젝트의 기반이 부서졌기 때문에, 기반으로부터, 즉 안전하고 서로 연결된 **여러** 기반으

로부터, 네트워크화된 새로운 세계적 가치 생산 조직이 재건된다. 저들이 생산적이기를 기대하는 것은 더 이상 '사회'가 아니라 몇몇 영토, 일부 영토들이다. 지난 30년간 자본의 재정비[재구조화]는 세계를 공간적으로 새롭게 구획정리하는 형태로 진행되었다. 그것의 목적은 '강력한 사회적 자본을 지닌 개인들'에게 ― 유감스럽게도 다른 사람들의 삶은 더 어려워질 것이다 ― 창조하고 혁신하고 시도할 수 있는, 그리고 무엇보다도 협력해서 그것을 할 수 있는 최적의 조건을 제공하는 클러스터, 즉 '혁신의 초점'을 창조하는 것이다. 전 세계적으로 그 모델은 실리콘밸리이다. 도처에서 자본의 에이전트들은, 개인이 친분 맺기를 통해 유감없이 자기를 실현하고 '자기 재능을 극대화할' 수 있게 할 '생태계'를 조성하는 일에 매달린다. 이것이 창조 경제 ― 거기서 엔지니어-경쟁력의 중심지 커플은 디자이너-젠트리파이된[1] 듀오에게 바싹 추격당하는 처지에 놓인다 ― 라는 신흥 종교의 교의(敎義)이다. 이 새로운 성서에 따르면, 특히 서구 국가에서 가치 생산은 혁신 능력에 달려 있다. 그런데 구획정리 전문가들이 흔쾌히 인정하는 것처럼, 창조하고 상호부조하기에 좋은 여건, 창의적인 분위기는 발명되지 않는다. 그것은 '자리 잡는다'. 그것은 역사와 정체성이 혁신 정신과 공명을 일으킬 수 있는 장소에서 싹튼다. 클러스터는 강요되지 않는다. 그것은 '공동체'를 기반으로 어떤 영토에 출현한다. 한 인기 있는 기업가는 다음과 같이 설명한다. "만일 여러분의 도시가 쇠퇴하고 있다면 활로는 투자자나 정부로부터 오지 않을 것이다. 스스로

1) 낙후된 구도심 지역이 활성화되어 중산층 이상의 계급이 유입됨으로써 기존 저소득층 원주민을 대체하는 현상으로, 고급 주거지역으로 탈바꿈함에 따라 치솟은 주거비용을 감당하지 못하게 된 기존의 주민들이 살던 곳에서 쫓겨남으로써 지역의 구성과 성격이 변하는 현상을 말한다.

를 조직화하고, 다른 사람들을 만나고, 서로를 알아가고, 함께 일하고, 다른 의욕적인 사람들을 채용하고, 네트워크를 형성하고, 현상을 타파해야 한다. 관건은 열광적인 테크놀로지 고도화 경쟁을 통해 틈새를 만들어 내는 것이다. 틈새가 만들어지면 경쟁은 잠정 중단되고 몇 년간 누릴 기득권을 얻을 수 있다." 모든 것을 글로벌 전략 논리에 따라 사고하면서 자본은 영토 구획정리에 관한 온갖 궤변을 늘어놓는다. 그 바람에 어느 못된 도시계획 전문가는 노트르담 데 랑드 공항 건설을 저지하려는 사람들이 점거한 영토 'ZAD'[2]에 관해 감히 이렇게 말한다. "그곳은 일종의 사회 실리콘밸리, 생태 실리콘밸리의 기회일 것이다… 실리콘밸리도 당시에는 별로 이점이 없어 보였던 곳에서 태어났지만, 공간 비용이 저렴하고 몇몇 사람이 결집한 덕에 특별하고 국제적으로 명성이 높은 곳이 되었다." 상업 사회 이외의 사회는 존재한 적이 없다고 생각한 페르디난트 퇴니스(Ferdinand Tönnies)는 다음과 같이 썼다. "**공동체**에서 사람들은 온갖 분리에도 불구하고 서로 연결되어 있는 데 반해, **사회**에서 사람들은 온갖 연결에도 불구하고 분리되어 있다." 자본의 '창조적 공동체'에서 사람들은 **분리 그 자체**에 의해 연결되어 있다. 이제 삶과 가치 생산을 구별할 수 있는 바깥은 없다. 죽음은 그 자체로 움직인다. 죽음은 젊고 역동적이며, 여러분에게 미소를 짓는다.

2. 도태(sélection)를 이탈(sécession)로 뒤집어야 한다

혁신, 기획, 창조의 지속적 독려는 잔해 더미에서 가장 잘 먹힌다. 그래서

2) 구획정리 예정지구(Zone d'aménagement différé)를 말한다.

근년에 디트로이트라는 이름의 산업 불모지를 실험장으로 만들려는 시도를 하고 있는 쿨한 디지털 기업들이 대대적으로 홍보된 것이다. '창조적 계급들'에게 맞춰진 새로운 도시 개발 아이디어를 비싸게 팔아먹은 어떤 사람은 다음과 같이 썼다. "죽음에 임박해 있다가 새로운 삶을 시작하고 있는 도시를 생각한다면 그것은 바로 디트로이트이다. 디트로이트는 무슨 일인가 일어나고 있는 도시, 열린 도시이다. 디트로이트가 제공하는 것은 무언가에 열심인 흥미로운 젊은이들, 예술가들, 혁신가들, 음악가들, 디자이너들, 도시 애호가들을 위한 것이다." 그렇다. 그는 50년간 인구의 절반이 줄었고, 미국 대도시 중에서 두 번째로 범죄율이 높고, 폐건물이 78,000개에 달하고, 전(前)시장은 수감 중이고, 비공식 실업률이 50%에 육박하는 도시, 그러나 아마존과 트위터가 새로운 사무실을 낸 도시에 대해 말하고 있는 것이다. 아직 디트로이트의 운명이 결정된 것은 아니지만, 실업과 불황과 불법행위로 점철된 수십 년간의 탈산업화의 재앙을 문화와 테크놀로지만을 떠받드는 유행지구로 변모시키는 데는 도시 규모의 홍보 활동이면 족하다는 것은 이미 확인되었다. 바로 그와 같은 마술 지팡이가 2004년 이후 릴(Lille)을 괜찮은 도시로 변모시켰으며, 그때 릴은 일시적이나마 '유럽의 문화 수도'였다. 그것이 도심 인구의 독한 '물갈이'를 수반한다는 것은 말할 필요가 없다. 뉴올리언스부터 이라크까지, '쇼크 전략'이라고 적절하게 명명된 것이 세계의 수익성 있는 세분화를 지역마다 관철할 수 있게 한다. 통제하에 이루어지는 이 '사회'의 파괴-개조, 가장 노골적인 유린과 가장 파렴치한 부(富)는 동일한 통치 방법의 두 측면일 뿐이다.

'전문가들'의 미래 전망 보고서를 읽을 때, 대체로 다음과 같은 지리학과 마주치게 된다. 스마트 피플과 자본을 유치하기 위해 서로 경쟁하는 메트로폴리스 거대 권역이 있고, 전문화를 통해 살길을 찾고 있는 제2지대 메트로폴리스 중심지가 있으며, '자연과 고요에 목마른 시민들의 관심을 끌 수 있는' 장소가 되어 근근이 살아가는 가난한 농촌, 즉 유기농 농업지대 또는 '생물다양성 보호구역'이 있다. 끝으로 조만간에 검문소로 둘러싸일 것이고 드론, 헬기, 전격 작전, 대대적 전화 도청을 통해 원격 통제될 순수 유형지가 있다. 알다시피 자본은 이제 '사회' 문제가 아니라, 스스로 공손하게 말하듯이, '협치' 문제를 제기한다. 1960~70년대의 혁명가들은, 그들이 원치 않았던 자본의 그 낯짝에 침을 뱉었다. 그 이후로 자본은 [도태 프로세스를 통해] 자신의 선민(選民)을 선택한다.

자본은 더 이상 국가적으로 사고하지 않고 영토별로 사고한다. 자본은 더 이상 일률적으로 확산되지 않고 각각의 영토를 배지(培地)로 조직하면서 국지적으로 집중된다. 자본은 진보의 기치 아래 세계를 동일한 속도로 움직이게 하려고 애쓰지 않는다. 반대로 세계를 잉여가치 추출률이 높은 지대와 버려진 지대, 전쟁의 무대와 평화로운 공간으로 분리되게 내버려 둔다. 이탈리아 북동부와 캄파니아(Campanie)가 있다. 후자는 전자의 쓰레기를 수용하는 데나 겨우 쓸모가 있을 뿐이다. 소피아 앙티폴리스(Sofia-Antipolis)와 빌리에르-르-벨(Villiers-le-Bel)이 있다. 더 시티[3]와 노팅힐(Notting Hill), 텔아비브(Tel-Aviv)와 가자(Gaza) 지구가 있다. **스마트 도시**와 낙후된 교외. 인구도 마찬가지다. 이제 유적(類的) '인구'는 없다. 지능형 메트로폴리스의 심장부에서 자신의 사회·문화·관계 자본을 증식시키는 젊은 '창조적 계급'이 있고 아주 명백하게 '무용지물'이 된 사

3) 영국 중앙은행과 전 세계의 주요 금융회사가 집중되어 있는 런던 특별행정구역으로, 정식 명칭은 '더 시티 오브 런던'(The City of London)이다.

람들이 있다. 셈해지는 [중요한] 생명들과, 통계를 내는 수고조차 하지 않는 다른 생명들이 있다. 위험한 인구와 강한 구매력을 지닌 인구 등 여러 인구가 있다.

사회라는 관념을 견고히 해줄 시멘트와 그것의 붕괴를 막아 줄 보루가 아직 남아 있다면 그것은 틀림없이 불운한 '중산 계급'일 것이다. 중산 계급은 20세기 내내, 적어도 잠재적으로는 끊임없이 확장되었다 — 그 결과 오늘날 미국인과 프랑스인의 3분의 2가 진심으로 이 비(非)-계급에 속한다고 생각한다. 그런데 이 비-계급도 무자비한 도태 프로세스에 시달린다. 가장 가학적인 형태의 경쟁을 연출하는 TV 리얼리티 프로그램의 증가는, 상시적 도태의 세계에서 살아가는 삶의 축소판인, 친구들 간의 일상적인 작은 살인에 누구나 익숙해지게 하려는 대중 프로파간다라고밖에는 설명되지 않는다. 영토 구획정리에 관해서 프랑스 정부의 활동을 준비하고 통괄하는 기관인 DATAR의 사제들(oracles)은 다음과 같이 예언 혹은 권장한다. 2040년에는 "중산 계급의 숫자가 줄어들 것이다." "그중 가장 운이 좋은 구성원들은 초국적 엘리트의 하층부를 이룰 것이다." 다른 구성원들의 "생활 양식은 점점 더 서민 계급에 가까워질" 것이고, 이 "하녀 사단"은 "엘리트에게 필요한 것을 마련해 주면서" 낙후된 지구에서 살아갈 것이다. 사회적 위계의 상층부와 단절되어 있거나 편입을 대기하고 있는 지식인 프롤레타리아와 동거하면서 말이다. 좀 더 직설적으로 말하면, 그들의 비전은 대략 이렇다. "근거리 유통을 기반으로 대도시에 신선한 식료품 공급을 조직하는 메트로폴리스의 채소재배 콤비나트"와 "다양한 자연공원", "접속차단 지대", "야생적인 것, 이국적인 것과의 대면을 갈망하는 도시인들을 위한 레크리에이션 지대"에 길을 열어 주기 위해 원주민들이 빈민가로 돌아간, 황폐화된 소규모 빌라 지대.

그러한 시나리오가 어느 정도로 개연성이 있는지는 별로 중요하지 않다. 여기서 중요한 것은 미래 예측과 행동 전략을 결합하기를 열망하는 자들이 미리 구(舊)사회의 사망을 선언한다는 것이다. 글로벌한 **도태**의 다이내믹은, 사회적 투쟁들을 하나의 계기로 포함하는 오래된 통합의 변증법과 정확히 대립한다. 한쪽의 생산적 영토와 다른 쪽의 재해 영토의 분할, 한편의 **스마트** 계급과 다른 한편의 '얼간이들', '낙오자들', '무능력자들', '변화에 저항하는 자들', **매여 있는 자들**의 분할은 더 이상 어떤 사회 조직이나 문화 전통에 의해 미리 결정되지 않는다. 쟁점은 가치가 어디에 있는지, 어떤 영토에 있는지, 누구에게 있는지, 무엇에 있는지를 섬세하게 **실시간으로** 결정할 수 있느냐는 것이다. 재구성된 메트로폴리스들의 군도(群島)에는 더 이상 '사회'라는 이름의 포괄적이고 위계화된 질서 같은 거창한 것은 없다. 모든 전체화 야망은 포기되었다. DATAR의 보고서들이 그것을 보여 준다. 국가 영토를 정비[구획정리]하고 드골 프랑스의 포드주의적 통일성을 구축한 장본인들이 그 통일성의 해체[탈구축]에 투신했다. 그들은 미련 없이 '국민 국가의 황혼'을 선포한다. 주권이 미치는 국경의 획정이든, 의심의 여지가 없는 인간과 기계, 인간과 자연의 구별이든, 최종적 경계를 설정하는 것은 이제 옛날 일이 되었다. 이는 경계지어진 세계의 종언이다. 새로운 메트로폴리스 '사회'는 평평하고 개방적이고 팽창적인 공간, 매끄럽기보다는 근본적으로 **끈적한** 공간상에 분포한다. 그것은 가장자리에서 퍼져나가며, 자신의 윤곽을 넘는다. 이제 누가 그 사회에 속하고 누가 속하지 않는지를 확정적으로 말하기는 쉽지 않다. 스마트-세계에서는 스마트-쓰레기통이 거지나 촌놈보다 훨씬 더 많이 '사회'에 속한다. 통치의 활동 무대로서 '사회'는 중세 신학에서 유래한 수직적이고 위계적인 면(面)이 아니라 수평적이고 토막내지고 분화된 면 ― 영토 구획정리의 그것 — 위에 재합성됨으로써, 이제 흐릿하고 유동적인, 그렇기에 쉽게 취소할 수 있는 경계들만 갖는다. 자본은 자신의 지지자들을 위한 새로운 '사회주의'까지 꿈꾸기 시작한다. 시애틀의 경우 아마존, 마이크로소프트, 보잉사의 미래지향적 직원들을 위해 빈민들을 다 내쫓았으니, 이제 무상 대중교통을 도입할 때가 왔다. 어쨌든 그 도시는 삶 전체가 오로지 가치 생산일 뿐인 사람들에게 비용을 지불하게 하지는 않을 것이다. 그것은 배은망덕한 짓일 것이다.

인구와 영토의 단호한 선별[도태]은 고유한 리스크를 포함하고 있다. 일단 살게 할 사람들과 죽게 내버려 둘 사람들이 가려지고 나면, 자기가 인간 쓰레기장으로 갈 운명이라는 것을 아는 사람들이 여전히 통치될지 어떨지는 확실치 않다. 저들은 이 거추장스러운 잉여를 '관리하기'를 희망할 — 그것을 통합하는 것은 가능하지 않고 그것을 제거하는 것은 점잖지 못한 일이 될 것이므로 — 수밖에 없다. 무감각해졌거나 시니컬한 구획정리 전문가들은 '분리[격리]', '불평등의 증가', '사회적 위계의 확대'를 막아야 할 표류가 아니라 시대의 사실로 받아들인다. 유일한 표류는, 분리를 자칫 잘못하면 **이탈** — '인구 일부가 주변부로 탈주해서 그곳에서 자율적 공동체들로 스스로를 조직하는 것', 그리고 경우에 따라 '신자유주의 세계화의 지배적 모델과 단절되는 것' — 로 바뀌게 할 수도 있는 표류뿐이다. 그것이 관리해야 할 위협이고, 그것이 통치의 역할이다.

우리는 자본이 이미 실천하고 있는 분리[이탈]를 수용할 것이다. 그러나 우리의 방식으로 할 것이다. 이탈하는 것, 그것은 국가 전체에서 영토의 일부를 잘라내는 것이다. 즉, 그것은 고립되는 것, 나머지 전체와 소통을 끊는 것 — 이는 보장된 죽음이다. — 이 아니다. 이탈하는 것, 그것은 이 세계의 쓰레기들로부터 대안 공동체들이 메트로폴리스에 대해 자율을 누리고 있다고 생각하며 그 상상의 자율에 만족해하는. 여러가지 반(反)클러스터를 구성하는 것 — 이는 그것을 이미 예견하고 위험성 없는 한계 상황에서 연명하도록 내버려 두기로 한 DATAR의 플랜에 들어 있는 것이다 — 이 아니다. 이탈하는 것, 그것은 어떤 영토에 거주하는 것, 특정 위치에서의 우리의 세계 조형, 거기에 머무르는 우리의 방식, 삶의 형식, 우리를 지탱하는 진실들을 수용하고, 거기서부터 갈등 또는 공모를 시작하는 것이다. 따라서 그것은 다른 분리 지대들과 전략적으로 연계하는 것, 국경에 구애받지 않고 우방 고장들과의 왕래[순환]를 강화하는 것이다. 이탈하는 것, 그것은 국가 영토와 단절하는 것이 아니라 기존의 지리 자체와 단절하는 것이다. 그것은 다른 지리, 즉 불연속적이고 군도(群島)적이고 강도(强度)적인 지리를 그리는 것 — 따라서 설령 10,000km를 가는 한이 있더라도 우리와 유사한 장소들과 영토들을 만나러 떠나는 것 — 이다. 리옹-토리노 철로 건설 반대자들은 팸플릿에 다음과 같이 썼다. "No TAV는 무엇을 의미하는가? 그것은 '고속 철도는 절대 수사 계곡을 지나가지 않을 것이다'라는 단순한 언표에서 출발해서, 이 언표가 사실로 확인될 수 있도록 자신의 삶을 조직화하는 것이다. 지난 20년간 수많은 사람들이 이 확신을 갖게 되었다. 절대 양보할 수 없는 이 매우 특수한 지점으로부터 전 세계가 재조형된다. 수사 계곡 투쟁은 전 세계와 관련되는데, 이는 그 투쟁이 '공공재' 일반을 보호하기 때문이 아니라, 투쟁 내부에서 재화(財貨)가 무엇인지에 대한 어떤 관념이 공동으로 사유되기 때문이다. 이 관념은 다른 견해들과 대결하고, 그것을 궤멸시키려고 하는 자과 맞서 싸우며 그것에 친밀감을 느끼는 사람들과 연결된다."

3. '지역 투쟁'은 없다. 세계들 간의 전쟁이 있을 뿐이다.

영토 구획정리 전문 지정학자라면 다음과 같이 쓸 수 있다. "20년 전부터 구획정리 프로젝트를 둘러싼 갈등이 너무 고조되고 있어서, 우리 사회의 갈등이 사회적 장에서 영토적 장으로 점진적으로 옮겨 가고 있는 것은 아닌지 자문해 볼 수 있다. 사회적 투쟁이 잦아들수록 영토를 둘러싼 투쟁은 더 격화된다." 외딴 산맥에서 벌어진 수사 계곡 투쟁이 최근 몇 년간의 이탈리아의 정치적 논쟁의 템포를 결정한 방식을 보면, 독일 밴드란트(Wendland)의 핵폐기물 CASTOR[4] 수송 반대 투쟁의 응집력을 보면, 할키디키현 이에리소스에서 헬라스골드사의 광산과 싸우고 있는 사람들[5]과 펠로폰네소스 반도 케라테아(Keratea)에서 쓰레기 소각로 건설을 저지한 사람들의 결연함을 확인하면, 그의 말이 옳다고 인정하고 싶은 마음이 생길 것이다. 그래서 점점 더 많은 혁명가들이 과거에 '사회적 투쟁'에 투신했던 것만큼 게걸스럽게, 그들이 '지역 투쟁'이라고 부르는 것에 투신하게 된다. 거의 한 세기 늦게 다음과 같이 자문하는 마르크스주의자들도 있다. 결국 노동자들만이 아니라 지역 전체가 연루되었고, 단순한 임금 관계를 넘어 삶이 전장이었을 그 많은 파업, 그 많은 공장 투쟁의 영토

---

4) 핵연료 재처리 후 발생하는 고준위 핵폐기물을 처분하는 데 사용되는 밀폐용기(Cask for Storage and Transport of Radioactive material)를 말한다. 독일의 경우, 영국과 프랑스의 재처리 공장에서 재처리 후 발생한 고준위 핵폐기물을 CASTOR에 실어 국내로 들여와서 고아레벤으로 보냈으나 주민들의 반발로 2013년 4월 최종 처분장 후보지 선정을 원점에서 다시 검토하기로 결정했다.

5) 2013년 2월 17일 약 40명의 복면한 사람들이 북부 그리스 할키디키 반도(Chalcidique)의 이에리소스(Ierissos)에서 개발 중인 한 금광에 난입해 기계와 사무실에 불을 지르는 사건이 발생한다. 이 지역 주민들은 광산이 개발되고 가공 공장이 설립될 경우 이 지방의 명물인 처녀림이 훼손되고 환경이 오염돼 관광 산업이 타격을 받을 것을 우려해 광산 개발에 반대해 왔다.

적 성격을 재평가하는 것이 합당하지 않을까? 이 혁명가들의 오류는, 과거에 노동자 계급에 대해 그렇게 생각했던 것처럼, 지역적인 것을 투쟁에 선재하는 실재로 간주하는 것이다. 그 때문에 그들은 의당 '무익하고 강제적인 대형 프로젝트'에 대한 저항들을 좀 더 강력하고 좀 더 파급력이 큰 투쟁으로 만들어 줄 새로운 인터내셔널을 건설해야 할 때가 오리라고 상상하기에 이른다. 그러나 이는 전투 그 자체가, 대립상태에 있는 영토의 일상성을 재조형해서 그전에는 완전히 조락성(凋落性)이었던, 지역적인 것의 응집성을 창조한다는 사실을 놓치는 것이다. TAV 반대자들은 다음과 같이 평가한다. "운동은 '영토'를 그것이 처해 있던 상태 그대로 지키는 데 만족하지 않고 그 영토의 미래[그 영토가 무엇이 될 수 있는지]를 전망하며 그 영토에 거주했다… 운동은 그것을 실존하게 만들었고, 그것을 건설했고, 그것에 응집성을 부여했다." 푸리오 예지(Furio Jesi)는 다음과 같이 지적했다. "우리는 어릴 적 거리에서 놀 때나 나중에 딸과 팔짱을 끼고 산책할 때보다 공격과 반격이 이어지는 공공연한 반란의 시간에 도시를 훨씬 더 잘 익힌다." 수사 계곡 주민들의 경우도 마찬가지다. 그들이 30년간 유럽 연합의 추잡한 프로젝트에 맞서 싸우지 않았다면, 자신들의 계곡에 대해 그렇게 상세한 지식도, 그렇게 강한 애착도 갖지 못했을 것이다.

쟁점이 '영토'가 아닌 이 상이한 투쟁들을 묶어 줄 수 있는 것은, 동일한 자본주의 재정비와 대결하고 있다는 것이 아니라 갈등의 과정 자체에서 발명되거나 재발견되는 삶의 방식들이다. 그 투쟁들을 묶어 주는 것은 그 투쟁들에서 생기는 저항의 몸짓들—정보와 상품의 유통을 통한, '혁신하는 영토들'의 연결을 통한 가치 생산에 대한 직접적 공격으로서의 봉쇄·점거·폭동·사보타주—이다. 그것들에서 나오는 역량은, 승리를 위해 동원해야 하는 것이 아니라, 차츰차츰 역량이 증가하는 한에서 승리 그 자체이다. 그 점에서 '너의 ZAD에 씨를 뿌려라' 운동은 그 이름이 잘 어울린다. 그 운동에서 문제는 노트르담 데 랑드 공항 건설업자에 의해 수용되었으나 이후 주민들이 점거한 땅에서 다시 농사짓기를 시작하는 것이다. 그러한 몸짓은 그것을 숙고하는 사람들을 즉각 긴 시간—전통적인 사회 운동들의 시간보다는 어쨌든 더 긴 시간—위에 올려놓고, ZAD에서의 삶과 그 미래에 대한 좀 더 전반적인 성찰, 즉 노트르담 데 랑드 바깥으로의 확산을 포함할 수밖에 없는 미래예측을 유도한다.

글로벌한 것에 반대하여 지역적인 것을 부르짖는다면 잃을 것밖에 없다. 지역적인 것은 글로벌화에 대한 든든한 대안이 아니라 글로벌화의 보편적 산물이다. 세계가 글로벌화되기 전에 내가 거주하던 곳은 단지 나의 친숙한 영토였다. 나는 그것을 '지역적인 것'으로 인식하지 않았다. 지역적인 것은 글로벌한 것의 이면, 그것의 찌꺼기, 그것의 분비물일 뿐, 글로벌한 것을 폭파시킬 수 있는 어떤 것이 아니다. 직업상의 이유로든 의료 목적으로든 휴가차든, 우리가 언제라도 거기서 떨어져 나올 수 있기 전에는 어떤 것도 지역적이지 않았다. 지역적인 것은 박탈의 공유에 덧붙여진, 공유 가능성의 이름이다. 응집성을 갖건 안 갖건, 그것은 글로벌한 것의 모순이다. 모든 개별적 세계들 각각이 이제 본연의 모습으로, 즉 **총칭적** 세계(*le* monde)의 실체적 바깥이 아니라 그 세계 안의 하나의 주름으로 나타난다. 수사 계곡 투쟁, 할키디키 투쟁, 마푸체족 투쟁처럼 때로 전 지구적인 아우라[영향력]를 갖는 영토와 인민을 재창조한 투쟁들을—마치 친근하게 향토적인 '지역색'이 있는 듯이—궁극적으로 무시해도 좋은 '지역 투쟁'으로 되돌리는 것은 고전적인 중화 작전이다. 국가의 입장에서는 이 영토들을 국가의 변방[주변부]에 위치해 있다는 구실로 정치적으로 소외시키는[주변적 존재로 만드는] 것이 중요하다. 멕시코 정부가 아니면 누가 사파티스타의 봉기와 그 이후의 모험을 '지역 투쟁'으로 규정지을 생각을 하겠는가? 그렇지만 신자유주의의 전진에 대항한 이 무장 봉기보다 더 국지적인 것이 무엇이 있겠는가? 그런데도 그것은 '글로벌화'에 대항한 전 지구적 반란 운동에 영감을 주었다. 사파티스타들이 정확하게 성공시킨 역공 작전은, 단숨에 국가 프레임에서 빠져나오는 동시에 '지역 투쟁'이라는 소수자 지위에서도 빠져나와 세계 도처의 온갖 종류의 세력들과 연계하는 것이었다. 그렇게 그들은 이중으로 무능한 멕시코 정부를 자국 영토와 국경 너머 양쪽에서 조여들어 갔다. 그 작전은 [적이] 피할 수 없으며, 재연 가능하다.

글로벌한 것을 포함해서 모든 것이 지역적(local)이지만, 그래도 우리는 그 모든 것을 **국지화**해야(localiser) 한다. 신자유주의의 헤게모니는, 정확히 대기중에 떠다니고 대개의 경우 눈에 띄지 않는 수많은 경로를 통해 퍼져 나가며, 위치를 특정할 수 없어 불가항력으로 보인다는 데서 나온다. 우리가 월스트리트를 과거의 신처럼 세계를 지배하는 천상의 육식조(肉食鳥)로 보기보다는 그것의 인적·물적 네크워크를 국지화하고, 거래소의 커넥션을 끝까지 추적한다면 얻을 게 많을 것이다. 우선 트레이더들은 단지 머저리들일 뿐이라는 것, 그들에겐 악마라는 평판조차 과분하며 바보 같은 짓거리가 이 세계를 움직이는 동력이라는 것을 깨닫게 될 것이다. 그리고 유로넥스트나 클리어스트림 같은 어음 교환소인 이 블랙홀들의 존재에 관해 의문을 갖게 될 것이다. 국가도 마찬가지다. 어느 인류학자가 주장한 것처럼, 국가는 사실상 사적 충성 시스템에 지나지 않을 것이다. 국가는 다른 마피아들을 모두 무찌르고 그 대가로 그들을 죄인 취급할 권리를 갖게 된 마피아이다. 이 시스템의 정체를 밝히고, 그것의 윤곽을 그려내고, 그것의 매체를 드러내는 것, 그것은 곧 그 시스템을 [본래의]지상적 성격으로 돌려 보내는 것, 그 시스템을 실제 지위로 되돌려 놓는 것이다. 여기서도 조사 작업이 필요하다. 오직 그것만이 헤게모니를 갖길 바라는 것으로부터 그것의 아우라를 떼어 낼 수 있다.

사람들이 시류에 따라 '지역 투쟁'으로 간주하는 것에는 다른 위험이 도사리고 있다. 일상적 조직화를 통해 통치가 필요 없음을 발견하는 사람들은, 협력이 자연적으로 일어나는 전(前)정치적 기저 사회가 존재한다는 결론에 이를 수 있다. 그러면 그들은 필연적으로 '시민 사회'의 이름으로 통치에 대항해 일어서게 된다. 그러나 거기에는 항상 안정적이고 평온하고, 긍정적 열망들에 있어 동질적이며, 기본적으로 기독교적 성향인 상호부조와 선량함과 연민으로 고무된 인류라는 공준이 수반된다. 2001년 아르헨티나의 봉기에 관해 한 미국 언론인은 이렇게 썼다. "혁명이 승리한 바로 그 순간, 혁명은 이미 즉석에서 약속을 지킨 것처럼 보인다. 모든 사람이 형제이고, 누구든지 자기 생각을 표현할 수 있고, 가슴은 벅차고, 연대는 강하다. 역사를 통해 보면, 새로운 정부가 형성될 때 그러한 역량의 많은 부분은 시민 사회보다는 국가에 양도된다. … 두 체제 사이의 과도기는 국가 없는 사회라는 아나키즘의 이상에 가장 근접한 것으로 보인다. 누구나 행동할 수 있고 누구도 최종적 권한을 갖지 않는 시기, 사회가 점진적으로 저절로 발명되는 시기 말이다." 양식(良識)이 넘치고, 책임감이 있으며, 정중하고 현명한 협의로 자기 앞가림을 할 줄 아는 인류에게 새날이 밝아올 것이다. 그런데 이는, **그러한 인류를 생산하는** 것은 바로 투쟁의 조건인데도 투쟁이 단지 결국에는 선한 인간 본성을 출현시킬 뿐이라고 믿는 것이다. 시민 사회의 옹호는 성년기로의 이행이라는 이상을 글로벌한 규모로 재연할 뿐이다. 그것은 성년기에 접어들면 **우리는 마침내**

깨달았을 테니 마침내 보호자—국가—없이 지낼 수 있을 것이고, 그러면 우리는 마침내 우리 스스로를 통치할 만하리라는 것이다. 이 장광설은 성인이 되는 데 서글프게 따라붙는 모든 것을 도로 끌어들인다. 책임자의 갑갑증, 과잉 연출된 친절, 유년기를 지배하는 중요한 정서들—상당한 정도로 유희적이고 갈등적인 성향—의 억압 등이 그것이다. 여기서 근본적인 오류는 다음과 같은 것이다. 적어도 로크 이래로 시민 사회의 지지자들은 언제나 '정치'를 부정부패와 정부의 태만[통치의 부실]이 초래한 고난과 동일시했다—이는 그들에게 사회 기반은 자연적이고 무역사적인 것이기 때문이다. 이때 역사란 정확히, 결핍 없는 사회의 원상 복귀를 지연시키는 오류와 근사치의 연속에 불과할 것이다. "사람들이 사회 안에 들어갈 때 추구하는 원대한 목표는 자신들의 소유권[재산]을 평화롭고 안전하게 누리는 것이다." 그 때문에 '사회'의 이름으로 통치와 싸우는 사람들은, 그들의 급진적 주장이 무엇이건 간에 역사와 정치를, 다시 말해 갈등의 가능성을, 다시 말해 삶을, 살아 있는 삶을 사실상 청산하기를 바랄 수밖에 없다.

우리는 전혀 다른 전제, 즉 '자연'이 없는 것과 마찬가지로 '사회'도 없다는 전제에서 출발한다. 인간들을, 그들 각자의 친숙한 세계를 직조하는 비-인간적인 모든 것과 떼어놓는 것, 그리고 그렇게 자신의 일부가 잘린 피조물들을 '사회'라는 이름 아래 한데 모으는 것은 꽤나 오래 지속된 잔학한 짓이다. 유럽 도처에 국가 차원의 위기 탈출을 제안하는 '공산주의자들' 혹은 사회주의자들이 있다. 그들에게는 유로존을 탈퇴해서 제한되고 동질적이며 질서정연한 아름다운 전체를 복구하는 것이 해결책일 것이다. 이들 자신의 일부가 잘린 사람들은 환영지(幻影肢)를 일으키지 않을 수가 없다. 게다가 질서정연한 아름다운 전체에 관해서라면 파시스트들이 언제나 우위를 점할 것이다.

따라서 사회는 없다. 그 대신 여러 **세계**가 있다. 사회와의 전쟁도 없다. [사회라는] 허구와 전쟁을 벌이는 것은 그것을 실체화하는 것이다. 우리 머리 위에 사회의 하늘은 없다. 우리가 있고, 우리가 경험하는 일련의 유대, 우정, 반감, 실질적인 멀고 가까움이 있을 뿐이다. 우리가 있고, 탁월하게 자리잡은 역량들이 있으며, 끊임없이 해체되고 재구성되는 사회의 시체 한가운데서 가지를 뻗는 그 역량들의 확장력이 있을 뿐이다. 그 자체 많은 세계들로 이루어져 있고, 따라서 그 세계들 간의 갈등과 인력과 척력이 흐르는, 우글거리는 세계들이 있을 뿐이다. 하나의 세계를 건설하는 것은 하나의 질서를 만드는 것, 즉 개개의 사물, 개개의 존재, 개개의 성향에 자리를 만들어 주거나 만들어 주지 않는 것, 그리고 그 자리에 대해 심사숙고해서 필요하면 바꾸는 것이다. 광장 점거를 통해서이건, 폭동의 물결을 통해서이건, 벽에 낙서된 충격적인 문장을 통해서이건 우리 당이 출현할 때마다, 우리가 가본 적 없는 이 모든 장소에 '우리'가 관계되어 있다는 느낌이 확산되고 있다. 이 때문에 혁명가들의 첫 번째 의무는 그들이 구성하는 여러 세계들에 관심을 기울이는 것이다. 사파티스타들이 증명한 것처럼, [혁명가들이 구성하는] 각각의 세계가 특정한 곳에 위치한다는 것은 그 세계가 일반성을 획득할 가능성을 박탈하기는커녕 오히려 그 가능성을 마련해 준다. 보편적인 것은 지역적인 것에서 벽을 뺀 것이라고 어느 시인은 말했다. 보편적인 것과 지역적인 것이 따로 있는 게 아니라 보편화 능력이 있으며, 이 능력은 [지역적인 것의] 자기 심화에, 세계 각지에서 실험되고 있는 것의 강화에 달려 있다. 따라서 우리가 건설하는 것에 기울이는 관심과 우리의 정치적 파괴력 중에서 어느 하나를 선택할 필요가 없다. 우리의 파괴력은 우리가 체험하는 것의 강도 그 자체, 거기서 생기는 기쁨, 거기서 발명되는 여러가지 표현 형식, 시련을 견디는 집단적 힘 — 이는 우리의 파괴력이 증명해 준다 — 등으로 이루어진다. 사회적 관계가 일반적으로 응집성이 없는 가운데서, 혁명가들은 분열 성향, 맹목적 강경 성향을 통해서나 허깨비에 불과한 급진성의 장(場)에서의 파멸적 경쟁을 통해서가 아니라, 그들이 가동하는 사유와 애정과 섬세함과 조직화 등의 밀도를 통해서 두드러져야[특이화되어야] 한다. 혁명가들이 실재적 역량이 되는 것은 이데올로기적 결합을 통해서가 아니라, 현상에 대한 주의, 그들의 감각적 자질을 통해서이다. 몰이해, 조급함, 부주의, 이런 것들이 적이다. 실재적인 것은 저항하는 것들이다.

7. 모든 것은 공유물이다

1. 코뮨이 돌아온다

골수 자유주의자인 한 이집트 작가는 이제는 아득한 먼 옛날에, 초기 타흐리르 광장에 대해 다음과 같이 썼다. "내가 타흐리르 광장에서 본 사람들은 내가 매일 접했던 사람들과 닮은 데가 하나도 없는 새로운 존재들이었다. 마치 혁명이 양질의 이집트인들을 재창조한 듯했다. … 마치 이집트인들을 두려움에서 벗어나게 한 혁명이 그들의 사회적 결함도 고쳐 준 듯했다. … 타흐리르 광장은 파리 코뮨과 유사해졌다. 체제 권력은 전복되었고 그 대신 인민 권력이 수립되었다. 청소 위원회, 화장실 및 샤워실 설치 위원회 등 온갖 종류의 위원회가 만들어졌다. 자원봉사 의사들은 야전병원을 세웠다." 오클랜드에서는 점거 운동이 '오클랜드 코뮨'의 이름으로 오스카 그랜트 광장[1)]을 점령했다. 이스탄불에서는 초기부터, 거기서 태어난 것을 지칭할 이름으로 '탁심 코뮨'보다 더 적절한 이름을 찾지

---

1) 원래 이름은 프랭크 오가와 광장인데, 2009년 지하철 승강장에서 경찰 총격으로 사망한 젊은이를 기리기 위해 점거 참가자들이 '오스카 그랜트 광장'(Oscar Grant Plaza)이라고 불렀다.

못했다. 그것은, 혁명은 탁심이 언젠가 그것으로 치달을지도 모르는 어떤 것이 아니라 탁심의 현행적 실존, 지금 여기서의 탁심의 부글거리는 내재성이라고 말하는 방식이었다. 2012년 9월, 주민 3,000명인 나일 삼각주의 가난한 마을 타흐신(Tahsin)은 이집트 정부에 대해 독립을 선언한다. 주민들은 이렇게 말했다. "우리는 이제 세금을 내지 않을 것이다. 학교에도 돈을 내지 않을 것이다. 우리가 직접 학교를 세울 것이다. 우리가 직접 우리 쓰레기와 우리 도로를 챙길 것이다. 그리고 국가 부역자가 우리를 도우려는 것이 아닌 다른 목적으로 마을에 발을 들여놓으면 내쫓을 것이다." 1980년대 초반 오악사카 고산 지대에서, 자신들의 삶의 형식의 특수성을 이루는 것이 무엇인지를 명확히 인식하려 애쓰던 인디언들이 '공동체성' 개념에 이르렀다. 인디언에게 공동 존재는 그들의 전통 배경을 집약하는 것이자 그들이 '부족의 윤리적 재건'을 위해 자본주의와 대립시키는 것이기도 하다. 최근에는 PKK[2]가 머레이 북친(Murray Bookchin)의 절대자유주의적 커뮤널리즘(communalisme libertaire)으로 노선을 변경하고 쿠르드 국가 건설보다 코뮨 연방을 더 앞세우는 일도 있었다.

코뮨은 죽지 않았을 뿐만 아니라 돌아오고 있다. 그리고 그것은 우연히 돌아오는 것도 느닷없이 돌아오는 것도 아니다. 코뮨은 역사적 힘들로서의 국가와 부르주아가 소멸하고 있는 시점에 돌아오고 있는 것이다. 그런데 11세기부터 13세기까지 프랑스를 뒤흔든 강렬한 코뮨주의적 반란 운동에 조종을 울린 것이 바로 국가와 부르주아의 출현이었다. 당시에 코

---

2) 쿠르드 노동자당(Partiya Karkerên Kurdistan)의 약칭으로, 터키 남쪽, 이라크 북서쪽, 시리아 북동쪽, 이란 북서쪽에 걸쳐 있는 쿠르디스탄에 쿠르드족의 사회주의 국가를 세우는 것을 목표로 1970년대에 설립된 무장 단체이다.

뮨은 자유 도시도 아니었고, 자기-통치 기관을 갖춘 자치체도 아니었다. 일반적으로 격렬한 전투가 끝난 후에 이러저러한 권력 기관으로부터 코뮨을 인정하겠다는 약속을 받아낼 수도 있지만, 코뮨이 실존하기 위해서 그것이 반드시 필요한 것은 아니다. 심지어 코뮨에 항상 헌장이 있던 것도 아니며, 헌장이 있더라도 그것이 어떤 정치적이거나 행정적인 골격을 정하는 일은 거의 없었다. 코뮨은 시장(市長)을 둘 수도 있고 두지 않을 수도 있다. 그래서 코뮨을 만드는 것은 도시나 농촌의 주민들이 동참하는 **함께 행동하겠다**는 상호 서약이다. 11세기 혼돈의 프랑스에서 코뮨은 서로 돕겠다고 맹세하는 것, 서로에게 관심을 갖고 어떤 압제자와도 맞서 싸우기로 약속하는 것이었다. 그것은 글자 그대로 공동 서약(*conjuratio*)이었는데, 다음 세기에 왕립 법학자들이 그것을 확실하게 청산하기 위해 음모 관념과 연관시키려는 시도[3]를 하지 않았다면, 그것은 계속 명예로운 것으로 남아 있었을 것이다. 어느 잊혀진 역사가는 다음과 같이 요약한다. "서약을 통한 연합 없이 코뮨은 존재하지 않았고, 그 연합만으로도 코뮨은 존재했다. 코뮨은 공동 서약과 정확히 같은 의미를 갖는다." 따라서 코뮨은 함께 세상에 맞서겠다는 협약이다. 그것은 자신의 자유의 원천인 자신의 힘에 의지하는 것이다. 거기서 추구되는 것은 [조직이나 기관 같은] 어떤 실체가 아니라, **유대의 질과 세계에 존재하는 방식이다**. 그러나 그것은 부르주아가 모든 공직과 모든 부를 독점하고 국가의 헤게모니가 발휘됨에 따라 내파될 수밖에 없었던 협약이었다. 그런데 오랫동안 사라졌던, 코뮨의 이 중세적인 본래 의미를 1871년 파리 코뮨의 연방주의 분파

3) 라틴어 콘주라티오(conjūrātĭo)에는 '공동서약[선서]', '맹약', '동맹'이란 뜻과 함께, '반란', '공모', '음모'란 뜻도 있다.

가 어쩌다가 되살렸다. 그리고 그 후로 새로이 이 의미가 주기적으로 다시 출현한다. 지금은 잊혀졌지만 스탈린의 관료주의가 청산하기로 결정하기 전까지 볼셰비키 혁명의 첨병이였던 소비에트 코뮨 운동에서부터 1980년 남한의 광주 코뮨을 거쳐 휴이 뉴턴(Huey P. Newton)의 '혁명적 인터커뮤널리즘'에 이르기까지 그러했다. 코뮨을 선언하는 것은 매번 역사적 시간을 경첩에서 빠져나오게 하는 것이고, 절망적인 복종의 연속에, 하루하루의 이유 없는 이어짐에, 생존을 위한 각자의 삭막한 투쟁에 구멍을 내는 것이다. 코뮨을 선언하는 것은 서로 유대관계를 맺는 데 동의하는 것이다. 이제 그 어떤 것도 전과 같지 않을 것이다.

2. 혁명적으로 거주하기

구스타프 란다우어(Gustav Landauer)는 다음과 같이 썼다. "인간들의 공동체 생활에서 공간에 적합한 구조는 하나뿐이다. 코뮨과 코뮨 연방이 그것이다. 코뮨의 경계는 의미(과도함은 배제하지만, 개별적인 경우에는 무리함이나 시의적절하지 않음도 배제하지 않는 것)로 충만하다. 코뮨의 경계는 어떤 장소를 둘러싸는데, 그 장소는 의미가 끝나는 곳에서 자연적으로 끝난다." 정치적 실재가 본질적으로 공간적일 수 있다는 것은 근대적 지성에 조금 위배된다. 이는 한편으로는 우리가 정치를 입장들과 담론들이 좌우로 분포하는 추상적 차원으로 이해하는 데 익숙해져 있기 때문이고, 다른 한편으로는 우리가 공간을 물체나 피조물이나 풍경이 자리를 차지할, 텅 비어 있고 균일하고 측량 가능한 연장으로 보는 공간관을 근대성으로부터 상속받았기 때문이다. 그러나 감각 세계는 그런 식으로 우리에게 주어지지 않는다. 공간은 중성적이지 않다. 사물들과 존재들은 기하학적 위치를 점유하는 게 아니라, 그것과 영향을 주고받는다. 장소들에는 역사, 인상, 감정이 환원 불가능한 방식으로 깃들어 있다. 코뮨은 자신의 고유한 장소에서 세계에 맞선다. 코뮨은 행정 단위도 단순한 지리적 구분도 아니다. 코뮨은 오히려 영토적으로 새겨진 일정한 공유 수준을 표현한다. 그렇게 함으로써 코뮨은 영토에 어떤 참모부도 지도상에 표시할 수 없는 깊이의 차원을 추가한다. 자신의 존재만으로 코뮨은 이론적인 공간 분할을 깨뜨린다. 코뮨은 모든 '영토 구획정리' 기도를 수포로 돌아가게 한다.

코뮨의 영토는 실존적이기 때문에 물리적이다. 즉, 점령군은 공간을 다양한 브랜딩 작업을 통해 다양성이라는 외관이 부여되는 클러스터들의 단절 없는 네트워크로 생각하는 반면, 코뮨은 우선 자신을 글로벌한 세계 질서와의, 위치적인, 구체적 단절로 생각한다. 코뮨은 자신의 영토에 거주한다. 즉 영토가 코뮨에게 주거와 피난처를 제공하는 만큼 코뮨은 그 영토를 가공한다. 코뮨은 거기서 필요한 유대를 구축하고, 자신의 기억을 섭취하고, 대지의 의미, 대지의 언어를 발견한다. 멕시코에서, 자신들의 정치의 지도적 원리는 이제 '공동체성'이라고 주장하는 사람들 중 하나인 어느 인디언 인류학자는 아이육(Ayuujk)코뮨들에 관해 다음과 같이 선언한다. "공동체는 'najx'와 'kajp' 같은 말들을 통해 물리적인 어떤 것으로 묘사된다. 'najx' 즉 대지는 'kajp' 즉 인민의 실존을 가능케 하지만, 인민 즉 'kajp'은 대지 즉 'najx'에 의미를 부여한다." 사람들이 강도적(强度的)으로 거주하는 영토는 결국 그 자체로 사람들이 거기서 겪는 일의 긍정·명시·표현이 된다. 그러한 것은 마을 설계에 주민들과 신들과의 관계가 명시되는 보로로(Bororo)족 마을에서도, 폭동이나 광장 점거 이후, 평민이 도시 공간에 새롭게 거주하기 시작하는 순간 아무 때나 만개하는 낙서에서도 볼 수 있다.

영토를 통해 코뮨은 구체성을 띠고 자기 목소리를 찾고 현존에 이르게 된다. 2000년대 말 미초아칸주의 소지주 일당이 독점했던 오스툴라(Ostula)의 공유지들을 무력으로 되찾아서 거기에 샌디에이고 자야칼란(San Diego Xayakalan)이라는 자치 코뮨을 선포한 코뮤네로스[4] 중 하나인 나우아족(Nahua) 인디언은 자신의 생각을 다음과 같이 표현한다. "영토는 우리의 삶의 공간, 우리가 밤에 보는 별들, 더위와 추위, 물, 모래, 자갈, 숲, 우리의 존재 방식, 노동 방식, 우리의 음악, 우리의 화법이다." 이는 조금이라도 세계와 통해 있는 모든 존재는, 센생드니이건 오스트레일리아의 원주민 땅이건 자신을 새길 대지를 필요로 하기 때문이다. 거주하는 것은 대지에 직접 자신을 기입하는 것, 자기 이야기를 하는 것이다. 그것이 지-리(géo-graphie)라는 말이 여전히 의미하는 것이다. 영토와 코뮨의 관계는 단어와 의미의 관계와 같다. [코뮨에게] 영토는 결코 단순한 수단이 아닌 것이다. 바로 그것이 코뮨을 무한한 상업적 조직화 공간과 근본적으로 대립시킨다. 코뮨의 영토는 유일하게 코뮨의 의미를 드러내는 점토판이지, 한줌의 구획정리 전문가들이 교묘하게 할당한 생산 기능을 지닌 단순한 연장(延長)이 아니다. 거주 장소와 업무 지구 사이에는 일기장과 수첩만큼의 차이가 있다. 대지의 두 가지 사용법, 잉크와 종이의 두 가지 사용법이 있으며, 이 둘은 절대 가까워질 수 없다.

함께 세상에 맞서겠다는 결정으로서 모든 코뮨은 세계를 자기 중심에 둔다. 한 공동체성 이론 연구자는 다음과 같이 썼다. 공동체성은 "상호성, 집단성, 혈연관계, 원시적 신의, 연대, 상호부조, 공동작업(*tequio*), 집회, 합의, 소통, 수평성, 자급자족, 영토수호, 자율, 대지에 대한 외경 등으

4) 중세시대 스페인의 자치 도시 코뮤니더의 구성 시민을 코뮤네로스(communeros)라고 불렀다.

로 특징지어지는, 원주민 부족들의 실존과 혼에 내재한다". 그런데 그렇게 쓸 때 그는 그 이론화를 요구한 것이 바로 시대와의 대결임을 빠뜨렸다. 권력의 인프라로부터 자립할 필요성은 시들지 않는 자급자족 열망에 속하는 것이 아니라 자립을 통해 쟁취되는 정치적 자유와 관계가 있다. 코뮨은 코뮨으로 자처하는 데 만족하지 않는다. 코뮨이 구체성을 띰으로써 명백히 하길 원하는 것은 코뮨 자신의 정체성이나 코뮨이 자신에 대해 갖는 관념이 아니라 코뮨이 삶에 대해 갖는 관념이다. 자기 주위에 있는 것들을 내부화하지 않고는 살지 못하는 유기체처럼, 코뮨도 다른 한편으로 보면 자신의 바깥에 의거해서만 성장할 수 있다. 코뮨은 자기 아닌 것만을 자양분으로 섭취할 수 있는데 이는 정확히 코뮨이 성장하길 원하기 때문이다. 바깥과 단절되는 순간, 코뮨은 몰락해 가거나 서로 잡아먹거나 서로 물어뜯거나 무기력해지거나 그리스인들이 전국적인 '사회적 카니발리즘'이라고 부르는 것—정확히 그들이 나머지 세계로부터 고립되었다고 느끼기 때문에 그렇게 부르는 것—에 빠지게 된다. 코뮨에게는 역량이 붙는 것과 자기 아닌 것과의 관계에 본질적으로 관심을 갖는 것은 다른 것이 아니다. 역사적으로 볼 때, 중세의 코뮨들도 1871년의 코뮨들도—파리 코뮨뿐만 아니라 리모주 코뮨, 페리괴 코뮨, 리옹 코뮨, 마르세유 코뮨, 그르노블 코뮨, 르크뢰조 코뮨, 생테티엔 코뮨, 루앙 코뮨도—고립으로 인해 꼼짝없이 죽을 수밖 없었다. 지방의 소요가 진정되자 티에르(Louis Adolphe Thiers)가 1871년에 파리의 프롤레타리아를 마음대로 짓밟을 수 있었던 것처럼, 탁심 점거 당시 터키 경찰의 주요 전략은 가지(Gazi), 베식타스(Beşiktaş) 같은 소요를 일으킨 지구들이나 보스포루스 해협(Bosphore) 건너편의 아나톨리아인 지구들에서 출발한 시위대들이 탁심에 합류하지 못하게 막고 탁심이 그들과 연락을 취하지 못하게 막는 것이었다. 따라서 코뮨이 직면하는 역설은 다음과 같은 것이다. 코뮨은 '글로벌 질서'와 이질적인 영토적 실재를 응집시키는 동시에 지역 응집성들 간에 유대를 촉발하고 수립해야 한다. 즉 자신을 구성하는 뿌리내림에서 스스로 빠져나와야 한다. 이 두 가지 목표 중 어느 하나라도 달성되지 않으면, 코뮨은 자신의 영토 안에서 낭종(囊腫)이 되어 서서히 고립되고 제거되거나, 자신이 가로지르는 상황들에 문외한인, 지나가면서 불신만 조장하는 정처 없는 떠돌이 유랑 극단이 되고 만다. 1934년 대장정의 분견대들에게 일어난 일이 그것이다. 대원들 3분의 2가 도중에 죽음을 맞이했다.

3. 경제를 청산하기

코뮨의 핵심은 정확히 코뮨에서 빠져나가는 것들, 코뮨을 통과하지만 코뮨이 결코 전유할 수 없는 것들이라는 것, 그것은 이미 로마법에서 공유물(*res communes*)을 특징짓는 것이었다. '공유물'은 바다, 공기, 신전 등 누구도 그 자체를 전유할 수는 없는 것들이었다. 누군가 몇 리터의 바닷물이나 해안 일부나 사원의 돌을 손아귀에 넣을 수는 있겠지만, 성지(聖地)가 그런 것처럼 누구도 바다 그 자체를 자기 것으로 만들 수는 없다. 공유물은 역설적으로 물화(物化), 즉 사물(*res*)로의 변형에 저항하는 것이다. 그것은 공법에서 빠져나가는[5] 것의 공법상의 명칭이다. 공동으로 사용되는 것은 법적인 범주로 환원되지 않는다. 언어가 대표적인 '공유물'

5) droit에는 '권리'라는 뜻과 '법'이라는 뜻이 같이 있어서, '공법에서 빠져나간다'는 것은 '공유권의 대상에서 제외된다'는 뜻이기도 하다.

이다. 누구나 언어 덕분에, 언어를 통해 자신을 표현할 수 있지만, 그것은 누구도 자기만의 것으로 소유할 수 없는 것이기도 하다. 우리는 언어를 [소유는 할 수 없고] 사용만 할 수 있다.

최근 몇 년간 몇몇 경제학자들은 '공유물'에 관한 새로운 이론을 발전시키려 애썼다. '공유물'은 시장이 가치평가하는 데 가장 애를 먹는 것이지만 시장이 기능하는 데 없어서는 안 되는 것들이다. 환경, 정신적·육체적 건강, 해양, 교육, 문화, 대호수 등이 그렇고, 뿐만 아니라 기간 인프라들(고속도로, 인터넷, 통신망, 하수도 등)도 그렇다. 지구의 상태에 대해 불안해하면서도 동시에 더 나은 시장 기능을 궁리하는 이 경제학자들에 따르면, 이 '공유물들'을 위해 시장에만 의지하지 않는 새로운 '협치' 형식을 발명해야 한다. 『공유물 통치하기』(*Governing the Commons*)[6]는 '공유물 관리'를 위한 8가지 원칙을 정의한, 2009년 노벨경제학상 수상자 엘리너 오스트롬(Elinor Ostrom)의 최근 베스트셀러 제목이다. 아직 개발이 덜 된 '공유물 행정 기구'에 차지할 자리가 있다는 것을 알게 된 네그리와 그 일당은 본질상 완전히 자유주의적인 이 이론을 받아들였다. 그들은 공유물 개념을 자본주의가 생산하는 것 전체로까지 확장시켜서, 그 모든 것이 최종적으로는 인간들 간의 생산적 협력에서 나온 것이며, 인간들은 '공유물 민주주의'라는 해괴한 것을 통해 그것들을 전유하기만 하면 된다고 주장한다. 늘 아이디어가 궁한 만년 투사들은 서둘러 그들 뒤를 따라갔다. 그들은 이제 '건강, 주거, 이민, 돌봄 노동, 교육, 섬유 산업의 노동 조건'까지 죄다 전유해야 할 '공유물들'이라고 부르짖고 있다. 이 길로 계속

---

6) 국내에는 『공유의 비극을 넘어: 공유자원 관리를 위한 제도의 진화』(윤홍근 옮김, 랜덤하우스 코리아, 2010)라는 제목으로 번역되었다.

가다 보면, 그들은 머지않아 인터넷은 모든 사람의 것이어야 한다는 이유로 NSA(국가 안보국)의 자주 관리를 요구하고 원자력 발전소의 자주 관리를 부르짖을 것이다. 좀 더 세련된 이론가들은 '공유물'을 서구의 요술 모자에서 나온 최후의 형이상학적 원리로 삼겠다는 생각까지 한다. 그들은 "아르케"(archè)를 "모든 정치 활동을 정돈하고 조종하고 지배하는" 것, 새로운 제도와 새로운 세계 통치를 탄생시킬 새로운 "시작"이란 의미로 쓴다. 이 모든 것에서 불길한 것은 푸르동의 망상과 제2인터내셔널의 음울한 판타지에서 영감을 얻은, 인간과 사물[을 관리하는] 행정 기구를 거느린 이 세계 외에는 혁명을 대신할 다른 것을 상상하지 못하는 이 무능이다. 현대의 코뮨들은 '공유물'에 대한 접근권도 관리책임도 부르짖지 않고, 즉각 공동의 삶의 형식을 마련한다. 다시 말해, 현대의 코뮨들은 세계를 비롯하여 그들이 전유할 수 없는 것들과 **공유 관계**를 생성한다.

이 '공유물들'이 신종 관료들의 수중에 넘어간다 하더라도, 우리를 말살하는 것은 본질상 변하지 않을 것이다. 메트로폴리스의 **사회적** 삶 전체는 거대한 사기 저하 기도로 작용한다. 그 안의 모든 사람은 그들의 실존의 모든 측면에서 상품 시스템의 전체적 조직화에 엄격하게 **사로잡혀** 있다. 이러저러한 조직에서 활동할 수 있고, 자신의 '단짝' 패거리와 함께 떠날 수 있다. 그러나 그것도 결국은 각자 자신의 호구(糊口)를 위한 것이므로 다를 수 있다고 생각할 아무런 이유도 없다. 모든 운동, 모든 진실한 만남, 모든 반란 에피소드, 모든 파업, 모든 점거는 **그러한 삶**의 거짓 자명성에 뚫리는 구멍이고, **공동의 삶**이 가능하고 바람직하며, 풍요롭고 기쁠 수 있음을 보여 주는 증거이다. 때로는 모든 것이 공모해서 우리로 하여금 그것을 믿지 못하게 만들고 다른 삶의 형식들의 흔적을—이미 불씨가 꺼진 것들의 흔적도, 미리 싹을 잘라 버릴 준비를 하고 있는 것들의 흔적도—전부 지우고 있는 것처럼 보인다. 배를 조종하고 있는 절망한 사람들은 자신보다 덜 허무주의적인 승객이 있는 것을 가장 두려워한다. 사실 이 세계의 조직화, 즉 이 세계에 대한 우리의 엄격한 의존 관계의 조직화는 가능한 다른 삶의 형식 일체에 대한 일상적 부정이다.

사회의 니스 칠이 벗겨짐에 따라, 세력화의 시급성이 은밀하게 그러나 뚜렷하게 퍼져나가고 있다. '광장 운동'의 종언 이후 많은 도시에서 임차인 강제 퇴거를 막기 위한 상호부조 네트워크, 파업 위원회, 지구 집회들이 부화했고 게다가 온갖 협동조합들도 부화했다. 생산협동조합, 소비협동조합, 주거협동조합, 교육협동조합, 신용협동조합, 심지어 삶의 모든 측면을 도맡으려는 '통합협동조합'까지. 이러한 증식과 함께 이전에는 주변적이었던, 거의 급진적 게토 전용이었던 많은 실천들이 급진적 게토 너머로 확산되고 있다. 그리하여 그 실천들은 이제껏 알려지지 않은 높은 수준의 신뢰성과 실효성을 획득하고 있다. 이제 숨이 좀 덜 막힌다. 모든 사람이 비슷하지는 않지만, 사람들은 함께 돈의 필요에 대처한다. 사람들은 돈을 마련하기 위해서 또는 돈 없이 지내기 위해서 함께 스스로를 조직화한다. 그렇다고 해도 협동 목공소나 정비소를 공동으로 갖추는 수단으로 간주하지 않고 그 자체를 목적으로 여긴다면 그 또한 월급쟁이 생활만큼 고단할 것이다. 코뮨이 완결성 야망을 부정하지 않는다면 모든 경제적 개체들은 죽을 수밖에 없다. 아니, 이미 죽은 것이나 다름없다. 따라서 코뮨은 모든 경제 공동체들을 서로 소통하게 만드는 것, 모든 경제 공동체들을 관통하고 넘쳐 흐르는 것이며, 코뮨은 모든 경제 공동체들의 자기중심적 편향을 거스르는 유대이다. 20세기 초 바르셀로나 노동자 운동의 윤리적 세포조직이 현재 진행 중인 실험들에 가이드가 될 것이다. 그 운동의 혁명성을 이룬 것은 절대자유주의 계열의 학교들도, CNT-FAI[7] 검인이 찍힌 화폐를 불법적으로 찍어 낸 영세업자들도, 부문 노조들도, 노동자 협동조합들도, 피스톨레로스(*pistoleros*) 그룹들도 아니었다. 그것은 그 모든 것들 간의 유대였고, 그 모든 것들 사이에서 피어난 삶이었으며, 이 활동들 중 어떤 것에도, 이 개체들 중 어떤 것에도 할당할 수 없는 삶이었다. 그러한 것이 그 운동의 철옹성 같은 기반이었다. 게다가 1936년 7월 봉기의 순간에 유일하게 아나키스트 운동의 모든 유파들을 공격적으로 결합시킬 수 있었던 것이, 노소트로스(Nosotros) 그룹, 즉 그때까지 '아나코-볼셰비즘'으로 의심받았고, 한 달 전에 공개재판을 받고 FAI로부터 준-제명 처분을 받은 소외된 패거리였다는 것은 주목할 만한 일이다.

'위기'에 의해 타격을 입은 상당수의 유럽 국가들에서는, 사회적·연대적 경제와 그것에 수반되는 협동조합주의·상호부조주의 이데올로기가 대대적으로 회귀하고 있다. 그리고 그러한 것이 '자본주의의 대안'이 될지도 모른다는 생각이 퍼져나가고 있다. 그러나 우리가 보기에 그것은 오히려 투쟁에 대한, **코뮨**에 대한 대안이다. 사회적·연대적 경제가 지난 20년간 특히 남미에서,정치적 평정의 테크닉으로서 세계은행에 의해 도구로 사용된 방식을 조금만 유심히 살펴보면 그것을 확신할 수 있다. '제3세계' 국가들의 발전을 돕겠다는 가상한 프로젝트가, 1961년부터 1968년까지 미합중국 국방 장관을 지냈으며 베트남전과 고엽제와 롤링썬더 작전으로 유명한 인물인 로버트 맥나마라(Robert McNamara)의 특별히

7) CNT는 1910년 스페인 바르셀로나에서 결성된 노동조합 연맹(Confederación Nacional del Trabajo)의 약칭으로, 이베리아 아나키스트 연맹(Federación Anarquista Ibérica)에도 가입되어 있어 CNT-FAI라고도 불린다.

반-봉기적인 정신의 소산이라는 것은 잘 알려진 사실이다. 이 경제적 프로젝트의 본질 자체는 전혀 경제적이지 않다. 즉 그 프로젝트의 본질은 순수하게 정치적이며, 원리는 단순하다. 미합중국의 '안전'을 보장하기 위해서는, 다시 말해 공산주의의 봉기를 물리치기 위해서는 지나친 가난이라는, 봉기의 최선의 대의를 빼앗아야 한다는 것이다. 가난이 없으면 봉기도 없다는 것. 이는 완전히 갈릴라의 원리와 같은 것이다. 1968년에 맥나마라는 이렇게 썼다. "국가의 안전은 군사력에만 의존하지도, 주로 군사력에 의존하지도 않는다. 국내에서도, 전 세계 개발도상국에서도 국가의 안전은 군사력 못지않게 안정된 정치·경제 시스템의 구축에도 의존한다." 그러한 관점에서 가난과의 전쟁은 여러 가지 메리트가 있다. 첫째, 그것은 '진정한 문제는 가난이 아니라 부(富)라는 사실'—권력을 가진 몇몇 사람이 생산수단 대부분을 독점하고 있다는 사실—을 은폐할 수 있게 해준다. 둘째, 그것은 빈곤을 정치적 문제가 아니라 사회 공학의 문제로 만든다. 1970년대 이래로 가난을 줄이기 위한 세계은행의 개입이 거의 예외 없이 실패한 것을 조롱하는 사람들이 있는데, 이들은 그것이 봉기의 예방이라는 **진짜 목적에 있어서는** 대개의 경우 완벽하게 성공했다는 것을 알아야 한다. 이 고매한 여정은 1994년까지 지속되었다.

1994년은 미국과의 자유무역 협정이 필연적으로 초래할 폭력적인 사회적 탈구조화의 영향을 완화하기 위해 멕시코에서 170,000개의 지역 '연대 위원회'에 의지해서 시작된 전국 연대 프로그램(PRONASOL)이 사파티스타의 봉기로 치달은 해이다. 그때 이후로 세계은행은 마이크로-크레딧, 「빈민들의 자율과 권한의 강화」(2001년 세계은행 보고서), 협동조합, 상호 공제조합, 요컨대 사회적·연대적 경제만 떠받든다. 동 보고서에는 다음과 같이 쓰여 있다. "빈민들이 국가 기관을 감독하고, 지역의 의

사결정 과정에 참여하고, 그럼으로써 일상생활에서 법의 우위를 보증하는 데 협조하도록, 빈민들의 지역 조직으로의 결집을 도울 것." 이 말을 다음과 같이 이해해야 한다. 우리의 네트워크에서 지역 리더를 뽑고, 반체제 집단을 무력화시키고, '인적 자본'을 재활용하고, 그때까지 상품 회로에서 빠져나갔던 모든 것을 주변적인 상품 회로에라도 편입시킬 것. 수만 개의 협동조합은 물론 회수된 공장들까지도 '아르헨티나 트라바하' 프로그램[8]에 편입시킨 것은 크리스티나 키르치네르(Cristina Kirchner)[9]의 반-봉기의 걸작이고, 2001년의 궐기에 대한 그녀의 보정(補正)된 대응이다. 브라질도 가만히 있지 않고, 2005년에 이미 15,000개 기업을 조사한 자체의 전국 연대경제 사무국을 이용해 지역화된 자본주의 성공 스토리에 기막히게 편입한다. '시민 사회의 동원'과 '다른 경제'의 발전은, 나오미 클라인(Naomi Klein)이 순진하게 믿는 것처럼 '쇼크 전략'에 맞춰 조정된 대응이 아니라 그 장치의 다른 쪽 턱이다. 협동조합과 더불어, 신자유주의의 알파와 오메가인 기업-형식[10]도 확산되고 있다. 몇몇 그리스 좌파들은 지난 2년간 자국에서 자주 관리 협동조합의 수가 폭발적으로 증가한 것을 자랑스러워하고 있지만, 우리는 그들처럼 비굴하게 그럴 수가 없다. 세계은행도 정확히 똑같은 계산을 하고 똑같이 흡족해하기 때문이

---

8) 아르헨티나 트라바하(Argentina Trabaja)란 2001년 경제 위기로 크게 늘어난 실업자들을 구제하기 위해 아르헨티나 정부가 실시한 '응급처치'로, 실업자에게 상·하수도 청소, 공공주택 건설 같은 공공근로 일자리와 급여를 주는 사회프로그램이었다.

9) 아르헨티나의 제47대 대통령 네스토르 키르치네르의 부인으로, 시의원과 상원의원을 거쳐 2007년 12월에 아르헨티나의 48대 대통령으로 당선된다.

10) 신자유주의는 모든 것이 기업을 모델로 움직일 것을 요구한다. 가령 개인도 하나의 기업과 마찬가지로 자신이 가진 것을 어떻게 투자하여 자기를 좀 더 유능하게, 즉 좀 더 돈이 되는 자로 만들 것인지, 그러한 신체-기업을 비용을 들여 움직임으로써 어떤 수익을 얻을 것인지를 계산하여 행동할 것을 요구받는다. 이 모델에서는 국가 또한 하나의 기업이다.

다. 사회적·연대적 경제를 신봉하는 주변적 경제섹터의 존재는 정치적·경제적 권력의 집중을 절대 다시 문제 삼지 않는다. 심지어 그것이 다시 문제시되는 것을 막아 주기까지 한다. 그러한 방어벽 뒤에서 그리스의 선주(船主)들과 군대와 국내 대기업들은 정상영업[11]을 계속할 수 있다. 약간의 민족주의, 한줌의 사회적·연대적 경제만 있으면, 봉기는 [보채지 않고] 잘 기다릴 수 있다.

경제학이 '행동 과학'을 참칭하고 심지어 '응용 심리학'까지 참칭할 수 있기 위해서는, 지구상에 경제적 피조물—필요의 존재—을 증식시켜야 했다. 필요의 존재, 궁핍자는 자연적인 것이 아니다. 오랫동안 삶의 방식들만 있었고, 필요는 없었다. 사람들은 이 세계의 일부에 거주했고, 거기서 영양을 섭취하고 옷을 해 입고 재미있게 놀고 지붕을 이는 방법을 알고 있었다. 필요는 인간들을 그들의 세계로부터 떼어놓는 작업을 통해 역사적으로 생산되었다. 그것이 수탈의 형태였는지, 몰수의 형태였는지, 엔클로저의 형태였는지, 식민지화의 형태였는지는 중요하지 않다. 필요는 경제가 인간에게서 세계를 빼앗은 대가로 인간에게 준 것이다. 이것이 우리의 출발점이다. 그것을 부정해봐야 소용없다. 그러나 코뮨이 필요를 책임지는 것은 경제적 자급자족을 기하기 위해서가 아니라, 이 세계에 대한 경제적 의존이 연속적인 전락(轉落)의 정치적이고 실존적인 요인이기 때문이다. 코뮨은 우리 안에서 필요의 존재를 없애기 위해 필요에 응답한다. 코뮨의 기본적 행동은, 결핍이 느껴지는 곳에, 그것이 생기는 족족 사

---

11) 여기서 필자들은 business as usual이란 영어 표현을 사용하고 있는데, 이는 '평상시와 다를 바 없이 행동하는 것', '위기에 직면해서도 태연한 태도를 취하는 것', '정치적 위기나 혼란을 회피하기 위해 정치가가 의도적으로 태연한 태도를 취하는 것'을 의미한다.

라지게 만들 수단을 갖추는 것이다. 어떤 사람들에게 '집이 필요'한가? 그렇다면 그들에게 집을 지어 주는 데 그치지 않고 누구든 신속하게 자신의 집을 지을 수 있도록 작업장을 마련하면 된다. 모임을 갖거나 이야기를 하거나 식사를 하기 위한 장소의 필요성을 느끼는가? 그렇다면 '코뮨의 일원이 아닌' 사람들도 자유롭게 이용할 수 있는 장소를 하나 점거하거나 만들면 된다. 보다시피 문제는 풍요의 창출이 아니라 필요의 소멸, 다시 말해 홀로 세상과 맞서고 있다는 느낌을 해소시킬 수 있는 집단 역량에의 참여이다. 운동의 취기만으론 그것을 하기에 충분하지 않다. 풍부한 수단이 있어야 한다. 그래서 최근에 테살로니키(Thessalonique)의 비오메(Vio-Me) 공장을 그곳 노동자들이 회수한 것과, 비오메 공장에 영감을 주긴 했지만 여러 가지로 폐해가 컸던 상당수의 아르헨티나의 자주 관리 시도를 구별해야 한다. 비오메 공장 회수는 단순한 대안 경제의 시도로 간주되지 않고, 곧바로 그리스 '운동' 나머지 전체에 의거한 정치적 공세로 간주되었기 때문이다. 이 타일줄눈 공장은, 동일한 기계를 가지고, 특히 '운동이 운영하는 보건 진료소들에 공급되는 소독젤 생산으로 업종을 바꾼다. 코뮨적 성격을 갖는 것은 바로 여기, '운동'의 여러 측면 사이에서 일어나는 공명이다. 코뮨이 '생산한다'면, 부수적으로만 그럴 뿐이다. 코뮨이 우리의 '필요'를 충족시킨다면, 그것은 말하자면 부가적으로, 즉 코뮨적 삶의 욕망에 더해서 하는 것이지 생산과 필요를 목적으로 삼아서 하는 것이 아니다. 이 세계에 대한 공공연한 공세에서, 코뮨은 자신의 성장에 요구되는 우군을 얻을 것이다. 코뮨들의 성장이야말로 진정한 경제 위기이며, 유일하게 심각한 탈성장이다.

4. 공동 역량을 형성하기

코뮨은 어떤 상황에서든, 어떤 '문제'와 관련해서든 형성될 수 있다. 볼셰비키 커뮤널리즘의 선구자들인 AMO 공장 노동자들은 소비에트연방 최초의 공동주택을 열었는데, 이는 수년간의 내전과 혁명 이후에 그들에게 휴가를 갈 장소가 턱없이 부족했기 때문이었다. 1930년에 한 코뮨투사(communard)는 이렇게 썼다. "그리고 가을 장마가 집단 별장의 지붕을 두드리기 시작했을 때, 그 지붕 아래서 단호한 결정이 내려졌다. 그 결정은 겨울 동안 우리의 실험을 계속하자는 것이었다." 코뮨의 탄생에 관해 특권적 출발점이 없는 것은 시대 속으로 들어가는 특권적 진입점이 없기 때문이다. 모든 상황은, 우리가 그것에 애착을 갖고 매달리면 우리를 이 세계로 다시 데려오고 우리를 이 세계에 붙들어 맨다. 즉 이 세계에 생기는 균열들과 파열구들에도, 이 세계에 존재하는 견딜 수 없는 것들에도 우리를 붙들어 맨다. 실존의 모든 디테일에 삶의 형식 전체가 걸려 있다. 모든 코뮨의 목적은 결국 세계이기 때문에, 코뮨은 자신의 구성을 주재한, 그리고 단지 우연한 마주침의 계기였을 뿐인 임무나 문제, 상황에 의해 전적으로 규정되지 않도록 경계해야 한다. 함께 하고자 하는 욕망과 그로부터 나오는 역량이 애초에 코뮨이 구성된 이유들을 압도하게 될 때, 코뮨의 전개에서 하나의 유익한 문턱을 넘게 된다.

최근의 궐기 과정에서 폭동 기법의 확산과 이제는 보편적이 된 가스마스크 사용 — 완전히 숨쉬기 힘들어진 시대의 상징 — 외에, 설령 거리의 가르침에 지나지 않는다 하더라도 다른 가르침이 있었다면, 그것은 바로 어떤 정치 교육 못지않게 가치가 있는 기쁨에의 입문이다. 지난 몇 년간 베르사유의 샌님들마저도 무단 시위나 경찰과의 난투극에 취미를 붙였다. 긴급 상황, 폭동 상황, 점거 상황은 매번, 처음에 요구 사항이나 전략이나 희망으로 내걸었던 것 이상을 탄생시켰다. 600그루의 나무가 뽑히는 것을 막기 위해 탁심 광장으로 나선 사람들은 결국 지켜야 할 다른 것을 발견했다. 집단 조직화 시늉만 해도 모두 정치적으로 거세되고 예방 차원에서 손발이 잘리던 10년의 세월이 지난 이후 마침내 되찾은 역량의 모태이자 표현으로서의 광장 자체가 바로 그것이었다.

타흐리르 광장 점거, 푸에르타 델 솔 점거, 미국의 몇몇 점거, 수사 계곡, 라마달레나(la Maddalena) 자유 공화국의 잊지 못할 40일 등에서 코뮨의 소관이었던 것은 누구도 전체화할 수 없는 여러 방면에서 사람들이 스스로를 조직할 수 있음을 발견하는 것이었다. 거기서 우리를 도취시킨 것은, 지정 불가능하고 일시적으로 난공불락이었던 공통 역량에 참여하고 있고, 그 역량을 경험하고 있다는 느낌이었다. 그것이 난공불락이었던 이유는 모든 순간, 모든 행동, 모든 마주침을 휘감은 기쁨은 우리에게서 **결코** 빼앗을 수 없는 것이었기 때문이다. 누가 1,000인분의 밥을 짓는가? 누가 라디오 방송을 하는가? 누가 성명서를 작성하는가? 누가 경찰들에게 투석기를 쏘는가? 누가 집을 짓는가? 누가 나무를 베는가? 누가 집회에서 발언을 하고 있는가? 이 모든 것을 다 아는 이도 없고, 일일이 신경 쓰는 이도 없다. 이 모든 것은, 스페인 사람 블룸(Bloom)이 14세기의 자유정신 형제회[12]라는 이단자들의 개념인 줄 모르고 그것을 차용해서 말한 것처럼, **이름 없는 힘**이다. 우리가 행하는 것, 우리가 체험하는

---

12) 13세기에 유럽에 퍼졌던 자유주의 범신론에 심취한 자들이 결성한 신비주의 단체로, 자유영혼 형제단, 자유심령 형제단이라고도 한다. 이들은 사람은 자유분방한 생각을 하고, 무슨 생각을 하건 잘못이 아니며, 사람에게는 신적인 섬광이 번쩍인다고 주장했다. 나아가 만물은 창조주와 같아지고 인간은 신이 될 수 있다고 주장했다.

것이 공통의 정신·힘·부의 성격을 띤다는 것을 느낄 때만 경제를 청산할 수 있다. 다시 말해 그것을 느낄 때만 어디서나—작업장에서도 연애에서도—원한의 표시인 계산·측정·평가, 이 모든 편협한 회계사 마인드를 청산할 수 있다. 신태그마 광장에서 오랫동안 야영한 한 친구는, 운동이 국회에 불을 질렀고 국가 경제를 장기적으로 무너뜨렸는데 그리스인들은 어떻게 생계를 꾸려갈 수 있었냐고 묻자 깜짝 놀라며 이렇게 말했다. "천만 명이 그대로 굶어 죽지만은 않았다. 그로 인해 여기저기서 몇 차례 설전이 벌어졌지만, 그 정도의 무질서는 평소 횡행하는 무질서에 비하면 아주 작은 것이었다."

코뮨이 직면하는 **상황**의 특성은, 그것에 전념하면 거기에 가져오는 것이나 거기서 찾으려고 하는 것 이상을 발견하게 된다는 것이다. 즉, 그간 인식하지 못했던 자신의 힘과 인내력과 창의성, 그리고 전략적으로나 일상적으로나 예외 상황에 거주하는 것의 행복을 뜻하지 않게 발견하게 된다. 이런 의미에서 **코뮨은 생식력의 조직화이다**. 코뮨은 언제나 그것이 부르짖는 것 이상을 탄생시킨다. 이스탄불의 모든 광장과 대로에 나선 군중들을 뒤흔든 충격을 **불가역적이게** 만든 것이 바로 그것이다. 몇 주 동안 보급, 공사, 의료, 장례, 무장 등 중요한 문제들을 스스로 해결해야 했던 군중들은 단지 스스로를 조직화하는 법만 배운 것이 아니다. 그들은 사람들 대부분이 몰랐던 것, 즉 우리는 스스로 조직화**할 수 있으며** 그 역량은 근본적으로 기쁨을 준다는 것을 배웠다. "공적 공간의 수복"을 이야기하는 모든 민주주의자 평론가들이 이 거리의 생식력에 대해 침묵으로 일관했다는 사실은 그것의 위험성을 충분히 증명해 준다. 그 몇 날 며칠 밤의 기억은 메트로폴리스의 질서정연한 일상을 한층 더 참을 수 없는 것으로 보이게 만들었으며, 그것의 헛됨을 발가벗겼다.

8. 오늘은 리비아, 내일은 월스트리트

1. 15년의 역사

2011년 7월 3일, 라마달레나가 제외된 것에 대응해서 수만 명이 여러 대열을 이루어 경찰과 군대가 점령한 건설 현장 인근으로 모여들었다. 바로 그날 수사 계곡에서 진짜 전투가 벌어졌다. 다소 무모한 기병 하나가 숲속에서 시위대에게 붙잡혀 무기를 빼앗기기까지 했다. 미용사부터 할머니까지 거의 모든 사람이 가스 마스크를 착용했다. 너무 연로해서 집 밖으로 나올 수 없는 사람들은 문간에서 'Ammazzateli!'—'죽여 버려!'—라고 외치며 우리를 응원했다. 점령군은 끝내 고립지에서 빠져나오지 못했다. 그리고 다음날 이탈리아 전역의 신문들은 일제히 경찰의 거짓말을 전했다. '메이록스(Maalox)와 암모니아: 블랙블록 게릴라' 등등. 이 거짓 프로파간다에 대응해서 기자 회견이 열렸다. 운동의 대응은 다음과 같은 말로 표현되었다. "그래, 좋다. 건설 현장을 공격하는 사람을 블랙블록이라고 한다면, 우리는 모두 블랙블록이다!" 10년 전 제노바 전투[1]에

---

1) 2001년 이탈리아 제노바에서 G8 정상회담이 개최되던 날, 모든 외채의 무조건적 탕감을 주장

대해서도 어용 언론은 거의 매일 똑같은 설명을 내놓았었다. 어디서 왔는지 알 수 없는 블랙블록이라는 존재가 침투해서 방화와 살육으로 도시를 쑥대밭으로 만들었다는 것. 당시에 열린 공개 토론에서는 해당 블랙블록이 실은 사복 경찰로 이루어져 있었다는 주장을 옹호하는 시위 조직자들과 그것을 외국에 근거지가 있는 테러 조직으로 보는 사람들이 대립했다. 확실하게 말할 수 있는 것 한 가지는 경찰의 레토릭은 변함없이 그대로지만 현실 운동은 진일보했다는 것이다.

우리 당의 관점에서 지난 15년에 대한 전략적 독해는 최근에 진행된 자본에 대한 조직화된 세계적 공세인 반-글로벌화 운동에서 시작할 수밖에 없다. 그 운동의 탄생 시점을 어디로 잡는지는 별로 중요하지 않다. 1997년 마스트리히트(Maastricht) 조약 반대 암스테르담 시위로 잡든, 1998년 5월 WTO 반대 제네바 폭동으로 잡든, 1999년 6월 런던의 반-자본 카니발로 잡든, 동년 11월 시애틀의 반-자본 카니발로 잡든. 반-글로벌화 운동이 절정에 달했던 제노바 전투 이후에도 그 운동의 불씨가 꺼지지 않고 살아남아서, 2007년의 하일링겐담까지 이어졌다고 볼 수도 있고, 2010년 6월의 토론토까지 이어졌다고 볼 수도 있지만, 이 역시 별로 중요하지 않다. 확실한 것은 1990년대 말에 다국적 기업들과 국제 통치기구들(IMF, 세계은행, 유럽연합, G8, 나토 등)을 타깃으로 삼은 전 지구적 운동이 출현했다는 것이다. 9·11을 구실로 삼은 글로벌 반-혁명은 반-글로벌화 운동에 대한 정치적 대응으로 이해된다. 제노바 전투 이후, '서구 사회들'

하는 주빌리사우스 운동, 금융자본의 인민 통제를 주장하는 아탁, WTO 반대투쟁에 적극적으로 참가했던 농민운동 등이 '신자유주의 세계화 반대'를 전면에 내세우고 벌인 대규모 시위다. 당시에 무장한 이탈리아 경찰이 시위를 폭력적으로 진압하며 시위에 참가한 한 청년을 총으로 쏴 사망하게 한 사건이 발생한다.

내부에서 가시화된 분열이 어떻게 해서든지 다시 덮여져야 했다. 2008년 가을, '반-글로벌화 운동'이 비판의 우선적 타깃으로 삼은 곳인 자본주의 시스템의 심장부, 즉 금융 시스템에서 '위기'가 시작되는데, 이는 필연적인 것이었다. 아무리 대대적인 반-혁명일지라도 모순을 동결시킬 수 있을 뿐, 아예 없앨 수는 없기 때문이다. 그래서 7년 동안 노골적으로 억압되었던 것들이 돌아오고 있는데 이 역시 필연적인 것이다. 한 그리스인 동지는 다음과 같이 요약했다. "2008년 12월은 한 달간의 전국적 규모의 제노바였다." 그 동안 빙판 아래서 모순들이 무르익고 있었던 것이다.

역사적으로 볼 때, 반-글로벌화 운동은 자본에 대한 전 세계 쁘띠부르주아의 최초의 가슴 뭉클하고 가소로운 공격으로, 자신들의 임박한 프롤레타리아화에 대한 직감으로 남을 것이다. 역사적으로 쁘띠부르주아의 직종이었던 것들—의사, 언론인, 변호사, 예술가, 교수 등—중에 행동주의 버전으로 바뀌지 않은 것은 아무것도 없다. 거리 의사,[2] 독립 미디어의 대안 기자, 법률팀, 연대경제 전문가 등등. [경찰에게 빼앗은] 곤봉을 들어올리기만 해도 군중들이 참새 떼처럼 즐거워하는, 이 정상회담 반대 폭동들에서까지 응집성이 없는 반-글로화 운동의 조락성은 두 계급 사이의 비-계급으로서 쁘띠부르주아 자체의 부유성, 그들의 역사적 우유부단, 그들의 정치적 무능과 결부되어 있다. 반-글로벌화 운동에 내성이 부족한 것은 쁘띠부르주아에게 현실성이 부족하기 때문이다. 반-혁명의 겨울바람이 일기만 하면 반-글로벌화 운동은 몇 계절 만에 분쇄되었다.

반-글로벌화 운동의 영혼이 국제 통치기구에 대한 비판이었지만,

---

2) 거리 의사(street medics)란 시위에 참가해서 의료 지원 활동을 하거나, 자신들이 지지하는 단체에서 설립한 무료 진료소에서 일하는 자원봉사 의사들 또는 의대생들을 지칭하는 말이다.

'위기'가 이 비판의 담지자들, 즉 투사들과 행동주의자들을 징발해 갔다고 말할 수 있다. 정치화된 피조물들로 이루어진 제한된 서클들에게만 의미가 있었던 것들이 이제는 모두에게 자명한 것이 되었다. 전과 달리 2008년 가을 이후로는 은행을 부수는 것이 그렇게 큰 의미가 있지도, 그렇게 공유된 의미가 있지도 않았다. 바로 그 때문에 전문 폭동가들이 소그룹을 지어 은행을 부수는 것 또한 별로 의미가 없었다. 2008년 이후로 마치 반-글로벌화 운동이 현실에 용해된 것처럼 모든 일이 진행되고 있다. 반-글로벌화 운동이 소멸한 것은 정확히 **그것이 실현되었기 때문이다**. 반-글로벌화 운동의 기본 어휘를 구성했던 모든 것이 공적인 영역으로 넘어가 버린 것처럼 되어 버렸다. 파렴치한 '금융독재', IMF가 지휘하는 구조조정의 정치적 기능, 자본주의의 탐욕에 의한 '환경 파괴', 핵 로비의 광적인 오만, 터무니없는 거짓말의 횡행, 지도자들의 노골적인 부패를 의심하는 사람이 아직도 있는가? 신자유주의가 자신의 실패에 대한 처방으로서 일방적 축성식[3]을 거행하는 것을 보고 아직도 놀라는 사람이 있는가? 오늘날에는 상식이 된 확신들이 10년 전에는 전투적 서클들에만 제한되었다는 사실을 명심해야 한다.

반-글로벌화 운동은 자신의 고유한 실천의 무기들까지 '[평범한] 사람들'에게 빼앗겼다. 푸에르타 델 솔에는 자체 법률팀, 의료팀, 인포 포인트(Info point), 핵티비스트들, 캠핑 텐트들이 있었는데, 이것들은 모두 과거에 정상회담 반대운동과 'No Border' 캠프에 있었던 것들이다. 여러

3) 가톨릭에서 사람이나 물건을 신에게 봉헌하여 성스럽게 하는 의식을 말한다. 축성된 사람이나 물건은 성스러운 것이 되어 하나님을 위한 목적으로만 사용되고 세속적으로는 사용되지 않는데, 예컨대 성당, 미사용 제구, 종, 교회 묘지 등이 그러하다.

가지 집회 형식, 지구(*barrios*) 조직과 위원회 조직, 심지어 우스꽝스러운 행동 코드들까지 스페인 수도 한복판으로 옮겨졌는데, 이는 모두 반-글로벌화 운동에서 유래한 것들이다. [반-글로벌화 운동이] 몇 해 전에 각국 IMF 대표들의 회의장 진입을 막은 것처럼, 2011년 6월 15일에 바르셀로나에서는 야영자들(*accampadas*) 수천 명이 '긴축안' 표결을 막기 위해 이른 아침에 카탈루냐 의회 봉쇄를 시도했다. 2011년 영국 학생운동의 북 블록(Book Bloc)은 투테비안케들[4]이 정상회담 반대시위에서 실천한 것을 '사회 운동'의 일환으로 재연한 것이었다. 2014년 2월 22일 낭트에서 신공항 프로젝트 반대시위가 벌어졌을 때 기동적인 소그룹을 지어 복면을 쓰고 활동하는 폭동 실천이 널리 확산되어 있어서, '블랙블록'이란 말을 쓰는 것은, 비단 내무부 장관의 담화가 아니더라도, 새로운 것을 이미 알려진 것으로 환원시키는 방식에 불과했다. 경찰이 '급진 그룹'의 행동만 가려내는 경우에, 그들이 은폐하려고 하는 것은 전반적 급진화임을 알아차리는 것은 어려운 일이 아니다.

2. 지역의 인력(引力)에서 빠져나오기

그리하여 우리 당은 도처에 있지만 멈춰서 있다. 반-글로벌화 운동의 소멸과 함께, 자본 자체만큼이나 전 지구적인, 그렇기에 자본에 대항할 수 있는 운동의 전망 또한 사라졌기 때문이다. 따라서 우리에게 제기되는

4) 투테비안케(Tute Bianche)는 1999년 시애틀 시위에서 온몸에 흰옷을 두르고 나타나 이목을 끌었고, 2002년 제노바에서 열린 G8 정상회담 반대시위 때부터는 디스오베디엔티(Disobedienti)로 이름을 바꾸어 사회적 불복종을 전투적인 방식으로 주장한 서클이다.

첫 번째 문제는 이것이다. 지역에 위치한 일단의 역량들이 어떻게 세계적 힘을 이룰 것인가? 일단의 코뮨들이 어떻게 역사적 당을 이룰 것인가? 다시 말하면, 삶의 영토에 밀착하기 위해서, 정상회담 반대운동의 의례를 — 그것의 전문 행동주의자들, 우울한 배후 조종자들, 예견 가능한 폭동, 난무하는 슬로건, 공허한 의미 등과 함께 — 어느 정도 버려야 했고 글로벌한 것의 추상에서도 빠져나와야 했는데, 그렇다면 이제 **지역적인 것의 인력**에서 어떻게 빠져나올 것인가?

전통적으로 혁명가들은 공동의 적을 지정함으로써 자기네 당의 통일이 이루어지기를 기대한다. 그러나 이는 혁명가들의 치유 불가능한 변증법적 악습이다. 푸코는 이렇게 말했다. "변증법적 논리는 모순적인 항들을 동질성의 환경에서 작동시키는 논리이다. 그러니 이 변증법 논리를 차라리 전략 논리로 대체하라고 권하겠다. 전략 논리는 모순적인 항들을, 그것들이 합(合)으로 해소될 수 있게 해주는 동질성의 환경에서 활용하지 않는다. 전략 논리는 괴리적이고 계속해서 괴리되어 있는 항들 간에 가능한 연결[접속]을 수립하는 기능을 한다. 전략 논리는 이질적인 것의 연결의 논리이지 모순적인 것의 동질화 논리가 아니다."

[지역에] 자리 잡은 코뮨들 간의 이질적 역량들 간의 실질적 유대는 결코 공동의 적을 지정하는 데서 생기지 않는다. 투사들이 무엇이 적인가 — 소외인가, 착취인가, 자본주의인가, 성차별인가, 인종주의인가, 문명인가, 아니면 그냥 존재하는 것 전부인가 — 라는 문제에 대해 40년 동안 토론했는데도 여전히 그 문제를 종결짓지 못한 것은 문제가 잘못 제기되었기 때문이고 그것이 근본적으로 무익한 문제이기 때문이다. 적은 단지 그것의 규정들 전체에서 빠져나오기만 하면, 즉 어떤 것인지 모르는 정치적·철학적 면(面)으로 이동하기만 하면 지정되는 어떤 것이 아니다.

그렇게 빠져나온 이후에는, 모든 암소가 회색이 되고, 현실세계는 스스로 부과한 이방성으로 둘러싸인다. 즉 이제 모든 것이 적대적이고 차갑고 무차별적이다. 그러면 투사는 이것저것에 반대하는 캠페인을 벌일 수 있을 테지만, 그것은 언제나 공백의 형식에 반대하는 것, **자기 자신의 공백**의 형식에 반대하는 것일 것이다—무능한 자가 풍차에 달려드는 것이다. 반대로, **자신이 존재하는 곳**, 자신이 자주 드나드는 계(界), 자신이 거주하는 영토, 자신이 일하는 회사**로부터 출발하는** 사람에게는, 시험[시련]에서, **접촉**에서 전선이 저절로 명확해진다. 누가 개자식들을 위해 일하는가? 누가 연루되는 것을 겁내는가? 누가 자신이 믿는 것을 위해 위험한 일을 감행하는가? 상대 당은 무슨 짓까지 서슴지 않는가? 무엇으로부터 뒷걸음치는가? 무엇에 의지하는가? 상황 상황마다, [마주침의] 경우 경우마다 이 물음들에 대한 대답을 주는 것은 일방적 결정이 아니라 경험 자체이다. 여기서 적은 더 이상 지정됨으로써 구성되는 허깨비가 아니다. 적은, 자신의 현 존재와 자신이 존재하는 곳으로부터 자신을 떼어내서[추상해서] 이 탈각 이후에 정치라는 추상적 장—이 사막—에 자신을 투사(投射)하는 짓을 하지 않은 모든 사람에게 **주어지는** 것, 부과되는 것이다. 하지만 그러한 적도 갈등을 본능적으로 회피하지 않을 정도로 자기 안에 충분한 삶[생명력]을 가진 사람들에게만 주어진다.

모든 선언된 코뮨은 자기 주위에, 때로는 멀리 떨어진 곳에도 새로운 지리를 생성시킨다. 모든 것이 일반화된 등가의 회색빛으로 구별 없이 교환되던 평야만 있던 곳에, 획일적 영토만 있던 곳에, 코뮨은 산맥과 온갖 구획된 기복, 고개, 봉우리, 자신과 친구 사이의 새로운 지름길, 자신과 적 사이의 통행 불가능한 절벽이 솟아오르게 만든다. 모든 것이 더 이상 그렇게 단순하지 않다. 혹은 다르게 단순하다. 모든 코뮨은 정치적 영토를 창조하며, 그 영토는 코뮨의 성장에 따라 확장되고 분기한다. 그리고 바로 이 운동 속에서 모든 코뮨은 다른 코뮨들로 통하는 오솔길들을 그려내고, 우리 당을 이루는 노선과 유대를 짜 나간다. 우리의 힘은 적의 지정에서 태어나는 게 아니라 코뮨들을 서로의 지리 안으로 들이기 위해 기울이는 노력에서 태어날 것이다.

우리는 세계가 자본주의 블록의 하수인과 자본주의 블록의 적으로 잘못 분할된 시대의 고아들이다. 소비에트 환상이 붕괴되면서, 모든 단순한 지정학적 해석의 격자는 사라졌다. 이란, 중국, 베네수엘라, 바샤르 알 아사드(Bachar El-Assad) 등이 반제국주의 투쟁의 영웅의 형상을 하고 있는, 다른 식으로 안심이 되는 해석의 격자를 복원하려는 몇몇의 필사적 시도가 있기는 하지만, 어떤 이데올로기로도 멀리서 친구와 적을 구분할 수는 없다. 누가 여기서 리비아 봉기의 정확한 성격을 말할 수 있었겠는가? 누가 탁심 광장 점거에서 낡은 케말리즘(kémalisme)[5]에 속하는 것과 새로운 세상에 대한 열망에 속하는 것을 분간할 수 있는가? 그리고 마이단(Maidan)[6]은? 지금 마이단은 사정이 어떤가? 보러 가야 한다. 만나러 가야 한다. 그리고 운동들의 복합성 속에서 우군 코뮨, 가능한 동맹, 필요한 갈등을 분간해야 한다. 변증법 논리가 아니라 전략 논리에 따라서.

40여 년 전에 들뢰즈(Gilles Deleuze) 동지는 이렇게 썼다. "우리는 처음부터 중앙집권주의자들보다 더 중앙집권적이어야 한다. 혁명 기계

---

5) 터키 공화국 초대 대통령 케말 아타튀르크가 오스만 제국과 터키 공화국을 분리하기 위해 주창한 개혁 원리로 '아타튀르크주의'(Ataturkism) 혹은 '여섯 개의 화살'로 불린다. '여섯 개의 화살'은 케말리즘의 핵심 이데올로기로 공화주의·세속주의·민족주의·국가주의·인민주의·개혁주의를 말한다.

6) 우크라이나어로 '독립 광장'을 뜻하며, 2013년 11월 우크라이나의 반정부 시위가 시작된 곳이기도 하다.

가 국지적이고 단발적인 투쟁들에 그칠 수 없다는 것은 분명하다. 초-욕망적이고(hyper-désirante) 초-중앙집권적(hyper-centralisée)이기에, 혁명 기계는 동시에 그 모든 것이어야 한다. 고로 문제는 욕망에 고유한 이 다양성을 짓이기는 방식으로 수직으로 작동하지 않고 다양성을 통해 횡단적으로 작동하는 통일의 성격에 관련된다." 우리들 사이에 유대가 존재하는 이상, 우리 당의 분산과 분열된 지도그리기는 약점이 아니라 오히려 적군에게서 결정적 타깃을 빼앗는 방식이 된다. 2010년 여름, 카이로의 한 친구는 그것을 다음과 같이 말했다. "내 생각에 지금까지 이집트에서 일어난 일을 지켜 준 것은 이 혁명의 리더가 없다는 것이었다. 그것은 아마도 경찰과 국가와 정부에게는 가장 당혹스러운 점일 것이다. 그것을 멈추게 하기 위해 잘라 낼 머리가 없다는 것. 자신의 실존을 보전하기 위해 끊임없이 변이하는 바이러스처럼, 우리에게는 완전히 수평적이고 유기적이고 분산적인, 위계 없는 이 대중 조직을 유지하는 바로 이 방식이 있었다." 국가나 조직처럼 구조화되지 않는 것은 분산되고 파편적일 수밖에 없으며, 팽창의 원동력 자체를 그것의 성좌적 특징에서 구한다. 우리가 지역 응집성들 간의 만남과 왕래[순환]와 이해와 공모를 조직화한다는 조건으로 그렇다. 혁명의 임무는 부분적으로 번역의 임무가 되었다. 반란의 에스페란토어는 없다. 반란자들이 아나키스트의 언어를 배워야 하는 게 아니라 아나키스트들이 여러 언어에 능통해져야 한다.

3. 조직이 아닌 힘을 구축하기

우리에게 제기되는 다음 난제는 이것이다. 어떻게 조직이 아닌 힘을 구축할 것인가? 여기서도 '자생성이냐 조직화냐'라는 주제로 한 세기 동안 싸웠지만 납득할 만한 답을 찾지 못한 것으로 보아 문제가 잘못 제기된 것이 틀림없다. 이 잘못 제기된 문제는 이른바 '자생적'이라고 하는 모든 것이 겉으로 드러나지 않게 감추고 있는 조직화 형식을 지각하지 못하는 눈멂과 무능에 기초하고 있다. 공동의 삶은 말할 것도 없고 모든 삶이, 존재하고 말하고 생산하고 사랑하고 투쟁하는 여러가지 방식, 여러가지 규칙성, 따라서 여러가지 습관, 언어 — 여러가지 형식 — 를 자체적으로 분비한다. 하지만 우리는 살아 있는 것들 속에서 그러한 형식들을 보지 못하도록 배웠다. 우리에게 형식이란 조각상이거나 구조이거나 골격일 뿐, 결코 움직이고 먹고 춤추고 노래하고 감동하는 존재가 아니다. 진정한 형식들은 삶에 내재하며 운동 속에서만 포착된다. 이집트의 한 동지는 우리에게 이렇게 말했다. "타흐리르 광장 점거 첫날 동안 카이로는 그 어느 때보다 생기가 넘쳤다. 제 기능을 하는 것이 아무것도 없었기 때문에 각자가 자기 주변을 돌봤다. 사람들은 스스로 쓰레기를 수거하고 거리를 청소하고 때로는 도색도 하고 벽화도 그리고 서로를 걱정해 주었다. 교통경찰이 없어진 이후 교통의 흐름마저도 놀라울 정도로 원활해졌다. 우리가 갑자기 깨달은 것은 가장 단순한 행동들, 즉 도시가 우리의 것이 되게 하고 우리가 도시에 속하게 하는 행동들을 우리가 몰수당했었다는 사실이다. 사람들은 타흐리르 광장으로 와서 무엇을 도울 수 있는지를 자발적으로 물었다. 그들은 부엌일을 하고, 부상자들을 운반하고, 플래카드와 방패와 새총을 준비하고, 토의를 하고, 노래를 만들었다. 우리는 국가에 의한 조직화는, 스스로를 조직화할 수 있는 인간 능력의 부정에 기초했기 때문에 실제로는 최대치의 탈-조직화였다는 사실을 깨달았다. 타흐리르 광장에서는 아무도 명령을 내리지 않았다. 누군가가 이 모든 것을 조직화할 생각을 한다면 그 즉시 카오스가 될 것이 분명했다." 파리 코뮨 때 쿠르베

(Gustave Courbet)가 쓴 유명한 편지가 생각난다. "파리는 진정한 천국이다. 경찰도 없고 어리석은 짓도 없고 어떤 식의 부당한 요구도 없고 말다툼도 없다. 파리는 혼자서 잘 굴러가고 있다. 계속 그러한 상태를 유지할 수 있어야 할 것이다. 한 마디로 진정한 황홀경이다." 1936년 아라곤의 집산화(集産化)부터 근년의 광장 점거에 이르기까지 이 같은 황홀경의 증언들은 역사의 상수이다. 즉 만인 대 만인의 전쟁은 국가가 부재할 때 도래하는 것이 아니라, 국가가 존재하는 한, 국가가 계속해서 교묘하게 획책하는 것이다.

그렇지만, 삶이 자생적으로 생성시키는 형식들을 인식한다는 것이, 그 형식들을 유지하고 성장시키고 필요한 변신을 하는 일을 어떤 자발성에 맡겨도 된다는 것을 의미하지는 않는다. 그것은 반대로 부단한 주의와 규율을 요한다. 그러나 그 주의는 네트워크와 유동성과 피드백과 수평성만 떠받들며, 아무것도 이해하지 못한 채 바깥에서 모든 것을 관리하는 경영진 전위와 행동주의자들에게 공통된, 반작용적이고 사이버네틱스적이고 즉흥적인 주의가 아니다. 그 규율은 노동자 운동에서 태어났지만 거의 도처에서 국가의 부속물이 되어 버린 낡은 조직들의 암암리에 군사적인 외적 규율이 아니다. 우리가 말하는 주의와 규율은 역량과 역량의 상태와 역량의 성장에 집중된다. 우리가 말하는 주의와 규율은 역량을 잠식하는 것의 징후를 살피고, 역량을 성장시키는 것을 감지한다. 우리가 말하는 주의와 규율은 그대로 내버려 둘 것과 가도록 놓아 둘 것 — 코뮨들의 상처 — 을 결코 혼동하지 않는다. 우리가 말하는 주의와 규율은 모든 것을 공유한다는 구실로 모든 것을 뒤섞지 않도록 유의한다. 우리가 말하는 주의와 규율은 몇몇 사람의 전유물이 아니라 모든 사람의 발의권이다. 우리가 말하는 주의와 규율은 진정한 공유의 조건이자 목표이며, 그것의 정교한 담보이다. 우리가 말하는 주의와 규율은 무정형한 것의 전제(專制)를 막아 줄 우리의 보루이다. 우리가 말하는 주의와 규율은 우리 당의 얼개 그 자체이다. 40년간의 신자유주의 반-혁명의 시기에 맨 먼저 잊혀진 것이 바로 이 규율과 기쁨의 연관성이다. 지금 그것이 재발견되고 있다. 진정한 규율은 조직화의 외적 표시가 아니라 역량의 내적 발전을 목적으로 한다.

4. 역량을 돌보기

혁명 전통은 마치 선천적 결함이기라도 한 것처럼 의지주의에 사로잡혀 있다. 내일을 향해 사는 것, 승리를 향해 전진하는 것은, 사람들이 드러내놓고 혐오하는 현재를 견디는 몇 가지 방식 중 하나이다. 냉소주의는 다른 선택, 흔해 빠진 최악의 선택이다. 이 시대의 혁명 세력은 그런 선택을 하기보다는 끈기를 요하는 자기 역량의 증가에 신경쓸 것이다. 이 문제는 권력 장악이라는 케케묵은 주제 뒷전으로 오랫동안 밀려나 있었기 때문에, 그것을 다루어야 하는 순간 우리는 상대적으로 궁색해진다. 관료들 중에 우리 운동의 역량을 활용할 방법, 즉 우리 운동의 역량을 **수단**으로, **자신들의 목적**을 위한 **수단**으로 만들 방법을 정확히 알고 있는 자들이 없지는 않다. 그러나 우리는 역량 그 자체에 관심을 갖는 습관이 배어 있지 않다. 우리는 그것이 실존한다는 것을 어렴풋이 느끼고 그것의 변동도 지각하지만, '실존적인 것'에 속하는 모든 것을 대할 때 그렇듯이 그것을 함부로 대한다. 그 방면으로 어느 정도 문맹인 것은 급진계의 불량한 얼개와 무관하지 않다. 즉 [급진계의] 모든 파벌적 군소 업체들은 어리석게도, 정치 시장의 아주 작은 지분을 둘러싼 비장한 경쟁에 휘말리더라도 라이

벌들을 비방해 그들을 약화시키면 자신들이 더 강해져 거기서 빠져나올 수 있으리라고 믿는다. 그러나 이는 잘못된 생각이다. 역량은 적을 깎아내려서 붙는 게 아니라 적과 싸워서 붙는 것이다. 식인종도 그보다는 낫다. 식인종이 자신의 적을 먹는 것은 적을 존경해서 그의 힘을 섭취하길 원하기 때문이다.

이 점에 관해 혁명 전통에서 끌어올 수 없으면, 비교신화학의 도움을 받을 수 있다. 알다시피 뒤메질(Georges Dumézil)은 인도유럽어족 신화에 대한 연구에서 유명한 삼분할에 이르렀다. "사제와 전사와 생산자에 대응하여 세 가지 위계화된 '기능'이 분절된다. 마술적이고 법적인 주권과 물리적이고 주로 전쟁에 관련된 힘과 평온하고 비옥한 풍요가 그것이다." 기능들 간의 위계는 빼고, 차라리 차원에 대해 말하자. 우리는 이렇게 말할 것이다. 모든 역량은 정신과 힘과 풍부, 세 가지 차원을 갖는다. 역량의 성장 조건은 이 세 가지 차원을 함께 운용하는 것이다. 역사적 역량으로서 혁명 운동은 정신적 표현—이론적이거나 문학적이거나 예술적이거나 형이상학적인 형식을 취하는—과 전쟁 능력—공격 성향을 띠거나 자기방어 성향을 띠는—과 풍요로운 물질적 수단 및 장소의 전개이다. 이 세 가지 차원은 시공간 속에서 다양하게 합성되어 매번 특이한 여러가지 형식, 꿈, 힘, 역사를 낳는다. 그러나 이 차원들 중 하나가 다른 차원들과 접촉이 끊겨서 독립적이게 될 때마다 운동은 변질되었다. 운동은 변질되어 무장한 전위가 되거나 이론가 분파가 되거나 대안적 기획이 되었다. 혁명에 있어서 전형적인 실패 공식인 붉은 여단[7]과 상황주의 그룹

---

7) 폭력 혁명으로 이탈리아 정부를 붕괴시키는 것을 목표로 1970년 11월 28일에 결성된 이탈리아의 극좌파 준군사 조직이다. 결성 직후부터 정치인, 실업가, 언론인, 법관, 경찰 등의 납치·살

과 불복종 운동의 밤의 클럽들—미안, '사회 센터들'[8]—이 그러했다. 역량의 증가에 신경쓰는 것은 모든 혁명 세력에게 이 세 가지 면(面) 모두에서 동시에 발전할 것을 요구한다. 계속 공세의 면에 속박되어 있는 것, 그것은 결국 명민한 아이디어를 갖지 못하고 수단의 풍요로움을 싱겁게 만드는 것이다. 이론적으로 움직이기를 멈추는 것, 그것은 자본의 운동에 허를 찔리고 우리의 장소에서 삶을 사유할 능력을 잃어버리는 확실한 길이다. 우리의 손으로 세계를 건설하는 것을 포기하는 것, 그것은 유령 같은 존재에게 자신을 바치는 것이다.

한 친구는 이렇게 썼다. "행복은 무엇인가? 그것은 역량이 **증가하는** 느낌, 장애가 극복되는 느낌이다." 혁명적으로 되는 것은, 어려운 그러나 즉각적인 행복을 자신에게 주는 것이다.

해, 방화, 건물 폭파 등 폭력적 활동을 벌인다.

8) 원어는 boîtes de nuit로, 사전적 의미는 나이트클럽인데, '사회 센터'를 비꼬아서 그렇게 표현한 것으로 보인다. 사회 센터는 1980년대 중반 이탈리아에서 학생과 청년들에 의해 만들어진 단체로서, 사용되지 않은 채 방치된 건물을 점거하여 만들었고, 이후 유럽의 다른 나라에도 확산되었다. 장소마다 다르지만, 녹음스튜디오, 영화관, 갤러리, (해킹을 포함한) 컴퓨터 작업 공간 등으로 많이 사용되었다.

¤

우리는 간결하게 쓰고 싶었다. 계보학이나 어원학이나 인용이 없어도 무방하기를. 시와 노래로 충분하기를. 우리는 벽에 '혁명'이라고 쓰는 것만으로도 거리가 붉게 물들기를 바랐다.

그러나 현재의 실타래를 풀어야 했고, 곳곳에서 아주 오래된 오류들을 청산해야 했다. 7년간의 역사적 격동을 소화해야 했다. 그리고 오해의 나무에서 혼란의 꽃이 피어나는 세계를 해독해야 했다.

우리는 다른 사람들이 짬을 내서 읽어 주기를 바라면서 짬을 내서 썼다. 아직 알지 못하는 친구도 포함해서, 친구를 위해 쓰는 게 아니라면, 글을 쓰는 것은 무의미한 일이다.

앞으로 몇 년간, 우리는 불타는 곳이라면 어디든 찾아 갈 것이다.

휴지기에 우리를 만나는 것은 어렵지 않다.

우리는 여기서 시작한 해명 시도를 계속해 나갈 것이다.

논리적 타깃에 우리의 힘을 집중시킬 때와 장소가 있을 것이다.

우리가 다시 만나서 토론할 때와 장소가 있을 것이다.

봉기가 영웅적 공격의 모습일지, 아니면 전 세계의 오열——수십 년간의 마비와 궁핍과 어리석음 뒤에 찾아오는 감수성의 폭발——일지 우리는 알지 못한다.

혁명보다 파시즘적 선택지가 선호되지 않으리라는 보장은 없다.

우리는 해야 할 일을 할 것이다. 사유하고 공격하고 건설하는 것——그것이 전설의 노선이다. 이 텍스트는 한 가지 계획의 시작이다.

빠른 시일 내에 다시 보게 되기를…

보이지 않는 위원회

옮긴이 후기

혁명의 무당들이 불러낸 것들

알제리, 이집트, 터키로부터 월스트리트의 미국, 그리고 2008년의 서울과 2015년의 도쿄까지 수많은 봉기가 일어났으니, 그 직전인 2007년 출판된 『다가오는 봉기』에 대해선 가히 예언적인 책이었다고 해도 좋을 것 같다. 그러나 그 책의 저자들은 예언자보다는 무당이 되기를 바랐던 거라고 말해야 할 것 같다. 보이지 않는 곳에 숨어 있던 봉기의 '영혼'을 보고, 마치 주문을 외우듯 자그마한 책을 써서 현행의 세계 속으로 불러낸 무당, 그러기 위해 스스로 보이지 않는 것이 되고자 했던, 그래서 자신의 이름조차 '보이지 않는 위원회'라고 명명했던 집합적 무당.

수많은 봉기들 이후에 그 무당들이 다시 써낸 책은, 봉기에 열광하던 자신의 친구들에게 아직 오지 않은 것을 불러내는 무당의 힘을 감염시키기 위한 것으로 보인다. 숨어 있는 봉기의 징후를 알아보고, 저기 있지만 아직 현행하지 않은 봉기를 지금 이 현행의 세계 속으로 불러내는 법을 전수해 주려는 책인 듯하다. 아마도 적지 않은 이들이 이 책에 깃들어 있는 '혼'에 감염되어 강신의 기술을 연습하고 있을지도 모른다. 그렇게 그들은, 추장과 함께 사라진 주술사들의 혼을 콘크리트보다 강력한 과학의 '인프라'로 덮인 이 거대한 도시, '메트로폴리스' 속으로 불러들이고 있는 것이다. 그렇게 불려들어오는 혼들 주위를 날아다니는 몇 개의 개념적 사유의 영혼들을 나는 보았다. 수호천사인 것일까? 아니면 철학적 영혼인 것일까? 인상적인 것 몇 개를 종이 위로 불러내 보고 싶다.

1. 불러냄

가장 인상적인 것은 '불러냄'이라는 개념이다. 물론 그들은 어디서도 이런 개념을 사용하지 않았고, 불러내는 자의 입장을 자처하지도 않았다. 그것은 아마 그들이 이 개념적 영혼에 빙의되어 있기 때문일 것이다. 자신도 모르는 영혼의 힘을 자신의 몸으로 작동시키고 있는 것이다.

무당이 무언가를 불러낼 때, 그는 없는 것을 불러내지 않는다. 아무리 영험한 무당이라도 없는 것을 불러낼 순 없는 것이다. 불려나온 것은 있는 것이다. 불러낸다는 것은 있어도 보이지 않던 것을 보이게 하는 것이고, 말해도 들리지 않던 것을 들리게 하는 것이다. 아무도 없다고 믿었던 광장을 가득 메우며 들어선 사람들이 그렇고, 아무 말도 하지 못할 거라고 믿었던 이들의 입에서 나온 것들이 그렇다. 불려나온 것을 보면, 그것들은 모두 어딘가 있던 것이 분명하다. 봉기란 이처럼 있어도 보이지 않던 것이 확실히 자신을 드러내는 하는 사건이고, 소리쳐도 들리지 않던 것이 소란이 되고 함성이 되어 모든 이들이 듣도록 만드는 사건이다.

있어도 보이지 않는 것, 그것은 잠재성의 세계에 속한 것이다. 들뢰즈가 오래 전에 명확하게 했듯이, 잠재성이란 가능성과 달리 현실의 일부를 이루는 것이고, 현실 안에 존재하는 것이다. 그러나 아직 현행하지 않았기에 보이지 않는 현실이고, 또한 그렇기에 지금의 현행적인 현실과 다르게 펼쳐질 현실이다. 수많은 다른 현실들을 함축한 채 존재하고 있는 현실이다. 이전에 『다가오는 봉기』에서 일곱 개의 동심원으로 묘사했던 현행의 현실에서 벗어나고 싶다면, 그런 현실과 다른 삶을 살고 싶다면, 그렇지만 그저 추상적이고 막연한 가능성에 희망을 거는 순진한 공상과 달리 실제적이고 구체적인 전복의 힘을 가동시키고 싶다면 필경 주목해야 할, 현실 속에 존재하는 다른 현실이다.

그러나 전성설(前成說)의 생물학이 가정하고 있는 것처럼, 이미 충분히 예정된 주름이 차례차례 펼쳐지는 그런 현실은 아니다. 차라리 반대로 말해야 한다. '지금 여기' 속으로 불러내려는 반복적인 시도 없이는 펼쳐지지 않는 주름이고, 저지의 장벽과 대결하는 강인한 현행적 실천 없이는 실존하지 않는 그런 현실이라고. 좀 더 근본적으로 말해, 그런 현행적 실천이 없다면 있다고 말할 수 없는 존재고, 지금의 현실 속으로 불러내는 그 현행적 실천의 양상에 따라 다르게 불려나오는, 따라서 다른 것으로 존재하고 있었던 것이 되는 그런 존재다.

이 책의 저자들은 이를 잘 알고 있다. 그래서 가령 봉기한 '인민'이 거리에 있다고 해도, 그 인민이 사전에 존재했던 것은 아니라고 단언한다. '인민들이 봉기했다'는 말에 포함된 문법의 환상과 달리, "인민이 봉기를 만들어 내는 것이 아니라 봉기가 인민을 만들어 내는 것이다." 봉기라는 사건이 "사라져 버린 공통의 경험과 지성, 실제 삶의 언어를 불러일으킴으로써" 인민을 불러내는 것이고, 그런 식으로 '자신의' 인민을 만들어 내는 것이다. 봉기의 그 불러냄 이전에 인민이란 존재하지 않았다.

저자들이 '사회는 존재하지 않는다'고 단언할 때, 그 말의 의미 또한 그러하다. 이들 말대로 17세기에 '사회'란 사교를 함축하는 귀족사회였을 뿐이고, 18세기에 사회란 경제가 만들어 낸 피조물이었으며, 19세기에 사회는 모든 것을 포괄하는 것이 되었다. 이 경우 '사회'란 어디 따로 있는 것이 아니라, 절대주의 왕정, 자유주의 국가, 복지국가 등의 통치형태에 따라 다르게 만들어지는 구성물에 불과하다. 봉기만이 아니라 사회 또한 그것을 불러내는 자가 불러내는 방식에 따라 다르게 구성되는 것이다. 불러냄을 통해 존재하는 것은 혁명이나 봉기, 인민에게만 해당되는 게 아니라, 통치자들에게도 해당되는 것이다. 그렇기에 통치자가 불러내는 대로 불려나가지 않도록 주의해야 한다. 가령 통치자가 불러내는 '인구/주민' 속에서 사고하는 혁명이 처음부터 실패할 수밖에 없는 것은 이 때문이다.

여기서 우리는 '불러냄의 존재론'으로 한 걸음 더 나아갈 수 있다. 현행의 세계 속으로 잠재적인 것을 불러내는 것, 그것을 통해 잠재성은 불려나오는 대로 존재하고 있었던 것처럼 존재하게 된다. 불러내지 않는 한 있다고 말하기 어려운 것, 그것이 잠재성이다. 그렇기에 불러내는 것은 부재하는 양 잠들어 있는 것을 깨우는 것이고, 죽은 듯 존재하는 것에 생명을 불어넣는 것이다. 아니 그것은 불러내지 않았다면 존재했다고 할 수 없는 것을 비로소 존재하게 하는 '창조'의 행위다. 가령 이 책에서 지적하듯이, "함께 있기를 계속하겠다"는 선언이나 상호부조의 서약이 바로 코뮨을 불러낸다. 그런 불러냄의 행위로 코뮨은 존재하게 된다. 함께 하는 이들을 끌어당기는 강도를 만들고 그런 강도적 영토와 신체를 만들어 내고 이로써 하나의 존재가 세계 속의 다른 것과 분리의 선을 그으며 존재하게 되는 것이다.

혁명 또한 그럴 것이다. 혁명을 꿈꾼다면, 그것이 존재하지 않는 곳에서도, 일어날 가능성을 찾아볼 수 없는 상황에서도 불러내기를 반복해야 한다. 도래할 봉기를 '기다린다'는 것은, 부재하는 듯 보이는 봉기를 그렇게 불러내는 것이다. 물론 불러내는 대로 불려나오진 않을 것이다. 어떤 혁명도 불러내는 대로 온 적이 없으며, 어떤 봉기도 불러내는 때에 시간을 맞추어 온 적이 없다. 그것은 뜻하지 않는 시간에, 뜻하지 않은 방식으로 온다. 그렇기에 그것은 데리다 말처럼 뜻밖의 사건으로 온다. 바디우 말처럼 이해할 수 없고 명명할 수도, 판별할 수도 없는 사건으로 온다. 코뮨도 그렇다. "코뮨이 직면한 상황에 전력으로 맞설 때, 거기에서 문제가 되고 있는 것이나 거기서 탐색되고 있는 것 이상의 무언가가 나타날 것"이고, 그렇게 "당초의 이유에서 이탈하기 시작할 때" 비로소 코뮨의 진면목이 드러나게 될 것이다.

2. 비대칭성

인구/주민이라는 개념이 19세기 국가권력이 통치를 위해 만들어 낸 개념이라는 것을 명확히 보여 주었던 것은 푸코였다. 덕분에 인구조사(센서스)를 통해 통계적으로 파악되는 인구학적 대상으로서의 인구가 생명권력의 대상으로 산출된 것임은 잘 알려진 사실이 되었다. 이를 안다고 해도, 통치에 반하는 운동이 통치권력과 마찬가지로 그런 인구의 지지를 얻고자 하는 것을, 통치권력과 인구/주민을 두고 경쟁을 벌이려는 것을 그만 두는 것은 결코 쉽지 않은 일이다. 그렇기에 대부분의 사회주의자들은 좀더 많은 수의 인구를 획득하기 위해 지배권력과 투쟁을 벌이고 있다. 이는 단지 선거를 통해 권력을 획득해 보려는 이들에게만 한정되는 것은 아니다. 적들의 본질을 드러내 '계급의식화'를 하고자 하는 고전적인 정치투쟁의 개념 역시 좀 더 많은 인구/주민의 지지를 얻고자 한다는 점에선 다르지 않다.

이런 점에서 “적에 대해 ‘인구/주민의 지지’ 같은 것은 쟁취하려고 애쓸 필요가 없다”는 이 책의 단언은 사실 놀라운 것이라 할 만하다. 나아가 저자들은 “인구 같은 건 존재하지 않는 듯이” 해야 한다고 주장한다. 인구라는 게 존재하지 않는다는 것은 무엇을 뜻하는가? 그것은 “통치될 수 있는 존재이길 그치는” 것이다. 우리 또한 획득해야 할 대상이 아니라, 우리도, 다른 누구도 획득할 수 없는 대상이 되는 것이고, 수에 의해 계산되는 관리와 지지의 대상이 되기를 그치는 것이며, 누군가를 지지하는가가 문제인 존재에서 이탈하는 것이다.

여기서 중요한 것은 대중을 획득한다든가, 인민의 지지를 얻고자 한다는 발상이 사실은 인민이나 대중을 대상으로 한 통치자의 행위와 동형적임을 깨닫는 것이다. 인구의 지지를 얻어 ‘성공’한 좌익 권력은 통치자와 반하는 게 아니라 ‘진보적인’ 통치자가 되고 마는 것이다. 인구/주민을 둘러싼 투쟁은 통치자와 그에 반하는 자의 투쟁이 아니라 두 개의 통치자가 싸우는 것이었던 것이다. 사회주의 혁명이 또 다른 통치권력이 되기를 반복했다는 과거의 사실은 이런 점에서 보면 자연스런 것이었다고 할 터이다.

이 책은 이러한 발상과 절연하기 위해 ‘비대칭성’을 주목한다. 통치자와 피통치자의 비대칭성은 물론, 국가권력에 대항하여 투쟁하는 이들과 국가권력 간의 비대칭성이 그것이다. 이를 그들은 ‘존재론적 비대칭성’이라고 말한다. 이런 관점에서 보면 통치를 위해 만들어 낸 대상을 그대로 둔 채, 그것을 획득하기 위해 싸우는 것은 정확하게 통치자와 대칭적인 궤적을 그리고 있는 것이다. 그처럼 대칭적인 관념을 벗어나지 못한다면, 투쟁의 ‘성공’은 적과 대칭적인 또 하나의 통치자가 되는 걸로 귀착될 것이다.

인구라는 개념만이 그런 것은 아니다. 이 책은 전쟁에 대한 정의, 수법이나 목적 모두가 그런 대칭성에서 벗어나야 한다고 명시한다. 전쟁을 단지 군사적인 관점에서 이해하는 것은 바로 그런 대칭성에 사로잡혀 있는 것이다. 중요한 것은 "통치에 대한 비대칭적 전쟁"을 수행하는 것이고, 그를 위해 새로운 전쟁의 관념을 창안하는 것이다.

이 책에서 전쟁에 대한 새로운 관념을 얻는 것보다 더 중요한 것은 이런 비대칭적 사유를 혁명이나 운동과 관련된 모든 개념들을 향해 가동시키는 것이다. 왜냐하면 통치자나 지배자, 착취자에 대한 투쟁은 그들이 만들어 낸 개념이나 대상들로부터 시작되고 그런 개념이나 대상들을 두고 진행되기에, 운명적으로 그들과의 대칭성에 사로잡히게 되기 때문이다. 가령 '노동'이란 개념이 그렇다. 그것이 국가적 부를 관리하고 통치하기 위한 목적으로 수립된 정치경제학자들이 불러낸 개념임은, 스미스와 리카르도의 저작의 제목을 상기하는 것이면 쉽게 알 수 있다. 그런 정치경제학과 맬서스의 인구론이 얼마나 가까이 있는지는 긴 설명을 요하지 않는다. 요컨대 노동만이 가치를 생산한다는 주장이나 노동시간이 가치의 척도라는 발상, 혹은 노동이 인간의 본질이라는 철학적 인간학조차 모두 통치적인 목적에서 구성된 개념의 요소들이다. 그렇다면 노동의 결과를 충분히 획득하기 위한 투쟁이나 노동과정을 장악하기 위한 투쟁 또한 통치자들과 대칭적인 노동의 관념에 사로잡혀 있는 게 아닌지 반문해야 한다. 이 책의 어법을 흉내내어 말하자면, 노동 같은 건 존재하지 않는 듯이 해야 하며, 노동이나 노동의 결과를 장악하는 게 아니라 노동 자체가 통치대상이길 그치게 하는 게 관건이다.

인구나 노동, 군사적인 전쟁의 개념뿐 아니라, 민주주의도, 정치도, 심지어 혁명이나 코뮨도 마찬가지일 것이다. 사회란 개념이 그랬듯이, 그것들은 모두 통치자가 통치를 위해 불러낸 것이다. 그렇기에 그것들에겐 현존하는 양상뿐 아니라 잠재성에서도, 혹은 존재 자체에서도 불러낸 자들의 영혼이 깃들어 있다. 그것을 장악하고 관리하고 획득하는 주체를 바꾸는 것이면 될 것이라는 대칭적 사고는 정작 보아야 할 것을 보지 못했다는 점에서 눈먼 것이다. 그렇기에 우리가 장악했다고 생각할 때 실은 그 영혼에 우리가 장악당한 것임을 보지 못하며, 우리가 이겼다고 생각할 때 실은 그 영혼이 이긴 것임을 보지 못한다. 비대칭성을 본다는 것은 그것들에 깃든 그들의 영혼을 쫓아내는 푸닥거리를 벌이는 것이고, 그것에 다른 영혼을 불어넣는 것이며, 그 영혼의 힘으로 그 개념들을 다른 것으로 변환시키는 것이다. 이 책이 명시적으로 제안하는 것보다 더 중요한 것은 이 책이 하고 있는 이 푸닥거리고, 이 책이 가동시키고 있는 이런 비대칭적 전쟁인지도 모른다.

3. 탈구성(destitution)

국가권력의 장악이란 관념 없이 혁명을 사유하는 것이 어려운 것만큼이나 주권의 개념 없이 정치를 사유하는 것은 어려운 것 같다. 군주적이고 법적인 관념 주변에서 형성된 주권의 개념이야말로 정치를 사유하는 데 가장 큰 걸림돌이라면서 정치적 사유의 영역에서 주권의 개념을 제거하고자 했던 게 푸코였다면, '예외상태를 선언할 권리'라는 개념을 통해 다시 정치의 영역에 주권 개념을 끌어들였던 것은 아감벤이었다. 그가 이를 위해 불러냈던 슈미트가 분명히 했던 것은 주권이란 스스로 자신의 존재를 근거짓는 것이란 점에서 초월적인 것이라는 것이었다. 그렇기에 주권을 다루는 사유는 신을 다루는 '신학'의 일종이 된다.

주권의 초월성이 직접적으로 뜻하는 것은. 그것이 자신을 근거지어 주는 것을 더 이상 찾기를 중단했다는 사실이다. 그것은 한편으론 자신을 근거지어 줄 것을 갖고 있지 않다는 사실을 뜻하고, 다른 한편으론 그렇다면 자신의 근거는 자기 자신에게서 찾겠다는 의지를 뜻한다. 그러나 이러한 생각은 자기 자신 말고는 누구에게서도 그 근거나 정당성을 찾을 수 없다는 근본적 취약성을 감추고 있다. 주권의 정치신학이란 그 근본적 취약성을 감추기 위해 더는 근거를 묻지 말라는 명령어를 신의 이름으로 발동시키는 것이다. 그러나 이는 역으로 '진정한' 근거, 자기자신을 근거짓기에 충분한 '자기'란 대체 누구일 수 있는가를 묻는 질문을 반복하여 야기한다.

이 질문을 봉쇄하는 가장 쉬운 방법은 묻는 자 자신을 '진정한' 근거, '진정한' 주권자로 제시하는 것이다. 신을 믿지 못한다면, 믿음을 가져야 할 자 자신이 진정한 근거가 되면 되는 것이다. 자기 자신이 주권자이고 초월자라는 데 굳이 반문하고 질문하려는 이는 별로 없을 것이다. 그러니 주권자의 범위를 최대한 확장하면 그것은 더는 반문되지 않는 권력의 자기-근거가 될 것임에 틀림없다. '국민' 모두, '인민' 전체가 바로 주권자라고 하는 게 그것일 터이다. '진정한 예외상태'에 대한 벤야민의 질문이나 모든 구성된 권력은 그것을 구성하는 자 자신에 근거한다는 네그리의 구성권력 개념이 여기서 얼마나 멀리 떨어져 있는 것일까? 이 모두는 주권 개념에 대한 대칭적 사유에서 벗어나지 못하고 있는 게 아닐까? 주권의 주체를 군주나 지배자에서 '우리'로, 인민으로 바꾸면 된다는 식의 사유에서.

이 책은 이런 발상 자체를 근본에서 되묻는다. 특히 네그리의 '구성하는 권력'이란 개념을 겨냥하고 있는 것은, '99%의 정당'이란 말로 스스로 구성하는 인민의 숫자까지 명시했던 마드리드의 네그리주의자 때문이었을까? 제헌이란 말로 표현하는 순간 명확해지는 통치적 성격의 주권을, 하지만 99%가 통치의 주체이기에 더는 의문시되지 않을 권력을, 통치권력을 구성하는 역설적 피통치자의 순환논리('구성하는 것과 구성되는 것의 변증법')를 이처럼 다시 물을 수 있었던 것은 아마도 이 책의 저자들이 '인구'나 '국민', 혹은 '인민'에 속하기를 거부했기 때문이었을까?

constitution이란 말을 겨냥한 destitution이란 개념을 앞세운 이 비판에서 단지 통치권 비판의 입장만을 보고 확인한다면 정말 중요한 것을 놓치게 될 것이다. 권력과의 대결에서 가장 중요한 것은 지배자들로부터 권력을 탈취하는 것이나 권력장치들을 파괴하는 것이 아니라 권력의 근거를 박탈하는 것이라는 명제가 그것이다. 이는 착취계급이나 지배자들보다는 혁명을 시도하려는 이 자신을 향해 작용할 때 그 의미가 비로소 드러난다. 상대방의 권력에 대해 근거를 묻고 근거를 부정하려는 것은 누구에게도 어려운 일이 아닌 반면, 그들과 대결하는 자신의 권력에 대해 근거를 묻고 부정하는 것은 극히 생각하기 어려운 일이고 그 결과는 극히 감당하기 어려울 정도로 곤혹스런 것이기 때문이다.

이 책은 여기서도 놀라울 정도로 과감하다. "권력의 해체를 불가역적인 것으로 만들기 위해서는 먼저 우리 자신의 정당성부터 포기해야 한다. 무언가의 이름으로 혁명을 한다는, 혁명세력들이 대표하려 하는 정의롭고 순결한 실체가 있다는 생각을 버려야 한다." 다시 말해 인민의 이름으로든, 99%의 이름으로든 자신의 권력을 근거짓고 정당화하려는 발상을 접어야 한다는 것이다. 절대다수의 이름으로, 혹은 새로운 초월자의 이름으로 권력을 정당화하려 하는 순간, 그 어떤 이탈에 대해서도 '혁명의 이름으로' 비난하고 억압하는 '절대적 통치권력'이 출현하게 된다는 것을 과거의 역사는 무수히 보여 주었음을 우리는 안다.

어떤 것의 근거를 묻는 것은 그것의 확고함을 증명하기 위한 것인 경우에조차 사실은 그 확고함에 대한 물음을 던지는 방식으로 행해진다. 그것은 모든 근거에 대해 다시 물음을 던짐으로써 가장 근본적인 근거, 최초의 근거로 거슬러 올라간다. 그러나 어떤 최초의 근거도 자신을 정당화할 근거를 갖고 있지 못하다. 신도 견뎌내지 못했고 수학도 견뎌내지 못했던 이 물음을 주권이 견뎌낼 수 있을 것이라고 믿을 수 있을까? 하이데거 말처럼 근거(Grund)를 물어올라가는 이 물음의 귀착지는 심연(Abgrund)이요 근거없음(Ab-grund)이다. 그 심연을 가리기 위해 신학은 '더는 묻지 말 것'을 명령했던 것이다. 초월자를 실질적으로 자처하는 이 명령을 국민이나 99%, 혹은 노동자 계급의 이름으로 다시 발령한다면, 또 다른 초월자의 지배가 나타나게 될 것이다. 그렇기에 권력에 대한 근본적 대결을 위해서라면 초월자를 만들어 내는 이 명령을, 스스로를 근거짓기를 중단해야 한다고 이 책은 주장한다. 우리 뒤에는 오직 심연만이 있음을 인정해야 한다고 주장하는 것이다.

이런 의미에서 이 책은 근거짓기 대신에 근거를, 근거라고 믿는 것을 빼버리는 것을 제안한다. constitution이 스스로를 근거로 만드는 것이라면, destitution이란 스스로에게서마저 근거를 빼버리는 것이다. 자기자신이라는 헛된 근거 위에 권력을 세우는 게 아니라, 모든 근거를 제거함으로써 어떤 권력도 설 자리를 제거해 버리는 것이다. 근거를 빼버렸을 때, 남는 것은 그것이 빠지고 남은 빈 자리의 공백이 아니라 항상-이미 그 자리에 가득 차 있던 어떤 충만이다. 그 근거에 눌려 보이지 않던 힘과 역량, 연계들이다. 조건에 따라 발동하여 개화하는, 여러 방향으로 열린 잠재적인 역량들이다. 심연은 비어있는 게 아니라 근거 말곤 모든 것이 다가득 차 있는 충만인 것이다. 이 책이 "빼기란 긍정"이라고 말하는 것은 이 때문일 것이다.

마지막으로 이 책에서 말하는 혁명적 '역량'에 대해서 쉽게 발생할 수 있는 오해에 대해 말해두고 싶다. 이 책은 마지막에 혁명세력에 필요한 세 가지 차원의 역량에 대해 말하고 있다. 뒤메질이 인도유럽신화를 빌려 정신, 힘, 풍부라고 명명했던 것을 이 책은 이론과 무력, 생산이라고 바꾸어 쓴다. 혁명적 역량을 키우려면 "이 세 가지 요소의 자율적인 상호관계를 확고히 하는 것"이 중요하다고 한다. 그것의 균형이 깨지며 어느 하나로 고립될 때 붉은 여단(무력)이나 상황주의자(이론), 소셜 센터(생산)에서와 같은 역량의 퇴화가 발생한다는 것이다. 하지만 여기서 세 가지 요소를 외연적인 어떤 대상을 지칭하는 것으로 읽는다면, 그리하여 어느 하나가 없다면 혁명성을 잃고 실패하게 되리라는 예언 같은 걸로 이해한다면, 이전에 정부당국이 이 책의 저자들에 대해 했던 오해를 반복하는 게 될 것이다.

이를 적절하게 이해하려면 이 책이 외연적인 공간의 지리학을 대신하여 강도적 지리학을 제안하며 했던 얘기를 유심히 읽을 필요가 있다. 외연적인 거리가 아니라 강도적인 가까움을 통해 서로 간의 새로운 연계와 네트워크를 만들어 가는 그런 지리학적 사유. 이론과 무력과 생산의 관계 또한 그런 강도적 관계로 이해되어야 한다. 이론 안에 어떤 것을 실행할 수 있는 실질적인 힘('무력')이 없다면, 그리고 그것을 실질적으로 구축하려는 생산의 시도들이 없다면, 이론이란 혁명과는 거리가 먼 지식에 지나지 않게 될 것이다. 가령 들뢰즈/가타리가 니체나 카프카의 책조차 하나의 전쟁기계일 수 있다고 했던 것처럼, 하나의 책조차 전쟁기계가 될 수 있는 것으로 만드는 어떤 강도들의 집합체를 구성하는 것이 문제인 것이다.

무력 또한 마찬가지다. 이미 전쟁의 개념조차 군사적인 관념에서 벗어나게 해야 한다며, 내전이란 새로운 집합적 신체의 구성이라고 정의한 바 있음을 안다면, 무력 또한 군사적 관념에서 벗어나 정의된 것임을 이해할 수 있을 것이다. 아마도 그것은 이 책이 코뮨에 대해 말할 때 그러하듯, 강도적인 거주의 영토를 가지며 기존의 세계와 신체적 단절을 만들어내는 어떤 물질적 자기조직화와 관련된 것이라고 해야 할 것이다. 중요한 것은 어느 하나를 가동시킬 때에도 다른 요소들이 강도적으로 이미 들어와 공존하고 있어야 한다는 것일 게다. 그리하여 어느 하나를 갖는 것처럼 보일 때조차 실은 세 가지 요소를 모두 갖고 있어야 함을 뜻하는 것일 게다. 책 하나를 썼을 뿐인데도 무력을 가진 '테러집단'으로 오해되었던 이들처럼 말이다. 아니 그건 어쩌면 오해가 아니라고 해야 할지도 모른다. 그들은 무기를 갖지 않았지만 실은 무기를 갖고 있었고, 무장하지 않았지만 무장에 값하는 물질적 힘을 갖고 있었던 것이라고 말이다.

2019년 3월

이진경

코뮨이 돌아온다: 우리 친구들에게

발행일 초판 1쇄 2019년 3월 30일
지은이 보이지 않는 위원회 • **옮긴이** 권순모·이진경
펴낸이 유재건 • **펴낸곳** (주)그린비출판사 • **주소** 서울시 마포구 와우산로 180, 4층
전화 02-702-2717 • **이메일** editor@greenbee.co.kr • **신고번호** 제2017-000094호

ISBN 978-89-7682-484-4 03300
이 도서의 국립중앙도서관 출판예정도서목록(CIP)은 서지정보유통지원시스템 홈페이지(http://seoji.nl.go.kr)와
국가자료공동목록시스템(http://www.nl.go.kr/kolisnet)에서 이용하실 수 있습니다.(CIP제어번호: CIP2019009348)

철학이 있는 삶 **그린비출판사** www.greenbee.co.kr